U0905424

李佐贤生平著述考

王增山 编著

齊魯書社

图书在版编目(CIP)数据

李佐贤生平著述考／王增山编著. —济南：齐鲁书社，2014. 11
ISBN 978-7-5333-3181-8

Ⅰ. ①李… Ⅱ. ①王… Ⅲ. ①李佐贤（1807～1876）—人物研究 Ⅳ. ①K825. 4

中国版本图书馆 CIP 数据核字(2014)第 208950 号

李佐贤生平著述考
王增山 编著

主管单位	山东出版传媒股份有限公司
出版发行	齊魯書社
社　　址	济南市英雄山路 189 号
邮　　编	250002
网　　址	www. qlss. com. cn
电子邮箱	qilupress@126. com
营销中心	(0531)82098521　82098519
印　　刷	山东新华印务有限责任公司
开　　本	880mm×1230mm　1/32
印　　张	9. 5
插　　页	7
字　　数	183 千
版　　次	2014 年 11 月第 1 版
印　　次	2014 年 11 月第 1 次印刷
标准书号	ISBN 978-7-5333-3181-8
定　　价	**35. 00 元**

李佐贤画像（谭国信绘）

李佐贤故宅示意图（于汝仁绘）

李氏故宅

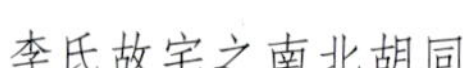
李氏故宅之南北胡同

李氏故宅之一角

《古泉汇》手稿（利津县博物馆藏）

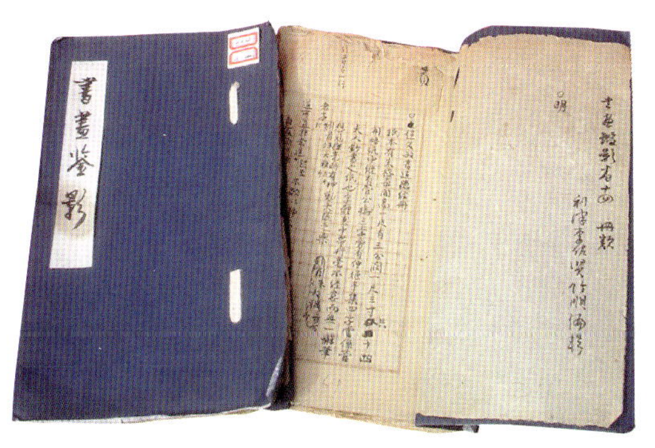

《书画鉴影》手稿（利津县博物馆藏）

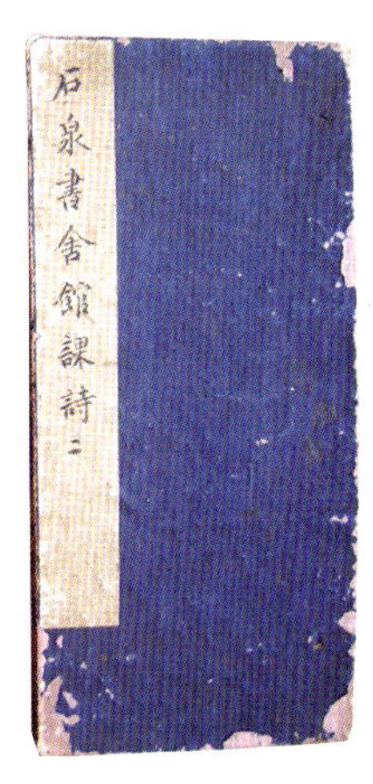

《石泉书舍馆课诗》手稿（孟建华藏品）

李佐贤著作

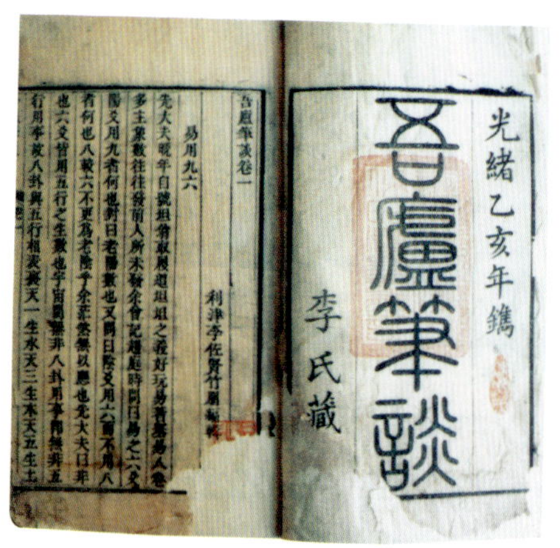

清光绪刊本《吾庐笔谈》书影

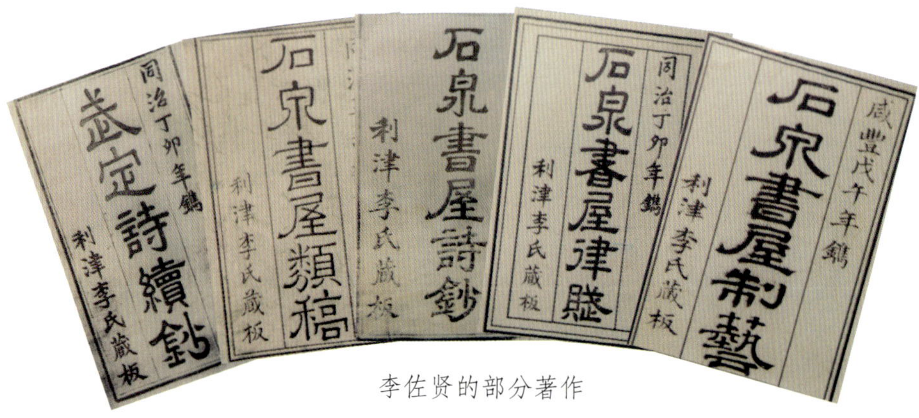

李佐贤的部分著作

台湾儒林出版社影印版
《古泉汇》和《续泉汇》

李佐贤书法作品

李佐贤行书《舞鹤赋》手卷

李佐贤对联条幅

李佐贤书法四条屏

李佐贤对联条幅

李佐贤所藏古钱拓片

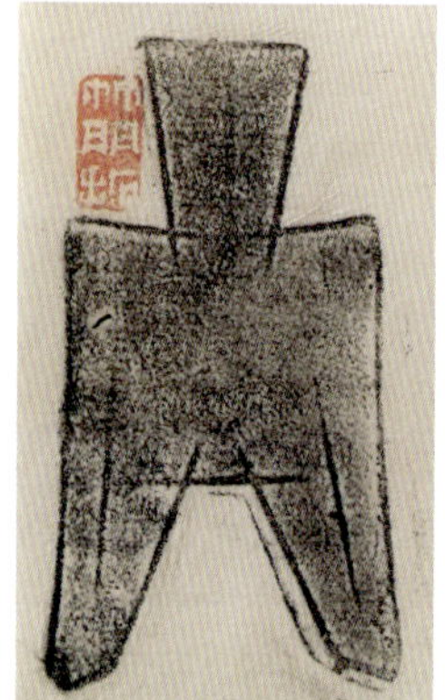
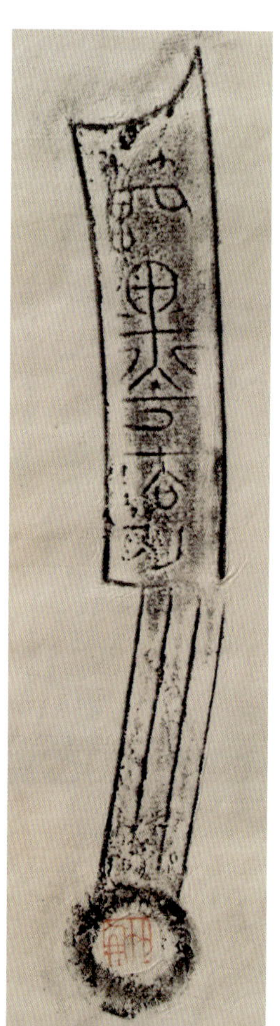
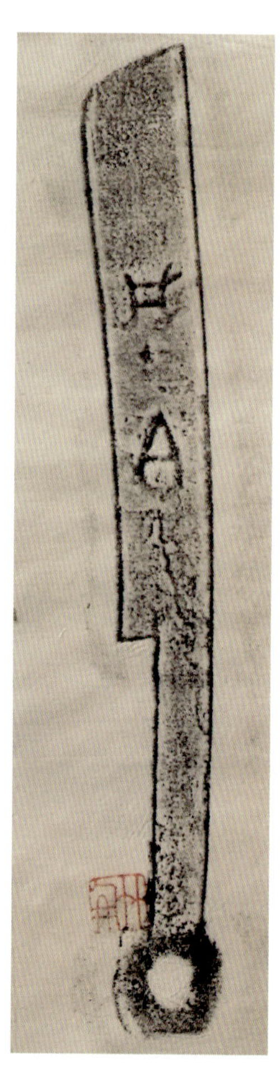

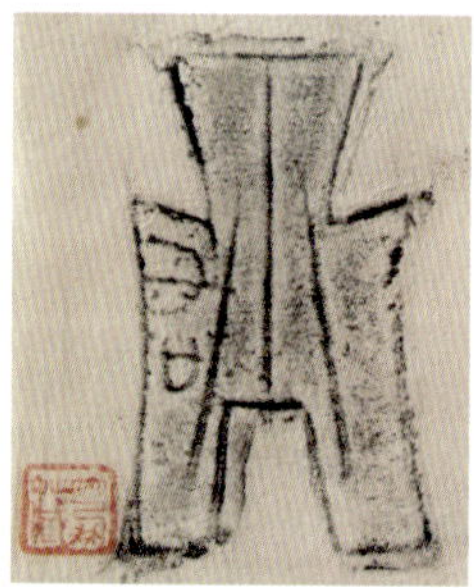

李佐贤所藏钱范拓片

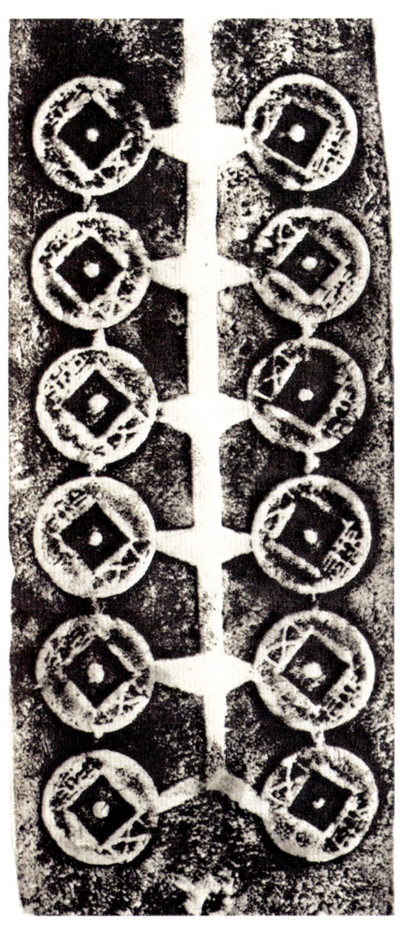

五铢钱范拓片

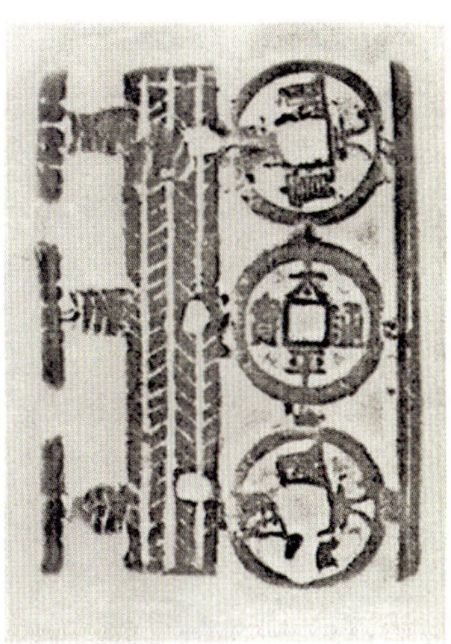

太平通宝、开元通宝钱范拓片

李佐贤印章

竹朋已赏

李佐贤印

竹朋

竹朋

竹朋

李佐贤印

竹朋藏

竹朋真赏

李佐贤收藏书画之印

佐贤制印

竹朋藏泉

竹朋鉴定

竹朋

竹朋拓

序 一

齐鲁故地文脉渊深，金石之学由来已久，国之名家代不乏人。先秦之孔子、晏子，辨肃慎楛矢石砮，识纪地铜壶朱书。两汉之孔安国、郑玄，究研古文取证鼎彝，括囊大典辨析戈戟。宋代赵明诚与李清照夫妇骈承家学，辞采雅翰，而于金石碑版之学创立鸿篇。元明之季封藩名家亦得传延，而渐及清代则呈前所未见之规模。乾隆盛世毕沅、阮元巡抚督学山东，倡修金石之志。益都（今青州）李文藻、段松苓自领一代风气之先。更有莱阳初尚龄，掖县（今莱州）翟云升，黄县（今龙口）丁树桢、王道新，福山王懿荣，日照许瀚、丁艮善，莒县庄瑶、庄湛岩，鱼台马邦玉，曲阜桂馥，章丘马国翰，海丰（今无棣）吴式芬、吴重熹，利津李佐贤，临淄马庆灏，益都（今青州）孙文楷、孙文澜，寿光安致远，诸城刘喜海、李仁煜、李璋煜、王锡棨、王绪祖、王维朴，安丘张贞、张在辛、王筠，潍县（今潍坊）陈介祺、陈厚滋、陈阜、丁善长、高庆龄、高鸿裁、高嘉钰、郭麐、王石经等薪火相传、绵延绍继，共襄山左金石学之繁盛。

金石之学涵蕴万象，钱泉刀布囊括其中。观夫清代山左泉学大家之胜概，当以初尚龄、王锡棨、刘喜海、李佐贤、陈介祺、吴式芬与王懿荣对历代钱币之收藏研究最可称述。其中初尚龄断刀布时代在先秦，乃空谷绝响；李佐贤于汇集三代钟鼎彝器与宋元法墨丹青之时，尤多注重于古钱币之搜集研讨，且爰将自存并有朋拓影悉心考订，倾平生之力，先后刊行《古泉汇》、《续泉汇》与《续泉说》，诚可谓：三《泉》一脉，究研千古，承前启后，垂宪法则。尤其《古泉汇》凡六十四卷，是钱币学集大成之作，收录古钱拓本五六千种，钱范七十余枚。该书对春秋战国时期众多的刀币、布币以及圜钱等首次进行系统的研究分类，为先秦货币之研究做出重大贡献。著作肇始先秦，迤逦元明，自开先例而收录农民起义政权所铸造之货币，亦并刊布受中国钱币文化之影响诸如日本、朝鲜、越南所铸铜钱。不惟研究钱币自身，且将铸造钱币之范铭一并收录爰作比较研究。山左泉学从道光年间莱阳初尚龄对钱币之研究达到空前之水平，在时过二十余年之后，又出现钱学翘楚李佐贤，遂使钱币学之研究领域不断拓展，研究之层次愈渐加深，遂臻国内钱学研究之最高水平。先哲有言，求木之长者，必固其根本；欲流之远者，必浚其泉源。三《泉》建树，譬喻海中冰山之一角、万马军阵之旌旗矣。李氏学问博大精深，类如《书画鉴影》、《吾庐笔谈》、《石泉书屋类稿》、《石泉书屋诗钞》、《石泉书屋藏器目》、《石泉书屋律赋》、《得壶山房印寄》、《坦室遗文》等，可谓厚积而成沧茫学海，亦如所云“万古文章尊海岱，三朝名誉动星辰”矣。

王增山老先生居处河海宝地，专事地方文物考古有年，深谙桑梓掌故，沉浸于文物考古与世家诗词，早有著述刊行，今虽年届耄耋，仍能研读不辍，积凡十数年之搜罗汇集，孜孜矻矻，阅三岁而勒成斯著，为先贤立传，可谓功在乡邦而名列学林者也。全书前冠李氏世家之迁徙卜居、世代繁衍、文脉簪缨，主体为竹朋生平述略、年谱行状、文选诗赋、试卷手札，殿附有朋尺牍、宗族文存，洋洋洒洒凡十数万字，并收图影，巍然可观。举凡目验心究，凿凿之言，洵非泛泛之论。

山左原为金石学肇源与核心之地，至今数千百年，迭历沧桑，虽学科细分，门类旨归，经史研究彪炳海内，然于学术发展史之追溯探研或有遗缺，尤其对清代金石学家群体之研究方兴未艾，知者已有陈介祺、许瀚、王献唐之专门研究著述刊行。此则踵出，可列在金石学研究之文苑矣。是为之祝，忝为序钦！

齐鲁钱币博物馆馆长　贺传芬

潍坊市博物馆研究馆员　孙敬明

二〇一三年六月于济南

序 二

王增山先生一生从事文化教育工作，爱好图书收藏、花木栽培，尤为热心乡土历史文化的研究。

我与王先生为忘年交，经过多年的交往，先生待人虚心诚恳的品格，做学问锲而不舍的精神，对历史科学严谨的态度，给我留下了深刻的印象，颇有感触。20世纪90年代初，先生退休后，隐身书斋，甘于寂寞，潜心研究利津文化，凡十度春秋，不避寒暑，终于完成了《利津明清诗选》和《黄河口民俗》的编著，为地方历史文化留下了宝贵的史料。

王增山先生对地方历史学、文化学、民俗学情有独钟。任职县文物管理所后，对馆藏文物进行了认真的考证，围绕“官灶城”、“铁门关”、“永阜盐场”和利津历史文化名人进行了深入研究，在国家级专业学术杂志上发表了多篇论文。结合“南王参古窑遗址”出土的器物，科学而又严谨地对《管子》“齐有渠展之盐”进行了论证，将古代利津滨海域地确定为

“渠展之盐”的标志性产地,利津的古代文明史也因此上溯到了春秋时期。

2009年,我受命组织利津历史文化的挖掘整理工作,其中许多领域都是王先生研究多年的课题。考虑到他年事已高,又有长年患病、不能自理的老伴需要照顾,没有给他太多的任务,但他依然承担了有关利津盐文化、民俗文化的选题,并将多年的研究成果和盘托出,供课题组参考,不讲条件,不计名利,毫无保留,鼎力支持。洋洋三卷本《利津文化丛书》中,倾注了王先生不少的心血。

王增山先生对乡土历史文化的研究,能取得可喜的成果,归结于他追时逐日、心无旁骛、坚持不懈的可贵精神,潜心学问、严谨求实、一丝不苟的科学态度和追本溯源、去伪存真、传承历史的社会责任感。他曾多次表示,有生之年最大的愿望就是将手头积累的有关历史文化名人资料,尤其是李佐贤的资料进行系统的研究整理,出版一部有关李佐贤的专著,使后人有所借鉴和启示。年逾古稀,心情尤迫,溢于言表:“今已届耄耋之年,时不我待。精力虽感不及,但又不愿放弃多年来所从事研究的课题。”遂在“友朋的鼓励、家人的支持下,将十余年来所积累的资料进行梳理,追时逐日,三阅寒暑”,终于完成此著。

利津历史文化源远流长,历代贤能辈出,名人文化是利津文化的重要组成部分。其中,清代道光年间四进士张铨、李佐贤、赵长龄和岳镇南被称为利津“四大贤”,其事迹传播至今。李佐贤工于诗文,擅长书法,兼涉考据之学,对金石书画、砚石印章皆能剖析微茫，辨其真赝，是清代著名钱币学家、鉴赏家、金石学家。李佐贤的古钱币研究影响深远。他的《古泉汇》、《书画鉴影》、《石泉书屋类稿》、《武定诗续钞》、《石泉书屋诗钞》等是我国历史文化中的宝贵财富，这些著作奠定了李佐贤一代鸿儒的历史地位。研究整理李佐贤生平著述具有重要的社会意义。王增山先生不避资料匮乏的困难，不辞年老体弱的劳累，担当了此任，尤为可贵。

编纂此书，耗时三载，而筹备过程达十数年之久，参考的书籍也有四五十种之多，查阅的资料更是数以百计，其中多为艰涩难读的古籍和相关专业书籍。书中每一个史实均有出处，一字一句均多方考证，作为一非专业工作者，其研究之艰辛，是可想而知的。相信读者通过这部书，能够加深对利津历史、利津文化的了解。这部书丰富的资料也为李佐贤研究者提供了有价值的佐证。

当下浮躁之气盛行，能够潜身书斋，一心研究学问，尤其是研究地方历史文化的人越来越少了，但是总有一些人勇于担当，不为名利所诱，使地方历史文化得以传承。利津有幸，有王增山先生及其一批同好。

《李佐贤生平著述考》出版在即，王增山先生嘱我作序，我犹豫再三，心怀忐忑，不敢妄言，却难违盛情，在此谨以文友之身份略表数言，权为序。

张吉山

二〇一三年五月于利津

目 录

前 言

李佐贤是晚清著名学者，其学术成就主要是在古钱币的收藏研究方面，而于其他学科亦多有建树，向有钱币学家、金石学家、鉴赏家、收藏家的称誉。

李佐贤，字仲敏，号竹朋，山东利津人，出身于文苑世家，道光八年(1828)乡试夺魁，道光十五年(1835)考取进士，居国史馆修史多年。之后，简放汀州知府，为官清廉，颇有政绩，然渐次冷漠仕途，壮年退隐故里，潜心研究学问。他所编著的《古泉汇》，收载钱币品类之多，考证之精辟，超越了历代谱录。近现代海内外钱币学家给予了很高的评价。

《古泉汇》刊行已百余年，至今在钱币学、考古学的研究方面仍具有很重要的学术价值。近年来，多家出版社影印再版。2009年，利津县文物管理所藏《古泉汇》稿本入选国务院公布的《国家珍贵古籍名录》。

李佐贤在书画鉴赏、金石考证、诗文创作上亦有很深的造诣。他积数十年收藏、鉴赏之工,编辑了《书画鉴影》、《得壶山房印寄》、《金石题跋》等著作。其《石泉书屋类稿》选列《续修四库全书·集部·别集类》。李佐贤生平作诗不下千余首。步入仕途后,他久居京师,时与何绍基、祁寯藻、朱伯翰、郑小山等赋诗唱和,互赠金石、书画题跋。晚年刊行《石泉书屋诗钞》,备受读家赏识。

清代是考据学昌盛发展的时期,特别是到了晚清,继宋以来又一次登上了学术发展的高峰,出现了很多知名学者及颇具学术价值的论著。

研究清代学术发展的历史,从学者们的治学历程、治学理念看,他们之所以在中国学术史上能取得如此辉煌的成绩,除了特定的历史因素,与其坦诚交往、潜心治学、严肃缜密考证的学风是分不开的。而李佐贤是清代学术史上钱币学方面的代表人物。整理其遗著,对研究其学术成就是有一定的社会意义的。

笔者作为李佐贤家乡的一名文化工作者,早年即有编撰李佐贤专著的愿望。只因资料不足,有些著述专业性太强,校点、评述恐难有理想的成效,试图做更为深入的研究,所以一直拖延下来。而今已届耄耋之年,时不我待。精力虽感不及,但又不愿放弃多年来所从事研究的课题。在友朋的鼓励、家人的支持下,将十余年所积累的资料进行了梳理,追时逐日,历三年之久,终于完成了《李佐贤生平著述考》的编著。此书如果能为读者或是研究者提供部分切实可用的资料,从李佐贤这样的学者所创立的学术成就和治学理念、治学精神方面有所借鉴和启迪的话,是我久所想望的。

需说明的还有这样几个问题:

一、本书编排分为五大部分:(一)李氏家族概况;(二)李佐贤生平述略;(三)李佐贤年谱;(四)李佐贤文选;(五)附录。

二、本书非专事钱币学的研究。是以李佐贤钱币学之论著为重点,结合其他方面的文选,对李佐贤的生平、治学理念、治学方法、学术成就,作比较全面的介绍和评述。

三、本书所载之传略、年谱资料,主要参考引用了《利津李氏族谱》、《李氏家乘》、《石泉书屋尺牍》。因至今未发现李佐贤的日记、行述,谨借以友人、同好之日记、信札和论著所及作补充。

四、本书凡选录于《古泉汇》(包括《续泉汇》)之载文,均以上海古籍出版社1992年影印《古泉汇》为底本,《续泉说》以上海古籍出版社1992年影印《观古阁丛刻九种》为底本。

五、选文改为简化字,统一异体字,加现行标点符号横排,所及人物、官职和生僻字词作了简要注释。

本书涉及钱币学、金石学等方面的专业知识,笔者受学识、资料所限,难免有错讹、不当之处,敬请专家和读者不吝赐教。

王增山

二〇一一年于利津旧居

第一章　李氏家族概况

明朝中叶，李氏先祖为避战乱，自直隶枣强迁居山东利津，李佐贤即其第十一代传人。300多年来，李氏家族保持着优良门风，以致人文蔚兴，科甲蝉联，簪缨不绝，被誉为“进士门第”、“文苑世家”。

一、“进士门第”、“文苑世家”

李氏家族，由一户普通的移民，逐渐发展为“名门望族”，所凭借的不是权势和财富，而是遵循儒家思想，严守“重孝悌，崇经书，存忠厚”的家规，以家族、家庭为中心，以伦理亲情为纽带，以庭训与塾学为载体，教育培养人才，耕读传家，科举入仕。至清朝光绪末年，中进士[1]5人，举人[2]10人，贡生[3]32人，太学生[4]15人，廪生[5]、庠生[6]27人，共94人之多。九世李源、十一世李崇照、十三世李泽宸，祖孙三进士；十一世李佐贤、十二世李贻良，一门父子双进士。94人中，科举入仕、受朝廷命官者40余人，有知府、知州、同知、州同、知县、教谕、主簿等。

清代，朝廷命官实行回避政策，不在本籍任职。利津李氏家族授官者，多分配在偏远的今广东、广西、福建、四川、云南、湖北、陕西等地。有的只是一名俸禄微薄的八九品小官，却毅然跋涉千山万水，历经艰难险阻而不辞。他们坚守“修身、齐家、治国、平天下”这一古训，以“为官一任，造福一方”为己任，以清正廉洁为荣耀，以贪赃枉法为耻辱。历数李氏家族为官者，盖能履行其职责并且多有建树。在这个大家族里，也有淡泊仕途，居家守贫，善举乡里，诗文自娱，翰墨丹青，布衣终生者。有不少贤宦、名士载入碑记、史册。

注释：

［1］进士：意为贡举的人才。唐代科目中以进士科为最重要。历代相沿，以进士为入仕资格的首选。明、清均以举人经会试考中为贡士，由贡士经殿试赐出身者为进士。

［2］举人：其称始见于汉，因由各地官吏荐举，故名。明、清指乡试取录者，有新中式、下第、坐监、署教和正榜、副榜之分。可于次年进京会试，亦可直接为官。

［3］贡生：明、清入府、州、县就读者称“生员”，经考选入京师国子监读书者称“贡生”。明、清贡生名目不同：明朝有岁贡、选贡、恩贡、纳贡，清朝有恩贡、拔贡、副贡、岁贡、优贡，均为正途出身。另有捐纳获贡生者称“例贡”。

[4]太学生：谓入太学者。太学，中国古代的大学。西周已有太学之名。魏晋至明清，或设太学，或设国子学(国子监)，或两者同时设立，名称不一，制度亦有变化，但均为传授儒家经典的最高学府。入学者谓“太学生”或“监生”。初由学政考取，或由皇帝特许。清乾隆(1736～1795)以前，并加严格考课。监生有举监、贡监、生监、恩监、荫监、优监等名目。后则存虚名，不被重视。至一般所称监生，指由捐纳而取得。

[5]廪生：明洪武二年(1369)令府、州、县皆置学，府学四十人，州、县依次减十，入月给廪米六斗，后来名额增多，食廪者谓之“廪膳员”，省称“廪生”；增多者谓之“增广生员”，省称“增生”，无廪米。

[6]庠生：科举制度中府、州、县学的生员别称。

二、李氏家族世系简表

李氏宗族世系简表

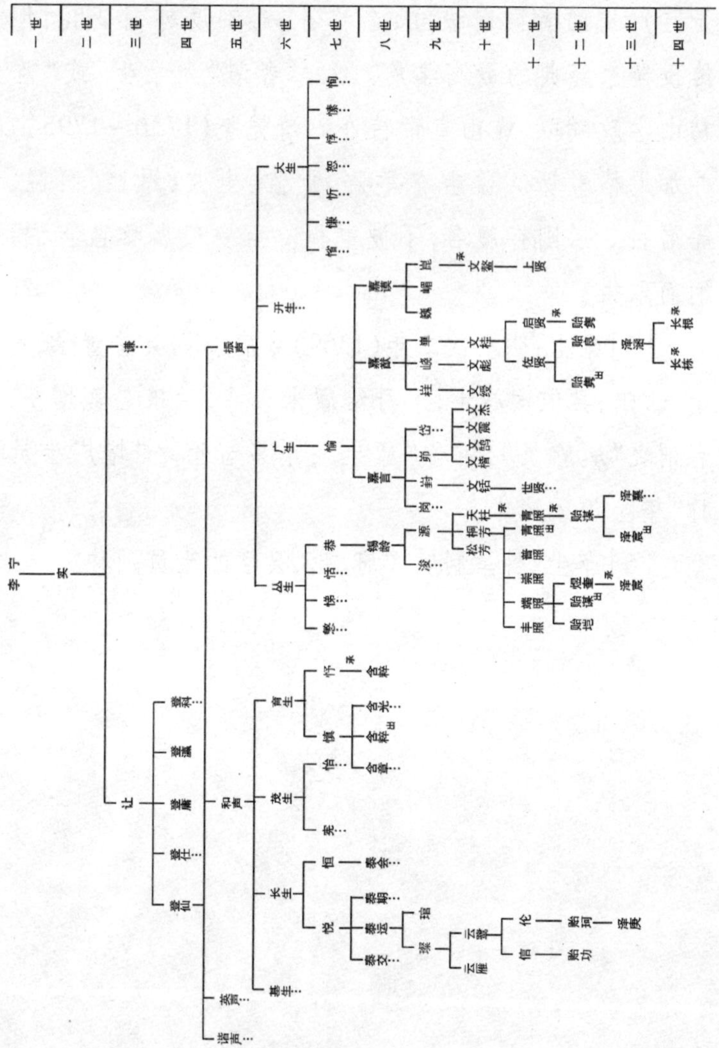

一世 | 二世 | 三世 | 四世 | 五世 | 六世 | 七世 | 八世 | 九世 | 十世 | 十一世 | 十二世 | 十三世 | 十四世

- 李宁
  - 实
    - 让
      - 登仙
        - 诺声…
        - 英声…
        - 和声
          - 基生…
          - 长生
            - 悦
              - 泰交…
              - 泰运
                - 琛
                  - 云雁
                  - 云章
                    - 信 — 贻功
                    - 伦 — 贻珂 — 泽庚
                - 瑄
              - 泰期…
            - 恒 — 泰会…
          - 茂生
            - 宪…
            - 怡…
          - 育生
            - 慎
              - 含章…
              - 含粹 出
              - 含光…
            - 忏 — 承 — 含粹
        - 振声
          - 丛生
            - 憼…
            - 悌…
            - 恬…
            - 恭 — 锡龄
              - 浚…
              - 源
                - 松芳
                - 桐芳
                  - 丰照
                  - 端照
                    - 贻垲
                    - 贻谋 出
                    - 煜奎 — 承 — 泽宸
                  - 崇照
                  - 普照
                  - 青照 出
                - 天柱 — 承 — 青照 — 承 — 贻谋
                  - 泽宸 出
                  - 泽襄…
          - 广生 — 愉
            - 嘉言
              - 岗…
              - 尌 — 文铦 — 世贤…
              - 峁
                - 文楷
                - 文鹄
                - 文震
                - 文杰
              - 岱…
            - 嘉猷
              - 柱 — 文绶
              - 峨 — 文彪
              - 崋 — 文柱
                - 佐贤
                  - 贻隽 出
                  - 贻良 — 泽溜
                    - 长栋 承
                    - 长根 承
                - 启贤 — 承 — 贻隽
            - 嘉谟
              - 巍
              - 嵋
              - 崑 — 承 — 文鳌 — 上贤
          - 开生…
          - 大生
            - 愔…
            - 慷…
            - 忻…
            - 恕…
            - 惇…
            - 慷…
            - 恂…
      - 登仕…
      - 登庸
      - 登瀛
      - 登科…
    - 谦…

三、李佐贤故居

李佐贤故居位于利津县老城区的中部，大隅头西北，东临大北街，北依前北街，占地10余亩。院落东西长，南北略窄，由几个小院组成。排列虽然不很整齐，但高墙深院，亭榭楼阁，错落有致。

故居正门朝北，在整个大院的中心偏西，单檐歇山式高台门楼，门楣上方悬“文苑世家”横匾，楹联是“四壁琴书名士第，百年簪绂世臣家”，庄重典雅。

进入大门是一条很深的南北胡同。迎门不远树立着一座瓷瓦立檐的影壁，“福禄呈祥”四个大字金碧辉煌。绕过影壁向前约20米，向东拐成东西胡同。在东西胡同向南约20米，再向西拐，一直到大院的西墙为第二条胡同。两条胡同把李氏故宅分成了南、北两个大院，东、西四五个小院（见李氏故宅示意图）。

李氏故宅坐落依次为：客厅在大门内的右侧，条石基础，方砖铺地，立柱前厦，楹联为“诗礼门庭箕裘继武，林泉岁月翰墨怡情”。内室坐落于客厅以南，建筑坚实质朴，青砖厚壁，木棂大窗。族长居室门侧镶嵌木刻楹联：“堂上琪花开益寿，阶前瑶草长宜男。”祠堂位于大门右侧的第二个小院，紧临前北街。正房五间，灰瓦硬山，双檐前厦，中为明间，东西各一套房，隔山为木制，雕刻有二十四孝图，另有西厢房三间。

“李神仙洞”，在大院内有三个洞口。位于东小门以西的

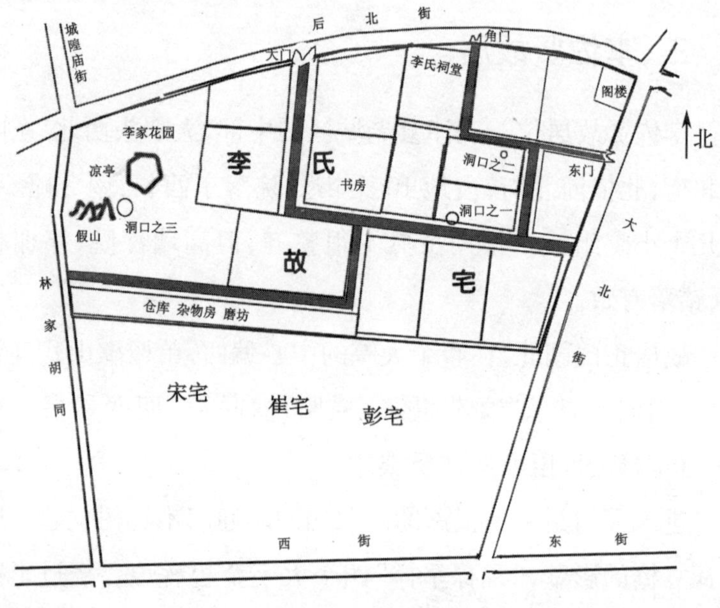

李氏故宅示意图

室内，南北排列有两个相隔不远的入口。由此往西，一直到花园假山的右侧有一出口。

"李神仙洞"为砖砌拱形地下建筑。据说是李氏四世祖李登仙(李神仙)，于明朝末年为躲避清兵而修造的藏身之处。"李神仙洞"至今尚存。民间演绎出许多神奇诡谲的故事。

大院的东北角，紧贴小隅首，有一座小阁楼，青砖基础，单间两层，木制楼梯，硬山出檐，楼顶嵌灰色小瓦。登楼眺望，城垣市井，村野田陌，大河帆影，尽收眼底。

书库，在大院的南半部。藏书之富闻名鲁北。大院西南靠近垣墙一带是仓库、杂物间。《古泉汇》数千块刻版即藏此

处,20 世纪 40 年代末散出无存。

李佐贤居室在书库的北面,斋号为“石泉书屋”。李佐贤中年辞官隐居故里,其《古泉汇》、《书画鉴影》、《武定诗续钞》、《吾庐笔谈》等著述多是在这里完成的。

大院的西北端是花园,人称“李家后花园”。花园居中有一水塘,垂柳依依,荷萍连碧;水塘西南不远处是一假山,叠石峰峦,松竹翠微;池塘的西面有一座六角凉亭,条石砌基,红漆木柱,飞檐碧瓦,镶嵌着祥鸟瑞兽,周围古木参天。

花园的东侧有两个小的院落。南面的小院名曰“独闲斋”。窗前翠竹,畦径腊梅、秋菊,十分清幽闲雅。嘉庆六年(1801),李文桂赋闲家居,于“城市嚣尘,闲境雅趣”感慨不已。靠北临街的一处是李氏家族的学塾。据《李氏家乘》所载,李文桂退官后,“就少年读书处,辟轩楹,集生徒,课经义,注《易》八卷”,即此。

咸丰末年,李氏花园渐已衰微。李佐贤退官隐居故宅,赋诗《春日小园即事》云:“地僻无来客,柴门镇日关。摊书消白昼,选石叠青山。水净鱼同乐,林幽鸟共闲。墙阴寻古篆,苔藓渐成班。”道出了“小园”清幽闲雅的韵致。

李氏故宅始建于明朝末年,至 20 世纪 40 年代,房屋有的出卖,有的划归公有,加之旧城区改造拆迁,历时 200 余年的李氏故宅如今仅存五间祠堂。

关于利津李氏故宅的历史,在李氏族谱中只有简单的方位记载。

小楼刻烛听春雨，清昼垂帘看落花。
——〔清〕王文治

碧落翠微好将息，青城紫阁皆朋侪。
——〔清〕陈希祖

石泉书屋木制对联

近年来，孟繁俭先生热衷于乡土文化的研究，为弄清李佐贤故居的始末和建筑布局形貌，他不厌其烦，屡屡登门造访李氏族人和邻舍遗老，终于获得了一些口碑、文字资料，并从网络上下载了卫星地图，制成“李氏故宅卫星地图”，参考此图绘制出“李氏故宅示意图”，撰写了《利津李氏故宅》一文，本文即参考其文章而完成的。

第二章　李佐贤生平述略

李佐贤生平聪慧勤奋，爱好文物收藏，长于古钱币、金石书画的鉴赏，犹擅辞章之学，著述宏富，《古泉汇》[1]一书，体大精严，为晚清泉学重要典籍。

一、生活于晚清时代

李佐贤生于嘉庆十二年（1807），卒于光绪二年（1876），一生经历了嘉庆、道光、咸丰、同治、光绪五朝。这一时期，正是清王朝内忧外患不断，逐渐走向衰亡的阶段，但是金石学的研究却形成了又一次高潮，出现了空前兴盛的局面。

金石学是中国考古学的前身，在很长的历史时期中，古钱学一直是金石学的分支，后来又归为考古学的一部分，到了现代才成为独立的学科。

金石学是以古代铜器和石刻为主要研究对象的学问，清代以来还对甲骨文、封泥、瓦当、明器、玺印、简牍等进行研究。

古钱学是以古代钱币为研究对象的学问,又名“古泉学”,通称“钱币学”。细分起来,钱币学应早于金石学的出现。

先秦典籍《左传》、《国语》、《考工记》等,对铜器铭文的释读、引用,以及钱币的产生、铸造、使用已有记述,但不过是只言片语,非专事这方面的学问。而严格意义上的金石学(包括钱币学),应该说是兴于汉,盛于宋,复兴于清。

汉代以来,有涉金石学、钱币学的记述、论著逐渐多了起来,《史记》中的《封禅书》、《平准书》,《汉书》中的《郊祀志》、《食货志》即是见证。后汉许慎最早以三代金文考证文字整理典籍,完成了《说文解字》的编著,南朝梁元帝萧绎集录碑刻著《碑英》,谓金石著录之始,刘潜《刘氏钱志》、顾烜《钱谱》是问世最早的钱学著录。之后,魏晋玄学彰显,唐代佛典称重,金石学发展迟缓,而宋代受程朱理学的影响,金石学、钱币学引起了文人士大夫的关注,出现了不少精于此业的学者,如刘敞、欧阳修、薛尚功、赵明诚、李清照[2]、陶岳、李孝美、董逌、洪遵、洪适等。有的不仅是金石学家,也是钱币学家,欧阳修之《集古录》、赵明诚之《金石录》、洪遵之《泉志》开启了一代学术之风气,他们的学术成就奠定了宋代金石学和钱币学的盛时地位,而元、明式微,清代则因政治和经济的关系,也基于文化传承和积淀发展的必然,金石学、钱币学得以复兴。

清代爱好金石文物的风气“遍及朝野”。尤其康熙、乾隆二帝,倾心汉学,好文物,尚法帖,挥墨染毫,对臣民的影响很大。乾隆时,朝廷敕命所纂之《西清古鉴》、《钦定钱录》,阮元

之《积古斋钟鼎款识》等被收入《皇清经解》。朝廷对此的重视，对金石学、钱币学逐步摆脱低迷状态，走向繁荣昌盛起到了倡导作用。

清代自顾炎武之《金石文字记》为滥觞，继之者朱彝尊之《跋新莽钱范文》，黄宗羲之《金石要例》，钱大昕之《潜研堂金石文跋尾》，张端木之《钱录》，翁方纲[3]之《王莽大泉五十考》，洪亮吉之古泉释文，初尚龄之《吉金所见录》等，均以金石文字考订经史、阐发义例，开启了清代金石学、钱币学研究的先声。

嘉庆、道光以来，金石学、钱币学的研究进入了兴盛时期，在政府官员、文人学士中，出现了一大批金石学家、钱币学家。这些人多数是举人、翰林出身，甚或朝臣、封疆大吏，学识渊博，家境富庶，颇具收藏、考证的实力，是此间金石学、钱币学的中坚力量。经过不断的文化传承发展，加之外来文化的强烈冲击，人们传统的玩古、藏古、鉴古的理念逐渐发生了变化，已不再像过去那样只是为了附庸风雅，“遁世避嫌”，而是真正地当做学问来研究。他们结为金石之盟，互通有无，切磋考订。不仅将金石文字看做是考证经史的材料，更进一步深入研究古代金石遗迹的名义、形式、制度、沿革等。清代考据学发展成为中国自宋代以来空前繁荣的时期，到了晚清时达到了极致，登上了中国学术史上的又一次高峰。

李佐贤与其同好鲍康、陈介祺、吴式芬、何绍基、王懿荣、刘喜海、吕尧仙、戴熙、吴云、潘祖荫、刘青园、顾湘舟、李古农、钟淦、叶东卿、吴霖宇、释达受、杨继震、吴我鸥等，是这一时期钱学界最具代表性的人物。他们在金石学、钱币学、考据学方面所建立的业绩，影响了一个时代的学术成就。

注释：

[1]泉：古代钱币的名称。《周礼·地官·泉府》贾公彦疏："泉与钱，古今异名。"《汉书·食货志下》："故货，宝于金，利于刀，流于泉。"颜师古注："流行如泉也。"

[2]李清照（1084～1155）：别号易安居士，宋济南西城（今济南章丘）人，少有文才，工诗词，早年与丈夫赵明诚致力收藏研究金石书画。南迁后，赵明诚病逝，家藏文物殆尽。晚年生活清苦，仍致力整理完成了赵明诚所著《金石录》一书。李清照对打马格钱币各游戏颇有研究，撰有《打马赋》一卷、《打马图经》一卷，著有《易安居士文集》。

[3]翁方纲（1733～1818）：清直隶大兴（今北京大兴）人，官至内阁大学士，金石学家，尤善辞章之学，著有《王莽大泉五十考》等（节录泉人《中国钱币大辞典》）。

二、出身于文苑世家

李佐贤曾为故居撰写过这样一副楹联："四壁琴书名士第，百年簪绂世臣家。"真切地表述了自己"文苑士家"的身世。

李佐贤的先辈于明朝中叶移民利津后，一直住在县城。

清《利津县志》载，利津建县于金明昌三年（1192）。800多年来，利津县城经历了很大的变化。清人张铨的《竹枝词》："古城七里镇河东，一片荒烟蔓草中。苦为明昌寻故迹，观澜镇海（利津城门名）想遗风。"可谓历史的佐证。历史上，黄河、大清河（济水）曾先后从这里入海。县城以北距海七十里，有海口铁门关码头，外连诸海。临城东津古渡，内接京津胶莱，南通吴越，水陆交通非常便利。大清河流经利津数百年间，是利津盐业发展的鼎盛时期，为利津创造了丰厚的物质、文化财富。利津历史上的文化名人，有价值的学术论著、文学艺术创作，多出于这一时期。研究利津历史的学者称此时期为"大清河文化时期"。而黄河从利津入海后，几经改道，往返回复，既造成了严重的水患，从黄土高原带来的大量泥沙，同时也淤积出了广阔的土地。沧海桑田，昔日盐碱不毛之地，逐渐演变成了粮棉鱼盐富饶之乡。由于拥有得天独厚的地理条件，到了明清时期，利津县城已发展成商贸繁荣、人文荟萃的鲁北重镇。清代利津诗人刘学渤作《东津即事》云："济流千曲赴东津，万壑朝宗汇海滨。岸阔潮平飞野鹭，帆悬风静照游鳞。青齐车毂争先渡，吴越艨艟列异珍。此地由来似都会，千村河润泽斯民。"即真实的写照。

李氏族人以"耕读为业，孝悌传宗"为治家之本，百余年来，在这里教育培养出了许多优秀人才。

李登仙　李佐贤之四世祖，字见田，生于明万历十九年

(1591),官鸿胪寺[1]序班,清朝定鼎后还乡。李登仙自幼喜《周易》、术数,生活无拘无束,有时破帽垢衫,有时锦袍绣衣,游走四方,求仙问道。传说遇异人秘授“仙术”,心领玄机,为人占卜无不灵验,与诡诈邪恶者斗智每必出奇制胜,时人称之“李神仙”。李登仙之“仙迹”还名动公卿,时常有文武官员请他参谋军事机宜,如都督田宏遇等,经他谋划打了不少胜仗,躲过了几次灾难,他们把李登仙敬为上宾。明末书法家董其昌(礼部尚书)、王铎(大学士)对他也“倒屣以迎”。王铎《赠李真仙诗》曰:

吾爱李见田,其人非鹿鹿。
内观无一心,飘然游云躅。
握玄数可扐,人间皆藏谷。
长笑震旦中,太极敦屯复。
愿此携瓢笠,与君枕霞宿。
眉垂过胸膈,海天色色绿。

太史朱沧起与万历进士李中行,曾分别为他写传,题为《李神仙传》。临终,子孙有以神仙术相问,他只是说:“厚德传家,天根月窟之理,亦俟人自悟耳。”

李登仙的“故事”虽诡谲近乎游戏,但以劝惩为主,多是表达了民众的聪明才智和对黑暗社会的愤懑不平,代表了人民大众的心声。数百年来,“李神仙”的故事在民间传颂不

衰。《利津县志》、《武定府志》、《山东省志》、《虞初新志》、《聊斋志异》、《池北偶谈》均有记载，利津县署为之立了生祠。李登仙的“仙迹”给李氏家族蒙上了一层神秘的色彩，其聪颖才智，“施法行道”为民之善举，对后代产生了潜移默化的影响。李登仙卒于清康熙十一年（1672）。生四子。李氏家族中的贤宦、名士多是从这一支系发展起来的。

李愉　李佐贤之高祖，字庭怡，号又和，生于康熙二十五年（1686），卒于乾隆二十八年（1763）。增贡，康熙五十年（1711）授昌邑教谕[2]，以办学育人为己任。不惜重资创修学宫学署[3]，广集生徒，勤于考课，一时人文蔚起，科名称盛，以德行先事载《昌邑县志》。之后，擢四川江油知县[4]，署茂州知州、直隶州知州[5]、松潘同知[6]。李愉莅政力改陋俗，杜绝请托苞苴，劝令偏远地域民族办学读书；于律法宽严兼施，恤狱囚，重修江油监狱，改善犯人待遇；署松潘同知时，奉委监修城池，同领民事。松潘与金川近，汉藏民族杂居，时有民族矛盾发生。李愉勤理讼事无止牍，判案不臆断，不偏袒，颇受“夷民”爱戴。李愉在松潘染疾，非一时可愈，获准回籍疗养。离任时路资不足，幸有同乡贸易于成都，借银数百两。出境时绅民携榼提壶祖饯数十里，共立“去思碑”纪念。

李嘉猷　李佐贤之曾祖，字允升，号东府，生于康熙五十八年（1719），卒于乾隆五十六年（1791），优附贡[7]，任广西按察司经历，历署全州州同、柳州通判[8]。时桂林积弊成患，不法商人垄断市场，哄抬物价，欺行霸市，商民诉讼连年不断，以往屡治成效不大。嘉猷甫[9]任，上宪[10]立委查办是案。嘉猷力拒奸商谗言利诱，不畏黑恶势力的恐吓干扰，下狠手严厉打击，缉拿首恶，公开审判，严惩不贷，市场很快得以正常运行。全州是汉、瑶、苗多民族居住地区，旧有土霸勾结地方官员肆意侵占农民土地的恶习，边民怨声载道。嘉猷亲莅现场，以地契文书为据，实地勘察，将强占土地归还于边民，颁发执照永远为业。边民感激不尽，为之立“长生禄位”。李嘉猷调离时，长幼携浆捧肴，匍匐道旁，迤逦百里，直至省城。其女适滨州杜圻(杜堮弟)。

李崋　李佐贤之祖父，字莲峰，又字西山，号对泉，生于乾隆十二年(1747)，卒于嘉庆二十三年(1818)。廪贡[11]，乾隆五十年(1785)考取誊录[12]，由国史馆[13]议叙[14]选授湖北布政使司经历，有政绩，擢湖北京山知县，历署武昌、汉阳两府同知。京山多水患，李崋因势利导，疏浚河流，加固堤防，之后，屡经暴雨洪水侵袭无溃决，农业连年丰收，楚北是处无不效法。尤为重视文教，兴塾学，修书院。京山人念李崋功德，联语称颂:“百姓望君如望岁，大儒忧道不忧贫。”李崋年老辞官时，绅耆百姓联奏挽留，复任一年。殁后乡谥“端恪”。著有《十砚斋诗钞》、《墨宝》等。

李源　李佐贤之叔祖父，字巨涛，号云鹤，生于雍正十二年（1734），卒于道光二年（1822）。乾隆二十一年（1756）丙子举人，乾隆三十四年（1769）己丑科进士，历任福建邵武、连江两县知县，乾隆四十五年（1780）庚子福建乡试同考官，青州教授，茌平县教谕。有《五经谈约》、《云鹤诗存》等诗文论著传世。

李文桂　李佐贤之父，字镜秋，号鲁村、坦翁，殁后谥“清毅”，生于乾隆三十二年（1767），卒于道光十五年（1835）。廪贡，擅长词章之学。著有《坦室遗文》、《坦室杂著》等。嘉庆十三年（1808）挑选誊录，选授云南路南知州，调任思茅厅同知、普洱府知府[15]、广东德庆知州。路南旧有弃棺暴尸郊野的陋俗，瘟疫连年流行，死人很多，巫师谣言惑众，百姓迷惑不解，惶恐不安。李文桂实地勘察，据理辟邪说，实施捐义田、置棺木、筑义冢等政策，改革陋俗，遏制了瘟疫的流行。调离时绅耆百姓联句送行：“灾瘟不染庶民稠。”思茅产茶，与普洱同名。这里百姓多以种茶为生。旧规茶山授土官管理，茶农租山种茶。而奸商买通土官包山，凡山内之茶不由自卖，商人贱买贵卖，垄断市场，茶农受双重盘剥，一年种茶的收入甚至不够一年的山租，讼纸历年山积。李文桂忧心忡忡，他不顾少数土官反对，决然改革旧制，重立新规。禁止奸商包山榨取茶农，立文刻石为志。思茅外壤与缅甸犬牙相错，当地部落头目有世仇，时借兵外境相斗，边陲很不安宁。李文桂重整防务，规劝部落头领，晓之以理，动之以情，安内攘外，平息了十数年来屡禁不止的边境骚乱。李文桂莅政尤以兴学劝士为先，任路南知州时，重修了明伦堂，于思茅厅同知任上捐俸创建书院，延师授读，选取学优者入署，亲为讲授，斯境初有学子举于乡试，其后科举入仕者屡见不鲜。晚年回归故里，完成注《易》八卷，名曰《塞易》，又著有《乡礼正误》、《论语笔记》（未见刻本）。他说过："既为读书人，就以希圣、希贤为任。自暴自弃皆无志之甚者也。"这句话成为李氏一族的家教箴言。

李上贤 李佐贤之族兄，字希亭，号子痴，别号痴道人，读书聪明过人，不曾应试，漫游大江南北，诗酒自娱。善书，亦工山水花鸟人物，画笔清超，颇有名气，家贫无子，晚年靠卖画为生。作诗400余首，诗意恬淡洒脱，名噪一时，因无力刊刻，存世不多。《武定诗续钞》选数十首。

李崇照 李佐贤之族兄，字宗山，号晓轮，生于乾隆五十二年（1787）二月，卒于道光十一年（1831）三月。嘉庆十八年（1813）癸酉拔贡，道光二年（1822）壬午顺天举人，道光九年（1829）己丑进士，直隶即用知县。才优学邃，名播山左。著有《四书讲义》等。书法秀润，诗得唐韵。生平诗文虽多，然不自珍，随作随弃，流传下来的很少。

李佐贤之后辈亦能承其家学。

李贻良　佐贤长子，字继朋，号枚卿，生于道光十一年（1831），卒于光绪五年（1879）前后，咸丰五年（1855）乙卯科举人，咸丰六年（1856）丙辰科进士，任内阁中书改官刑部四川司员外郎，江西司郎中，历充奉天、江西司主稿总办，律例馆提调奏带，钦加四品衔职，截取记名以繁缺知府用。光绪九年《利津县志》载："其莅刑曹几二十年，鞫囚常反复，开谕剖决无遁情，以是重于上台，甚被信，委监督太庙工程事，罔不稽核，在官有清操，严杜苞苴，年未艾遂卒。"长女适潍县陈介祺长孙陈阜。

李贻隽　佐贤次子，字肖朋，号伟卿，又号味琴，生于道光二十四年（1844）二月，卒年不详。优廪生。纯正厚道，温文尔雅，长于古文诗赋，编辑有《齐燕联唱》。继承父业，爱好古币收藏。同治九年（1870）后，常与潍县陈介祺长辈来往，光绪八年（1882）欲再续"泉汇"未果。光绪制科举孝廉方正，辛巳（1881）朝考入选，署德州学政，不久辞官归居，读书讲学，尤喜公益。光绪八年（1882），游星使（皇帝使者）特举，中丞委任，协理黄河事宜。

李贻功　李佐贤族侄，字树勋，号蒨园，生于道光十五年（1835）六月，卒年不详。庠生，晚清著名拓工。经李贻隽介绍，客居潍县陈介祺家为之拓墨。陈介祺最为称道的家聘拓工有三人，在京者陈俊，在潍县者李贻功、李泽庚（贻功侄）。

李泽庚从陈氏最久，深得陈氏指授，首创以两纸精拓毛公鼎，堪称绝技。

李贻恺 李佐贤族侄，字晏庭，生嘉庆二十三年（1818）十一月，卒年不详。太学生，编著有《百城集试帖诗》。

李泽涵 李贻良之子，字鉴如，生于同治五年（1866），卒年不详。孙殿起《贩书偶记》载，李泽涵《竹朋行述》一卷、《枚卿行述》一卷。

李氏家族，经百年文化积淀，世代传承，图书、文物收藏、诗文论著十分丰富。仅李佐贤一家藏书达三万余卷，在鲁北除聊城杨氏“海源阁”，“几几乎少有焉”。文物收藏多稀珍，有商周青铜器彝、鼎、爵、觚，秦诏量，汉铜鼓及印玺等，尤以古钱币为最，《古泉汇》和《续泉汇》收载近六千品。

集诗赋专著者有李源的《云鹤诗存》，李崋的《十砚斋诗钞》，李兰芳（女）的《梦余草》，李佐贤的《石泉书屋诗钞》、《石泉书屋馆课诗》、《石泉书屋律赋》、《武定诗续钞》，李贻隽的《齐燕联唱》，李贻恺的《百城集试帖诗》。

集论著者有李源的《易经简明集解》、《四书考疑》、《五经谈约》、《字核》、《寓拙轩稿》，李文桂的《坦室遗文》、《坦室杂著》，李崇照的《四书讲义》、《史鉴精义》、《宗山文稿》，李佐贤的《石泉书屋类稿》、《石泉书屋制艺》、《古泉汇》、《书画鉴影》等。

利津李氏家族，历明、清两朝而不泯，特别是清代，科甲连第，人文相继。李佐贤出身于这样一个诗书盈库、累世科举为官的家庭，自幼耳濡目染，受到了良好的熏陶，养成了好学上进的性情，这对他求学、做官、治学都产生了深远的影响。

注释：

[1]鸿胪寺：官署名。北齐始置。明洪武三十年（1397）改殿庭仪礼司置。掌重大典礼、郊庙祭祀、朝会、宴会、宴享、外官朝觐、外国诸藩朝贡礼仪及吉凶仪制。清沿置。

[2]教谕：清制，县学置教谕，正八品。掌文庙祭祀，教育所属生员。

[3]学官学署：学官，学校，犹言学舍。学署，教育官吏办公的场所。

[4]知县：官名。唐称佐官代理县令为知县事。宋制，往往派遣中央官员知某县事，简称“知县”。实际即管理一县的行政；有戍兵驻县的，更兼管兵事。明代始正式用为一县长官的名称。清代相沿不改。正七品。

[5]知州：官名。宋代派朝臣为州一级的地方行政长官，称“权知军州事”，简称“知州”。原意为暂行主持本州事务。明清以知州为州的长官名称。知州有两种：一种为直隶知州，另一种为散州知州。清沿明制，直隶州知州正五品，散州知州从五品。例以通判、知县、布政司经历、理问等升任。

［6］同知：宋、辽、金某些官署副长官多带此衔，通常为副长官。明制，州同知从六品，府同知正五品，都转运盐使司同知从四品。清有转运同知，事繁之府亦设为知府辅佐，正五品，设厅之区又多以同为长官。

［7］优附贡：又称“优贡”。清朝五贡之一。即由附生中选取的贡入国子监的生员之一种，亦称“优生”。初分贡、监名色，廪生、增生准做优贡，附生准做优监。乾隆（1736～1795）中定，每三年由各省学校考选，大省五六名，中省三四名，小省一二名，到部朝考。然无录用条例，故被选者多不赴京。同治（1862～1874）中始定，优贡经廷试，列一、二等者用知县或教职，三等用训导。亦属正途出身。

［8］通判：官名。宋朝置。明朝于地方各府置，为府之副职，位知府、同知之下，正六品。无常职，无定员。与同知分掌巡捕、管粮、治农、水利、屯田、牧马等事。清沿明置，设于各府，亦正六品。与府同知分掌粮盐、督捕、河工、水利、职事修废、理事诸务。

［9］甫：始、刚、才、仅。

［10］上宪：旧指朝廷委驻各行省的高级官吏。如清有代称抚、藩、臬三司为“三大宪”。

［11］廪贡：科举制度时，府、州、县学学生中，廪生中最优等者进国子监之谓。

［12］誊录：官名。明清科举考试中特设之官，属“外帘官”。凡乡试、会试后，均选书吏将试卷另誊他纸，再送考官

评阅,以防舞弊。且选官监督誊写,称“誊写录官”,简称“誊录”。

[13]国史馆:清朝纂修国史之机构。隶翰林院,设总裁、纂修、协修等人员。

[14]议叙:清制于考核官吏之后,对成绩优良者给以议叙,以示奖励。由保举而任用之官亦称“议叙”,如议叙知县。

[15]知府:官名。宋代以升府之处,命朝臣出充长官,称为“知某府事”,简称“知府”。明代始以知府为正式名称,管辖州、县,为府一级的行政长官。清代相沿不改,为四品官,有“四品黄堂”之称。

三、科举仕途　步履坎坷

我国历史上有很长的时期实行了科举取士的制度。科举成为人们施展抱负、求取功名、步入仕途的必由之路。古往今来,有多少文人志士为实现自己的理想而苦苦追求,但走通这条路并非容易。李佐贤在科举仕途上的坎坷经历即是鲜明的写照。

李佐贤 7 岁时,从湖北京山入塾学,一年后,因祖父退休返回故里,时父亲李文桂任官云南路南知州,母亲在家操持,为使佐贤的学业打下一个扎实的基础,延请了鲁北名师范承俊[1]。李佐贤聪敏好学,制艺、诗赋在童年便已崭露头角,闻名乡里。道光元年(1821),父文桂服阕迁任广东德庆知州,佐贤随父读书。父亲对他的期望很高,家教非常严格。撰文

《示幼子佐贤》，告诫不得以父辈为官自居，要戒骄戒躁，潜心知学，胸怀大志，建功立业，树清白家风。父亲在任地为他选择了最好的塾学，任教的老师是一位很有学识，又颇有教学经验的先生。经过四五年的勤学苦读，李佐贤学业大进，已显露出科举仕途的希望。正当李佐贤满怀信心全力准备乡试的时候，不料道光五年（1825）夏，父亲却以窃案挂议，至冬案子未结，年末，李文桂忽闻家母去世的消息，悲痛难以自制，被劾误职，谪新疆迪化（今新疆维吾尔自治区乌鲁木齐市）。这突如其来的“灾难”使李佐贤精神上遭受了沉重的打击，年轻的心灵上蒙上了一层挥之不去的阴影，丧失了参加乡试的机会。道光六年（1826），兄启贤陪父亲前往边陲戍所，佐贤随母返回利津，就读于姊丈范承俊主讲的滨州书院。一年后，李文桂因协助都统英侯（边防驻军头目）办理台务（军粮储运、文书传递）有功绩，上奏赐环[2]获归。英侯以军务未竣挽留，并许诺上奏官复原职。李文桂做官多年，早已看清了宦途沉浮无定的世情，中途又遭如此变故，已完全厌倦了官场生活，遂以母终未葬为由婉言谢绝，于道光八年（1828）夏回到了家乡。这年秋天，李佐贤参加山东乡试，考中了第一名举人（解元），给家人带来了希望。李佐贤中举并没有做官，而父亲退官后完全失去了俸禄，如此，家庭仅靠微薄的土地收入已难维持生计。李佐贤一面侍奉父母，一面诗文自课，准备会试，承受着经济、精神上的双重压力，严重影响了课业的进步。这位扬名一时的乡试解元，竟然三试春闱而不第。但李佐贤没有心灰

意冷，他立志要在科举仕途上有所作为，不辜负父辈的希望，重振李氏“文苑世家”。他抛弃一切杂念，从困境中挣脱了出来，全身心地投入于诗文攻读。终于在道光十五年（1835）考取了乙未科进士，继之朝考选庶吉士[3]。也正是此年，父亲患病卧床不起，不到两年，父母相继去世。几年来，李佐贤家中迭罹大故，为补家资之需，丁忧[4]间，他不得不外出谋事，曾先后谋职德州济阳书院讲席、滕县彭明府课读（教授应试科举的八股文）。

道光二十年（1840），李佐贤加科散馆授编修，仕途见有转机。历充国史馆协修、纂修、总纂和文渊阁校理，并以国史馆总纂的身份参加了《大清一统志》的编修。

道光二十四年（1844），朝选任会试同考官，是年秋应江西乡试副主考官。科举考试是关系到封建王朝优先选士，为国择辨栋梁之材的大事，备受统治者重视。李佐贤主持江西乡试和任会试同考官期间，殚精竭虑，操劳考务。他在《闱中选中卷》一诗中写道：

几度披沙类拣金，低回掩卷自沉吟。
漫收贾客怀间璞，细听中郎爨下琴[5]。
千佛传经推数定，十年伏案忆功深。
文章他日期华国，谁识抡才[6]一片心。

抒发出在莘莘举子中审慎选取人才的亲感实受。在《闱中发落卷》中则另有一番体会：

选材容易掇科难，万卷纷纷落叶残。
怕说刘蕡[7]终潦倒，应怜范叔[8]剧清寒。
墨花零乱痕犹湿，红烛模糊泪不干。
珍重踌躇无限意，可能寻得返魂丹。

李佐贤以亲身经历诠释了十年寒窗、科举仕途的艰难，道出了在考院处理落卷的复杂心情。

李佐贤偕同各考官悉心校阅考卷，尽力甄选人才，圆满完成了考差。李佐贤卓文博识，做事谨慎干练，深得朝廷赏识。道光二十六年（1846），简放福建汀州知府。友朋把盏饯行，李佐贤赋诗留别：

君恩新许耀双旌，恋阙情深马不行。
十载玉堂重回首，扪心敢负旧时清。

感激朝廷委以重任，与京师友朋话别离之情。

李佐贤初任知府，豪情满怀，立志做一番事业。待上任后，目睹汀州现状，却非所想，十分茫然。致函杜受田、何绍基云：汀州地方贫瘠，吏治很坏，官吏恶于百姓，贪污受贿成风，洋盗巨案时有发生，民心浮动，刀案难理，求一廉洁不苟之州颇难。李佐贤已深深感到治理汀州的艰难，精神上压力很大，

后悔来这里做官。然而，一州之长，乃朝廷命官，于国于民关系重大，没有退缩的余地。只有对所当之事，矢勤矢慎，同百姓一心相见，建功立业，才不辜负朝廷的恩德和百姓的期望。他横下心来，面对汀州现状，着重做了百姓最关心的五件大事：以农为本，治山治水；严禁鸦片走私，白银外流；发展乡村塾学；勤理诉讼；减轻赋税。经过几年的艰难治理，汀州年谷顺成，世安民乐。绅民感激不尽，送匾牌联语称颂：

仰北海清风，片心似水；
沛南汀化雨，众口成碑。

对这时的升平景象，李佐贤在《过山村即目二首》中，作了赏心的描述：

两两三三自结群，田家儿女布衣裙。
双旌到处欢迎迓，笑指肩舆看使君。

水复山重路几程，秋光烂漫雨新晴。
梯田高下黄云满，喜听村村获稻声。

时和政闲，李佐贤不忘积年所好，常有兴借公事之余，探幽访古，寻购古币、金石、书画。曾得书画三十余件，其中有董其昌、文徵明两件，皆为精品，黄石翁画松亦逼真无疑，为稀世珍宝,李佐贤称之为“入闽第一奇缘”。

此刻,还登临了鼓山,探访了玉华洞。李佐贤于鼓山摩拓了汉宋石刻,在小玉华洞即兴赋诗:

丰岁同民乐,时和政亦闲。
偶从金沙郡,来看玉华山。
岩壑疑飞动,烟霞共往还。
摩崖寻古字,几处剔苔斑。

正当李佐贤踌躇满志,再建新的业绩的时候,辖邑却发生了一桩非常棘手的命案。县令一审呈报为乱伦奸毒命案,李佐贤据原告呈词揭参。六日后,县令纵贿当事者,又呈报为无毒命案。长官于此贿和乱伦命案不愿深究,失察委员舞弊,顺水推舟。此案错综复杂,便以李佐贤仅据原告呈词揭参为由,撤职听候处理(见《石泉书屋尺牍》之《致丁竹溪同年》、《复祁幼章方伯》)。李佐贤对此裁决极为不满,遂上书刑部议决。这一遭遇逐渐使李佐贤对昏暗腐败的官场有了更清醒的认识:如此重大命案,官府竟敢包庇放纵行凶者,天理良心难容,哪里还有真理可言?之后,他在《辞官后戏作》中如此写道:

七年支郡问心难,傀儡登场一例看。
剩有余肠谁识我,全无媚骨不宜官。

悔亲案牍抛书卷，便挂簪缨理钓竿。
免得衙斋听早鼓，从今高卧学袁安。

宣泄了对腐败官场的愤愤不平，透露出仕途的艰难。

咸丰二年（1852）夏，刑部批复案结，秋奉饬回任。李佐贤得以甄别平反，官复原职，并拟调省。此时，东南义军突起，民心吏治辄动，又念及父子宦途遭际不幸，今后吉凶难卜，对宦途已完全丧失了信心，他委婉谢绝了上司的一再挽留，以祖茔被水、长兄去世、家事无人照顾为由，呈文引退。仲冬始得卸篆[9]交接，腊月初，李佐贤偕夫人张畹芳，告别了莅政七载的汀州，由江西纡道浙江北上。这时，太平军正沿长江而下，当李佐贤于咸丰三年（1853）三月到达金陵江口时，太平军已占领了南京，他只得回棹金华暂避。于杭州南屏禅舍拜访了六舟和尚（释达受），摩挲金石，评论书画，结古欢累日。又去戴熙里第看望，戴公扶病接见，道故交之情，并以自画山水见赠。

经过数月车船颠簸，李佐贤终于在这年初冬回到了家中，目睹乡里故宅，风物兴衰，追慕那已过的人情时序，古道淳风，心情十分沉重。过后不久，他拿出仅有的积蓄，得亲友相助，在城南买了一处小小的庄园，有茅屋十余间，花果树木百余株，作为憩息之地。他在致表兄杜继园[10]的信中，袒露了当时的心情："廿余年名利场，回首如梦，今则黄粱饭熟矣，但愿消闲无事，优游余年，此外尚无何奢望耶？"

注释:

[1]范承俊,字友泉,号苏山,山东沾化人,生于乾隆六十年(1795)。少颖悟,读书过目成诵,时有"神童"之称。道光元年辛巳(1821)恩科举人,道光二年壬午(1822),三年癸未(1823),屡试礼闱俱荐不售。先生家贫,设帐生徒授业,应聘李佐贤家教两年,主讲滨州书院。从学者苏蕉邻、苏敬衡、高次封、张曦臣、李佐贤皆先后成进士,登贤书者亦不乏人。道光十二年壬辰(1832)春,公车复荐,而孟夏殁于京寓。先生德行文章名噪乡里,誉称鲁北名儒。

[2]赐环:又称"赐玉环"。《荀子·大略》:"绝人以玦,反绝于环。""古者臣有罪,待放于境,三年不敢去,与环则还,与之玦则绝。"后称被逐之臣召还为"赐环",永不召还为"赐玦"。

[3]庶吉士:官名。清因明制,翰林院设庶常馆,进士殿试后朝考前列者,得选用为庶吉士。肄业三年期满再经考试,按等第而分别授职,谓之"散馆",二甲进士授编修,三甲授检讨,不入选者,内用六部主事、内阁中书,外用知县。

[4]丁忧:旧时遭父母之丧为丁忧,也叫"丁艰"。父母死后,子女要在家守丧三年,不做官,不婚娶,不赴宴,不应考。父丧称"丁外艰",母丧称"丁内艰"。

[5]爨下琴:东汉蔡邕为左中郎将,人称"蔡中郎",文学家,书法家,通天文、经史,晓音律。有一次他遇到一个人烧桐

木做饭,听到发出了好听的爆裂声,知是制琴的良材,便以此制琴,果然声音美好。后以爨下琴作为咏琴或辨才之典。

[6]抡才:选拔人才。

[7]刘蕡:唐昌平人(今北京昌平),文宗大和二年(828)应贤良对策(应试),极言宦官祸国,考官害怕得罪宦官,不敢录取。同考李郃说:"蕡不第,我辈登科,实为厚颜。"令狐楚、牛僧孺都上书推荐刘蕡,被授秘书郎。之后,刘由于宦官诬陷,被贬柳州司户参军。

[8]范叔:范雎,战国魏人,早年生活清贫,历官魏中大夫、秦昭王之相,后谢病告归。

[9]卸篆:名字印章多为篆文,官印也称"篆",如接印叫"接篆",交印叫"卸篆"。

[10]杜翰(1806~1866),字鸿举,号继园,杜受田之子,山东滨州人。道光二十四年(1844)三甲第八名进士,加科散馆授检讨,官湖北学政、河南候补道、工部左侍郎、军机大臣。

四、酷爱金石　广交同好

李佐贤年轻时期即有金石书画之好,考取进士后,久居京师,尤以古币为专好。他一生中,无论是求学、做官、为民,在顺境或逆境中,从未改变初衷,也一直不忘与情味相契者结为朋友。从《石泉书屋尺牍》、《古泉汇》自序看,交往者多为金石学家、古钱币学家、鉴赏家、知名学者,如陈介祺、吴式芬、鲍康、刘喜海、王懿荣、何绍基、杜受田、杨继震、铭东屏、叶东卿、吕尧仙、许瀚、钟丽泉、吴霖宇、李古农、戴熙、吴云、李季云、释达受等(人物简介见《李佐贤年谱》)。有的是翰林院的同年,有的是在京或外任州府的官员,甚或封疆大吏、禅院僧人。他们结成金石之盟,通过书信、走访,将所得金石、书画、古币,以实物或拓片相投赠,互通有无,探求有关学问。李佐贤数十年坚守不移,如辞官归途中,江南战事迭起,局势动荡不定。他不畏兵荒马乱,毅然到杭州拜访了同好六舟和尚[1]、戴熙;60多岁时,他不辞劳苦,多次赴潍县拜访陈介祺;他晚年中风,行动不便,仍坚持与鲍康书信往来,进行学术交流,合作完成了《续泉汇》的编著,继《泉说》(鲍康)后又完成了《续泉说》的撰著,终于实现了共辑一谱的夙愿。李佐贤去世后,鲍康赋诗《哭李竹朋三首》,情谊之深,流溢于字里行间,十分感人(诗见本书《友人致李佐贤》选文)。存世的近百通信札,真实地记录了他们珍重友情、结盟金石、切磋考据之学的情形。

致刘燕庭观察:聚首都门,时聆教益,雅合芝兰之契,遂订金石之交……都市近鲜古泉,数月来未获异品,惟得一蒲坂币[2]尚属精好,仅将拓墨呈览。前承允赐即墨刀及共字币尚未领到,便中敢祈掷下,以慰渴慕,又忆太和五铢、直百各泉,尊藏颇多,倘肯分惠数枚更佳,阁下幸毋笑其无厌之求也……

致六舟和尚:六舟上人如晤,午岁袁浦旅次得聆教言,深慰渴慕,承碑版之投赠,结翰墨之因缘……去岁晤鹿春

如观察，方知系上人知交，借稔主持净慈禅院。山色湖光，悟上乘之妙谛；吉金乐石[3]，结获古之深情。佳况良多，颂忱曷既。佐向有同好，近将各家拓本汇集，裒然成帙，而缺略仍复不免，尊处为金石渊薮，祈惠寄以补不足何如。

在遇到珍贵文物，一人难措资金时，则常互助购买，但也不乏金石之交慷慨解囊者。如此，李佐贤获得了来自各地的大量的珍贵资料，了解到许多在典籍中所不载的知识。这对后来他在学术上取得的显赫成就起到了重要的作用。李佐贤晚年回忆这一情景时仍情不忘怀，感叹不已。在清代的官员中，竟能此等品尚照人，难能可贵。清代考据之学，在历史上之所以有烜赫的成就，除特定的历史条件外，与学者们严谨的治学精神、坦诚交往的学风分是不开的。

注释：

[1]六舟和尚：指释达受，嗜好金石、书画、古币，有“金石僧”之誉（详见《李佐贤年谱》道光二十六年条）。

[2]蒲坂币：古钱币名。蒲坂，地名，在今山西省，战国时属魏。

[3]吉金乐石：吉金，鼎彝等古器物，古以祭祀为吉；乐石，可做乐器的石料，后泛指碑碣。

五、退居林下　潜心治学

李佐贤退居后，并没有过上安定闲适、优游余年的生活，同样，读书、研究学问的环境也不宽松。在很长一段时间里他不得不为他事奔波操劳。

咸丰五年（1855），铜瓦厢决口，黄河夺大清河复由利津入海，连年水患、兵荒祸及百姓，李佐贤忧心忡忡。受乡贤推举，他应县令聘请，协理黄河防务，为堵截捻军"窜扰"，兼办城防团练。

此后数年，李佐贤为补贴家用不足，筹措出版经费，一直过着动荡不定的生活。咸丰、同治间受聘济南、东平书院讲席，又任长清县教官等职，时而故里，时而历下、京师。尤其花甲之年，与之相濡以沫30余年的夫人张畹芳不幸去世，他在精神上遭到了难以承受的打击。李佐贤在社会环境发生动荡，个人生活不断受到牵累，奔走流离的情况下，依然坚持读书、治学，直到他去世那年仍坚守不渝。李佐贤退居20余年，编撰成书十余部之多。

（一）《古泉汇》

《古泉汇》的编著，经历了数十年艰难收藏，悉心考证。

李佐贤爱好古钱于20岁前后，早年居住在鲁北偏远的小城，所见古币不多。考中解元后，往来于济洛邹滕之间，随地访求古币及有关学问，渐有增益；中进士后，供职都门，所见古币日富，仍苦财力不足，不能如愿以偿，然遇稀世珍品，每费重金，借贷、典当、节衣缩食在所不惜。张铨题李竹朋同年《古泉汇》长歌云："昔在长安十二秋，海王村里苦搜求。今日卖

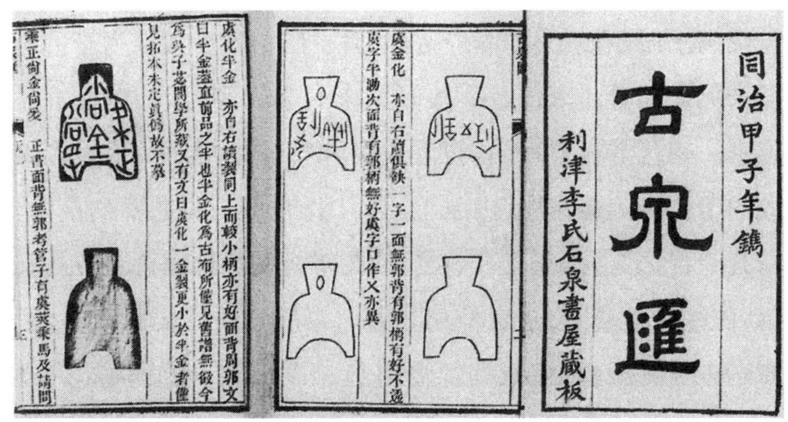

同治甲子年鐫

古泉匯

利津李氏石泉書屋藏板

虞金化　亦自右讀俱鉄一字一面無郭背有郭柄有好不逸
虞字半泐次面背有郭柄無好虞字口作乂亦異

虞化半金　亦自右讀製同上而較小柄亦有好面背周郭文
曰半金蓋直虞品之半也半金化爲古布所僅見舊譜無徵今
爲吳子苾閣學所藏又有文曰虞化一金製更小於半金者僅
見拓本未定真僞故不摹

乘正尚金尚彖　正書面背無郭考管子有虞荚乘馬及請問

清同治三年石泉书屋版《古泉汇》书影

骏马，明日质貂裘。”道出了李佐贤酷爱古钱币的真情。数十年中，李佐贤无论走到哪里，或生活上、仕途上发生什么变故，总是不忘古钱币的搜求，且每得新币，以实物或拓本与同好互为馈赠，审视年代，切磋真赝。然后按年代分类，嵌置板上，成卷帙式装箱。“每当窗明几净，展转摩挲，觉古香古色流溢几砚间，引人入胜。”（《古泉汇》自序）李佐贤治学之精细，为同好所佩服，传为佳话。

李佐贤久有编撰钱币新谱的愿望，只因仕途生活中诸多变故，找不到一个合适的时机。咸丰六年（1856），长子贻良考取进士，授中书，李佐贤偕夫人张畹芳就养都门，开始为编撰《古泉汇》做准备。十年离京，故地重游，人事已发生了很大变化。良友故交有的去世，有的外任官职，或归故里，欲续旧交，不获晤一人，抚今追昔，倍感清冷寥落。而有幸经吴霖宇(惠元)作缘与同好鲍康相识,两人早有所闻,一见如故。鲍康出示所藏钱币,与李佐贤磋商质证,有不少古泉为李佐贤所未见未闻者。李佐贤很敬佩鲍康的学识和为人,交往日益亲密。李佐贤在整理《古泉汇》书稿时,鲍康帮助做了很多细致的工作。鲍康作序《古泉汇》云:"得暇辄与竹朋罗列泉币,断其时代之先后,证其笔画之异同,辨析其轮廓面背之各从其制,往往剖其毫厘,至忘晷刻。"若著录有遗缺需要补充时,只要李佐贤有所求,鲍康即慷慨解囊相助。从《观古阁丛刻九种》题记知:李佐贤仅从鲍康之《泉影》选取铁泉拓百十纸,从刘喜海赠鲍康之铁泉拓册选取十余纸(《题嘉荫簃铁泉拓册》)。鲍康还多方联络同好,为李佐贤求助钱币,当时钱学界之奇珍异品,几乎搜罗殆尽。《古泉汇》告成,得益于鲍康鼎力相助。

李佐贤亦非常珍惜朋友间的情谊。鲍康《自题泉册》云:"余与竹朋讲论古泉年最久,尝拟共辑一谱,见余所作《泉汇》序。竹朋所藏,余曾悉数假归一一选拓之。"同治九年(1870),李佐贤去潍县访陈介祺,在市上购得方钱十余枚,乃前所未见者,遂分赠鲍康两枚,补其未备。李佐贤如有新得即通报鲍康,或以实物、拓片分赠。

《古泉汇》成书于咸丰年间,刊行于同治三年(1864),历六年之久。书前有鲍康咸丰八年(1858)和咸丰九年(1859)两次作序,概述了编辑成书过程,对是书称许备至。次为李佐贤自序,略证与鲍康讨论编书及与泉友交游故实。鲍康、钟

淦、鲍瑞骏、周士澄、张铨为之题词。

《古泉汇》五集，六十四卷：首集四卷，为《凡例》、《目录》、《历代著录》、《古泉臆说》、《诸家泉说》等五部分；元集十四卷，收各类古布九百九十四品；亨集十四卷，收各类古刀七百零五品；利集十八卷，收历代圜法正品二千二百九十七品；贞集十四卷，收异泉杂品（包括无考品、厌胜品、仙佛、花纹、马钱、泉范等）一千零七品，全书共载古泉五千零三品。所收录之泉图，除自藏外，还包括众泉家的藏品。李佐贤在《凡例》中说："兹编所摹，自存者居其大半，此外异品则刘燕庭方伯所藏者为多，而刘青园、戴醇士、吴我鸥三前辈，吕尧仙中丞，鲍子年中翰诸家所藏亦复不少。陈寿卿侍讲、吴子苾阁学、顾湘舟参军、李古农司马、韩渌卿孝廉、钟丽泉农部、张半痴贰尹所藏者亦兼有采取焉。"《古泉汇》载泉十分谨慎。从拓本收入者，必知其真品，凡未经目睹见而生疑者，概不入录。每种皆摹绘图形，面背异者皆摹，后释其义，刀布古文字不可尽识者，则阙疑以俟考。凡旧谱泉今未见者，则不图其形，仍存其目以备品，刀布即附于刀布之末，圜法按时代附各朝之末。异泉杂品仅摹所见，未见者概从略。圜法类以时代为次，历朝分据各国及僭伪之品，皆附于每朝正品之后。泉之文同而大小异制者，以小平钱冠首，其过小过大者以次附后；其非小平钱者，则以初铸者冠首，而后铸者附之。唐代以后有铜、铁两种者，则先铜而后铁；其大小迭增者，则先小平而后当二、当三、当五、当十，依次迭加；其所值均而文小异者，则先元宝，而后通宝、重宝，先篆书而后隶书、真书、行书，先正品而后别品。

《古泉汇》对战国时期繁多刀布首次加以考校分类，著录农民军及地方割据势力钱币，兼收受中国钱法影响的日本、朝鲜、越南钱币(与中国同文者)，对钱范、钱母及通货性质的厌胜钱收入钱谱中，这在钱币史上堪为创举。其中不少钱币是前谱所未载者，而出土的地点、币文、铸造年代、铸造方法、形制以及流通，体现了历代政治、经济制度之利弊。先秦钱币古文字居多，有《说文解字》所未备，汉唐以来钱币，篆、隶、真、行一代书法俱在，是文字变革、书法艺术发展的见证。李佐贤精通六书，熟知历史，一一作了考证。

《古泉汇》所收钱币始于先秦，迄于明末。

《古泉汇》的刊行，在钱学界产生了很大的影响，历代学者多有借鉴和评述。

鲍康有感于当时谱录之作，尝谓："泉谱不备不足传，不精不可传，备且精而无新奇可喜之品为诸谱所未载，亦不得以传。"独于《古泉汇》一书，则称于诸谱之外，为自树一帜之作，谓"洋洋乎大观哉！后来者不可知，而空前一语信足以当之矣"。鲍氏治学严谨，向不作夸饰过誉之词，其于是书则作如此高之评议，统观全书，乃知为公允之谈。

饶登秩[1]于《古欢斋泉说》云："近世利津李竹朋《古泉汇》一书，可称极古钱之大观，不得谓考古完善之作，其为他谱不及者有三，其犹有不足者亦三。甄录宏富，近六千种，空前一语，洵不为诬，他谱之所不及者一；嗜古之士盛极一时，各家所藏逸品异种，无不搜罗及之，半经各法眼审定，所以集中尤少伪品，他谱之所所不及者二；释文谨慎，疑者阙之，不失信于传信之意，他谱之不及者三。至其注释各钱，多随笔录记，引证不能精博，此其尚待考订者一；开编即载虞化，尤觉陈见未除，此其尚待讨论者二；刀布[2]中一种同文者，载至数十百品，不免犯戴文节所谓著者滥、阅者厌之诮，此其尚待删削者三。然著录至此已难能矣。”（丁福保《古钱大辞典》）评议十分真切衷恳。

王懿荣[3]盛赞李佐贤之《古泉汇》、刘喜海之《古泉苑》、初尚龄之《吉金所见录》、王锡棨之《泉货汇考》为“垂千古百世之文献”（王振民主编《潍坊文化三百年》）。

罗振玉对泉学著述多有独到见解。在《俑庐日札》中说：“古泉谱录，佳者至少，自李氏《古泉汇》出，而压倒以前诸家。予谓古泉学家当具小学、历史、鉴别三长，然能兼此三者甚少。”罗氏对李氏之《古泉汇》比较推崇，拟编《再续古泉汇》。他说：“予藏泉虽不足称富，而可补《古泉汇》者，尚数百品，拟就予所藏，并同好拓墨为之再续，并将其记载疏舛处，为刊误附焉。此在今日亟宜着手者……观成未知何日耳”（见《中国钱币》2013 年第 1 期）。

章太炎答支伟成评《古泉汇》。支伟成作《清代朴学大师列传》，以“传人传学”为旨，质于章太炎：“李竹朋（佐贤），只见其《古泉汇》，其他关于金石著作未见，乞示知。”章太炎：

“李竹朋所著，以《古泉汇》为最。即此一书，足以千古！较其学术，在金石家中为尤难，盖事须贯穿也。至翁宜泉、刘燕庭，则于李传开端言之为宜。”（支伟成《清代朴学大师列传》）

王献唐[4]《五镫精舍印话》“齐鲁各家藏印”条云：“利津李竹朋佐贤，以治泉币知名，《古泉汇》一书，为历代泉书之冠。刘氏《古泉苑》、翁氏《泉货汇考》，余皆见之，尚不如其精博也。”

丁福保[5]所撰《古钱大辞典》的《例言》曰：“刀布文字系属大篆，颇难辨识，而当时又未有史志，无可依据，考古之士，各凭所见，自为臆度……此种古篆难以枚举。然异说虽多，宜定一是，故凡刀布之释文，用以编入通检，附于各图者，姑以《古泉汇》为准则。”

日本钱学家甲贺宜正在《东亚钱志》中说：“近来钱币著录，以李氏《古泉汇》最为翘楚。”

王贵忱先生《古泉汇题记》云：“《古泉汇》就数量而言，为前所未有之巨作。囊括乾隆以来诸大家珍异之品，并载录诸家考释之说，向有古钱谱录善本之誉，为考古家必备之书。”

李学勤先生为山东省钱币学会编《齐币图释》作序说：“我国历史上早有研究钱币的记载，宋代以来钱币的著录、论述传留甚多。晚清时，李佐贤作《古泉汇》，堪称一次总结。”

《古泉汇》博采旧谱新拓，甄录钱图宏富，自不免收入少数可议品。历代钱币学家对此亦有所品评。同治十二年

(1873)冬,陈介祺批注《古泉汇》。于首集卷一后记曰:“同治癸酉,鲍子年夔守以《泉说》稿寄阅,随手注所见数则,不意子年竟附刊。竹朋见之复有《续说》,余又注,寄子年。冬夜围炉遂以所见,取《泉汇》复注之。”陈介祺批注多处,呈李佐贤商榷。李佐贤亦自我批注并钤印(批注稿本现存国家图书馆)。光绪间诸城王绪祖撰《古泉汇补缺订讹》,序云:“近世泉谱,著录之博,无过于《古泉汇》一书。唯品汇既繁,卷帙亦夥,其精力未到之处,挂漏者固多,纰缪亦复不少,予尝以为憾。每于展卷时,遇其可疑者,辄为订正一二,积之既久,及百五十余则,录成二卷。”(王振民主编《潍坊文化三百年》)王贵忱先生《古泉汇题记》云:“通篇选钱可谓精审,唯所收钱图中亦不无可议之品。”例举了各集中的伪作或错收之品,如“亨集卷一第八页齐之化刀币,乃三字刀改刻品;第九页之九字刀亦属伪品”(见马飞海、王贵忱主编《中国钱币文献丛书·古泉汇附续泉汇》)。其时,李佐贤对“齐之化”三字刀即发觉异常,释文曰:“按齐刀三字者,多皆作‘齐法货’,此刀异常,品仅一见也。”(《古泉汇》亨集卷一)事隔多年,撰《续泉说》,又提到了九字刀币:“九字齐刀所见仅二三品,《泉汇》曾收其一,颇为寿卿所訾(陈介祺评鲍康《泉说》:‘余谓凡九字皆伪。’),其论殊近理。古篆多离奇。此字谨严乏古意,与诸齐刀殊,或以三字刀磨平,细细改刻者,然铁线篆极工难辨……”虽有所见,却疑惑未定。同治十二年(1873),自校《古泉汇》,眉批九字刀:“伪,此字不古,或是伪物,然已巧矣!”(《陈介祺批校古泉汇附续泉汇》)李佐贤始终未能从迷惑中解脱出来。到了现代,钱币学家确认“齐之化”、“九字刀”伪品无疑。关汉亨先生在《李佐贤和他的〈古泉汇〉、〈续泉汇〉》一文中,以“瑕不掩瑜”为副题,亦指出了《泉汇》中的赝作错漏之处(载《中国钱币》2012 年第 3 期)。历数各家评说,盖中肯之言、公允之见。

《古泉汇》刊行三十余年后,光绪二十一年(1895)乙未,有不名姓氏者,题《吾庐笔谈》首页云:“利津李竹朋太守以解元入词垣,出守‘六郡’,不数年即引疾归,杜门谢客,唯以著述自娱。此外所著有《古泉汇》若干卷,考核精謪,为他家所不能及。泺口(今济南市)关少甫孝廉有此书,余曾借观。闻太守家所藏书画今多散佚,不知《泉汇》之版无恙否?”

《古泉汇》刊行已百余年,手稿部分尚存,其旧泉、刻板早已散佚。据李氏后人传说,李佐贤去世后,旧泉交潍县姻亲家陈介祺托管。又说悉数被其后人散出,大部归上虞罗振玉收藏。1920 年,郑家相在天津相约张絅伯、陶心如(陶洙)拜访罗振玉,曾观赏李佐贤藏泉共十六函。每函七八板或十余板不等。每板列刀布自二三品至五六品,或列圜钱自十余品至二十余品。泉皆嵌入板中,郑家相忆述“盖李氏藏泉展转入罗氏,不免有遗失,或为人掉换。且(方)药雨取去数品,如贞祐通宝小平钱及至和重宝背虢字等,故已非完璧,大部分尚存”(郑家相《梁范馆变屑(八)》,载《泉币》第

21 期)。方药雨曾在罗振玉处选购多枚李氏古泉珍品。1934 年,方氏藏泉已归上海陈仁涛购藏,陈氏藏泉于 1952 年由国家文物局收购。李佐贤遗藏多枚古泉珍品,一部入藏国家博物馆,而大部归辽宁省博物馆,《古泉汇》稿本现存山东省图书馆,部分存利津县博物馆。

近年《古泉汇》屡有再版。1991 年,江苏广陵古籍刻印社据清同治刊本影印出版了《古泉汇》;1992 年,上海古籍出版社出版马飞海、王贵忱先生主编的《中国钱币文献丛书》,收录《古泉汇》;1994 年,北京书目文献出版社出版了《陈介祺批注古泉汇附续泉汇》;1978 年,台湾儒林图书公司出版了新装四册本《古泉汇》。

(二)《续泉汇》

同治九年(1870),李佐贤去潍县访陈介祺,得观所藏泉范自周秦至六朝标新领异百品有余,其中《泉汇》收者少,而未者多,欣羡不已。见此,陈介祺慨然以全拓相赠。李佐贤遂

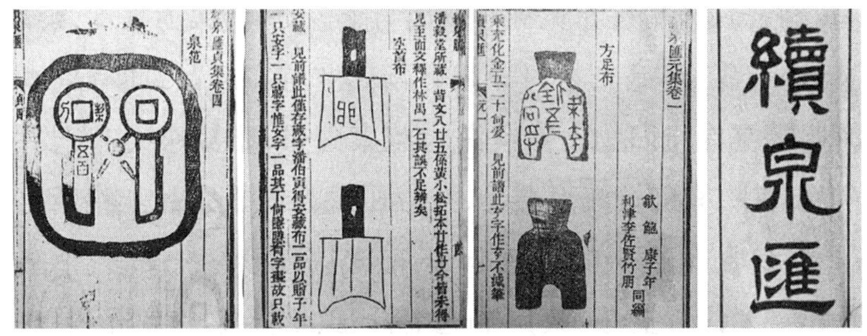

光绪元年刻本《续泉汇》选页

起续《泉汇》之意。时鲍康已解职居京，议商相契，合编《续泉汇》。

《续泉汇》十四卷，补遗二卷，鲍康、李佐贤同编，光绪元年(1875)八月李氏石泉书屋刊本。本书系《古泉汇》一书之续编，初稿十二卷，为李佐贤所编，收钱币、钱范五百余品，后由鲍康校刊增订，厘为十六卷。其中《续泉汇》十四卷，依《古泉汇》体例分为元、亨、利、贞四集。书前有历代著录补遗一篇，载及清代钱学谱录八种。元集三卷，收秦以前古布币一百四十二品；亨集三卷，收先秦古刀币一百三十九品；利集三卷，收历朝圜法正用品三百七十五品；贞集五卷，收无考品、压胜品、马钱和钱范一百七十七品。书中收录古钱，多采录藏家名品。陈介祺藏泉范最精最多，本书收载一百七十件，包括有齐刀铜范、宝四化、宝六化残铜范、秦半两砖范、汉文帝无郭半两铜范、半两石范、西汉宣帝神爵四年制五铢土范、同治己巳(1869)潍东出土的四铢半两石范等，都是十分珍贵的泉范资料。同治、光绪间著名藏泉家杨继震(幼云)，以集古布见称。杨氏与李佐贤、鲍康为泉友，《续泉汇》元集、补遗二卷内即载有杨氏空首布藏品，间有刘喜海四字空首布旧物。何镜海为鲍康内弟，赠鲍康刀布六百余品，其中有何镜海百余品，孙春山藏泉三十余品。鲍康出守夔州，收集了不少四川出土的南宋铁泉珍稀之品，包括端平元宝大钱背上邛、铁大宋通宝折三、铁嘉定全宝折三、铁嘉定隆宝折三等，收录《续泉汇》中。半两石范大多残缺，

《续泉汇》收录的一件完整半两石范，原为叶东卿故物，同治十三年（1874）由陈寅生购得，后归鲍康收藏，其拓本已编入《续泉汇》。吕尧仙集藏孝建四铢为同好中最多最精者，《续泉汇》收藏二十一品。道光二十年（1840）毗陵出土一窖，尽为尧仙所得，泉家无不艳羡。胡士查酷嗜元钱，本书收载多为其精品。此外还收录了吴清卿、钟丽泉、潘伯寅及毛子静等泉家的藏品。全书共收钱币九百八十四品。此书卷首有鲍康同治十二年（1873）七月序文和光绪元年（1875）八月再序，卷末有李佐贤跋文，记述成书经过甚详。由此见李、鲍两人为学术道义交，情义笃厚，其于清季泉坛影响广大，良有已矣。全书选钱精审，向为钱学界称誉（见鲍康《序〈续泉汇〉》及王贵忱《续泉汇题记》、关汉亨《李佐贤和他的〈古泉汇〉、〈续泉汇〉》）。

（三）《续泉说》

《续泉说》清同治十三年观古阁刻本书影

不分卷，首载同治十三年（1874）《观古阁丛刻》本，四川铜梁王瓘题签。后载光绪元年（1875）《吾庐笔谈》。《续泉说》为补鲍康《观古阁泉说》而作，阐述前书所未及者。论说先秦古币，并及半两钱、汉五铢、莽钱、钱范、年号钱，以及遗闻逸事等三十

四则，初鲍康为之刊刻。李说列前，每条后低一格另列陈介祺评说。说与评各有短长，相得益彰。后又附录吴大澂、王懿荣《说新》各一篇。前有同治十二年（1873）鲍康序，谓读“续说”与“评”大为称快，以见考古一事，虽至交不肯为苟同，皆可为论泉之助。《吾庐笔谈》所载《续泉说》共二十九则，与初刊本文字有出入（《观古阁丛刻九种》、王贵忱《观古阁丛刻九种题记》、《吾庐笔谈》）。

（四）《石泉书屋制艺》

制艺为八股文，又称“制义”、“时艺”、“八比文”，因题目取于《四书》，还称“四书文”，是旧时科举必试课目。是编为李佐贤 20 岁至 29 岁时应试科举而练习的文章。咸丰八年（1858）编辑刊行，上、下卷，求购者不绝，同人索取甚众。同治十一年（1872），再选制艺之余篇，辑成《石泉书屋制艺补钞》，一卷本。此编载文二十七篇，有李佐贤道光十二年（1832）壬辰山东乡试拟墨、道光十三年（1833）癸巳会试荐卷、道光十五年（1835）乙未会试墨卷等，文后有主考官的评语。一时成为各方举子应试科举的范文。

（五）《石泉书屋诗钞》

刊行同治四年（1865），选诗三百八十余首，两册，八卷，集李佐贤各时期之代表作。冯誉骥、宋晋、张铨、宋祖骏、鲍瑞骏、王鹄、周士澄等题词。

李佐贤在同年中是一位比较有成就的诗人，只因他在钱币学的研究、金石学的考证方面的显赫成就，而掩饰了诗歌创作的光华。

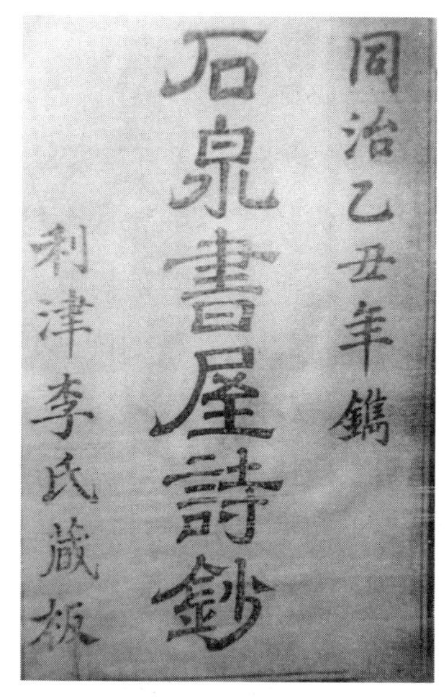

同治乙丑年鐫
石泉書屋詩鈔
利津李氏藏板

《石泉书屋诗钞》清同治四年刻本书影

李佐贤少年未冠即显露出了诗才。中年为官后，时与何绍基、祁寯藻、郑小山（三者简介分别见《李佐贤年谱》道光十六年条、咸丰二年条、同治元年条）等唱和。祁寯藻累官礼部尚书，是清末倡导宋诗的先驱；何绍基是宋派诗人的代表，在诗的创作理论上亦有独到的见解。他强调“诗自性情出”，作诗“贵在性真”。何绍基与李佐贤既是同僚又是金石翰墨之交。何绍基十分赞赏李佐贤的诗作，曾说：“吾友两人（李佐贤、郑小山）焉，皆有诗人之性情，而皆不为诗，何也？”又说：“海棠无香，鲥鱼多刺，李竹朋不为诗岂非人间怪事！”此后，李佐贤遂有感世之作。

李佐贤早年乡试夺魁，会试进士，春风得意，时常写些忠君报恩的诗来表达自己的情怀；中年后，官场失意，辞官后，在思想观念和艺术创作风格上都发生了很大的变化，完全脱离了为封建统治者歌功颂德、粉饰太平的官阁体诗的桎梏，写的多是一些回归自然、揭示阴暗的诗。“更向樵渔寻伴侣,何须衣马羡轻肥。扫除尘榻容高卧,梦里由他蝴蝶飞。”(《石泉书屋诗钞》卷五《从历下返家园作》)即这一时期的代表作。

李佐贤退官后,常居乡里,增多了与百姓接触的机会,亲眼目睹黄河水患、官府腐败给人民造成的灾难苦痛,对百姓寄予更深切的同情,他的诗也更趋向于社会现实和理性化。

李佐贤诗的题材涉猎广泛。基于现实生活的感发,还创作了一些怀古、感事、友朋唱和、咏物题记、旅途见闻、金石考订等题材的诗,真实地表达了对社会人生的爱憎、希望和追求。

(六)《武定诗续钞》

同治六年(1867)刊行。八册,二十四卷,选诗自明至清代,以清诗为主,共两千零六十首。乾隆末年,惠民李衍孙编选了《国朝武定诗钞》。此后,七十余年无人继续,“倘再听其散佚,恐不免与风烟俱化”,李佐贤认识到集地方诗籍的重要性,自拾其任,于同治四年(1865)编辑《石泉书屋诗钞》同时,开始了《武定诗续钞》的编选。他四处奔走,求助同好。同邑张铨、赵余田,海丰(今无棣县)吴重憙等极力协助搜罗诗稿,经过两年的努力,编辑成书。

《武定诗续钞》改变了编辑之旧例,选诗不唯权贵名流,不拒布衣寒士,以佳作取胜,以诗存人;诗体不拘一格,古体诗、近体诗兼收并取;不鄙薄女子,唯才是举。“《关雎》、《卷

耳》，多作于妇人女子之手，历代诗人多闺秀，吾郡闺媛未必无诗人也。”他多方搜集，编选入钞。

《武定诗续钞》选诗所涉及的方域十分广阔，包括武定府邑惠民、商河、青城、乐陵、阳信、海丰（今无棣县）、滨州、蒲台、沾化、利津各县。府治东北濒临渤海，土地广阔，饶鱼盐、农牧之利，而古城遗迹、广袤荒村，亦是文人荟萃胜地。

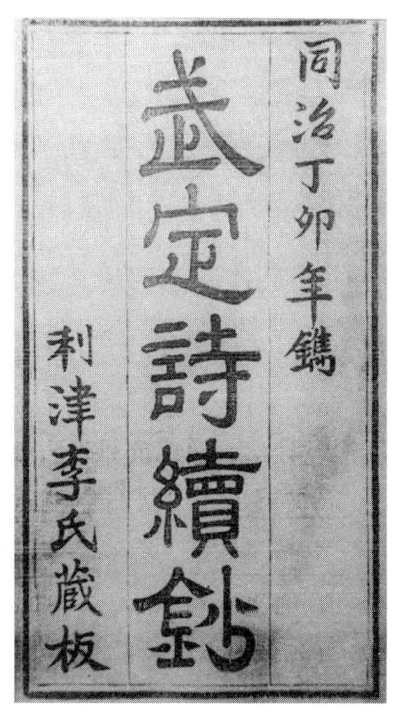

同治丁卯年鐫

武定詩續鈔

利津李氏藏板

《武定诗续钞》同治六年刻本书影

《武定诗续钞》咏怀地方名胜古迹，褒扬先贤品行业绩，记叙风土人情，感叹时事忧患，抒发闺阁幽情，颂赞山川河流……从内容到形式，都洋溢着强烈的地方特色和浓郁的时代气息，具有重要的史料、艺术价值。

（七）《书画鉴影》

是编为李佐贤一生收藏考据书画的集成。他自幼留意砚石印章书画。初憾耳目未广，真赝难辨。为官后，宦游京都各地，纵览画坛及同好收藏，鉴赏见长，收藏益多。所藏名家之

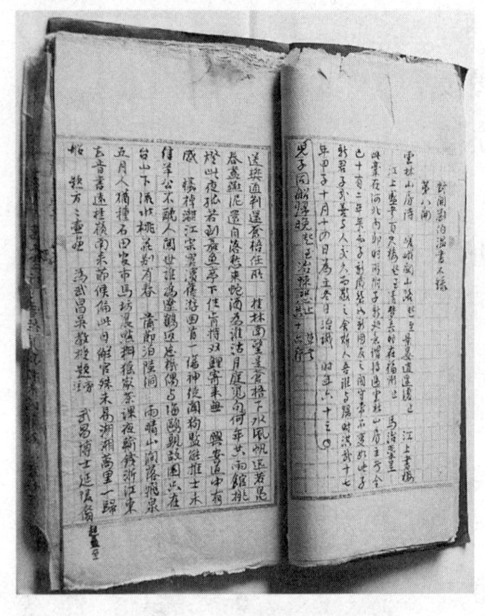

《书画鉴影》手稿

作,如巨然的《万壑松风图》轴(现藏上海博物馆)、倪瓒的《小山竹树图》轴等,皆为传世之宝。时人赞称李佐贤"凡金石、书画、砚石、印章,皆能剖析微茫,别其真赝,书宗柳颜,能萃金石之美,画得董思白意[6]"。

李佐贤晚年回归故里,或侨居都门、历下,富贵功名早已置之度外,惟于翰墨之缘情不忘怀。念其后人研究书画有籍可寻,录其自藏及所见书画,仿高士奇之《江村销夏录》、吴荣光《辛丑销夏记》之体例,而加变通,随阅随录,于同治十年(1871)编辑成书。

《书画鉴影》二十四卷。分三类。卷一至九为卷,卷十至十八为册,卷十九至二十四为轴,屏幅、横帧俱附于轴类。编目历史跨度自东晋到清乾隆年间。鉴赏记录各家书画六百多幅,作者二百余人。宋元以前者见之即录,明迹择其佳者存之,清则录乾隆之前,择其最佳者。每种首列标目,次及纸绢本与尺寸长短,失记者缺之;次及画之笔墨、设色、工细、写意、布景;次及书之本文、画之本题,兼及字体、行数、

印章，失记者亦缺之；次及名家题跋，题跋太繁及时代近者，间有删减，中间有题记，末间附己跋。于印文不加圈，但于其上其下注明朱文、白文和方印、圆印。所记尺寸皆用汉建初铜尺。前有自序，称“鉴赏名迹，其中乐趣，可为知者道，难为不知者言”。

《书画鉴影》以特有的著录形式，反映了清代书画研究的成果，它对后来书画的鉴赏以及书画史的研究，都有重要的参考价值。

(八)《石泉书屋律赋》

刊行于同治六年(1867)，两卷本，选四十九篇，多为李佐贤居庶常馆时作品。其《染人甚于丹青赋》，名列道光十五年(1835)乙未大课第一名；《正大光明殿赋》，名列道光二十年(1840)庚子散馆第三名；《学然后知不足赋》名列道光十九年(1839)己亥大课第四名；《腊鼓鸣赋》、《首夏犹清和赋》描写人情时序，绘声绘色，十分生动感人，很受读者喜爱，名噪一时。名宦、名儒杜堮、杜受田、彭春农、王菱堂、徐桓生、穆鹤舫[7]、陈叙斋、文孔修[8]、何仙槎等于篇后为之评点。

(九)《石泉书屋类稿》

同治十年(1871)刊行。八卷。卷一，论说、传记；卷二，序；卷三，行述、行略；卷四，墓表、志铭、书、书后、引文、题辞；

同治辛未年鐫
石泉書屋類稿
利津李氏藏板

《石泉书屋类稿》同治十年刻本书影

卷五，金石题跋；卷六、卷七，书画题跋；卷八，铭、赞、联。书后附《石泉书屋尺牍》。该书列《续修四库全书·集部·别集类》。

《石泉书屋尺牍》，二卷，辑书信七十通。卷首宋晋[9]题辞：“书问酬答，自写性灵，而金石之考证，友朋之规益，皆随在流露，足与苏黄并驾矣。”冯誉骥[10]题辞：“寻常酬答，无意为文，而忧世之怀，乐天之致，时形之意言之间，斯德人之雅音，非一日百函者可同语也。”

（十）《坦室遗文》、《坦室杂著》

同治十三年（1874）刊行，各一卷，李文桂撰，无序文，子佐贤编辑并跋。太傅大学士杜堮所撰《镜秋李君家传》列卷首，户部员外郎阎学海所撰《镜秋李公墓志铭》列目录之后。《坦室遗文》载文二十九篇，《坦室杂著》载文二十三篇，论笔谙炼，卓有见识。李佐贤跋云：“先大父嗜古文，最服膺者汉则长沙，唐则昌黎，每谓此百读不厌者也。自作文曾刊于晋康州署……”尝曰：余文如有重刊，例有弁言，然勿乞达官显宦

同治甲戌年镌

坦室遺文

利津李氏藏板

【上册】

同治甲戌年镌

坦室雜著

利津李氏藏板

【上册】

《坦室遗文》同治十三年刻本书影　　《坦室杂著》同治十三年刻本书影

以邀光宠。佐贤遵父嘱，重刊时仅以传志（《镜秋李君家传》）冠以首，不复求序（见《坦室杂著》跋）。

（十一）《石泉书屋馆课诗》

刊行于咸丰八年（1858），两卷本。作于庶常馆，或辞官后就养京都，以山水文籍自娱，恰百首。广西桂林朱琦（伯翰）作序。步香南、龙兰簃、苏赓年等评点。手稿本于盐山县女儿家散出，今为河北省海兴县藏家所珍。

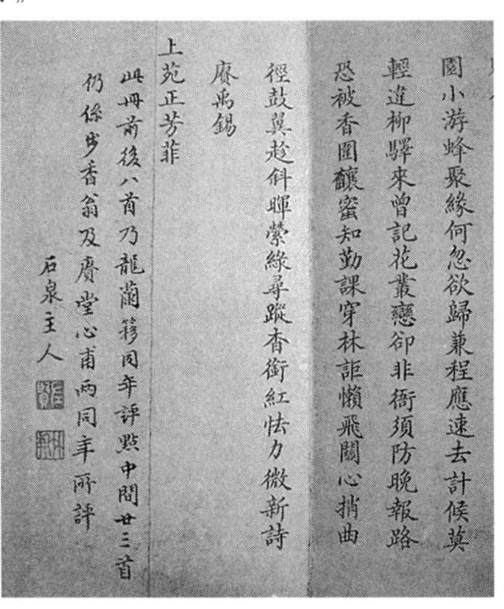

園小游蜂聚緣何忽欲歸兼程應速去計候莫

輕違柳驛來曾記花叢戀卻非銜須防晚報路

恐被香園釀蜜知勤課穿林詎懶飛闗心捎曲

徑鼓翼趁斜暉縈綠尋蹤香銜紅怯力微新詩

賡禹錫

上苑正芳菲

此冊前後八首乃龍蘭簃同年評點中間廿三首

仍係步香翁及賡堂心甫兩同年所評

石泉主人

《石泉书屋馆课诗》手稿选页

(十二)《吾庐笔谈》

光绪元年(1875)付梓,两册,八卷,一百七十七篇。撰述内容十分丰富,可谓“笔谈”之大观。

卷一,杂论,十六篇。开篇《易用九六》、《八卦周天之数》、《汉儒太极说》,并《经书别解》、《古文通用》等。李佐贤先辈好“周易”。四世祖李登仙熟读《易经》,造就了“神机妙算”的本领,父亲李文桂有《选注易经》八卷传世,而李佐贤尤能秉承家学。

卷二,随笔,三十三篇。从古籍论说,结合自我见闻,记述了“月华”、“岁星”、“星出”(似今说之不明飞行物)、“阴阳气”、“地震”等自然现象。继之为南北书派论、名家论画、造纸印书考、李白籍贯考等。

《吾庐笔谈》光绪元年刻本书影

卷三、四,笔谈诗话,五十篇。首为撰述宗旨:“宋以前诗径略,即宋以后诗,如明之七子,国初之六家,近代袁、蒋、赵三家及诗集,昭然在人耳目者概从略……而于近代名未彰者从详,盖于谈诗之中兼寓显微阐幽之意。”“诗话”包括宋律佳句、宋人绝对、金元诗、《皇明诗统》(选录)等。佳作

名句联翩，篇中或篇后点评，互为接应，相得益彰。其个人篇什，于作者一一简介、点评或兼述成诗趣事。

卷五，对联、灯谜等，十九篇。对联十八篇：楹联丛话、都门春联、庙联奇谈、戏台联、挽联、集联（包括碑刻集字联）、巧对、强对、绝对、妙联趣话、李佐贤自撰联等。选联多为李佐贤亲身经历，所见所闻。李佐贤久居京师，或求学宦游各地，目睹了很多名联巧对。有的记忆如新，有的抄录成册，其选录点评颇多感人警世之语。如京师山左会馆门联“圣贤桑梓，海岱文章”（庄重不佻，恰如山左），又路边茶馆联“四大皆空，坐片刻无分尔我；两头是路，吃一盏各自东西”（空灵超脱，意境深远），赠郑板桥联“三绝诗书画，一官归去来”（对仗极工，恰若其人）。灯谜一篇（二十六则）。李佐贤幼时即喜作灯谜，及年长影响至子辈友人，年久积累，抄录甚夥。

卷六，钱学论述、古器物收藏鉴赏，十五篇。《续观古阁泉说》与《古泉汇》、《续泉汇》相辅相成，有“三《泉》”之誉。所收之玺印、谷璧、铜鼓、古酒器等，皆撰文考释。

卷七、八，仙迹异事，四十篇。此编仿王士禛《池北偶谈》、纪昀《阅微草堂笔记》之体例，记述神怪传闻。

《吾庐笔谈》刊刻资费拮据，印数有限，至今民间流传下来的很少。

（十三）《石泉书屋印存》、《得壶山房印寄》

李佐贤自幼爱好古砚、印章、古泉币，自题书斋曰“石泉书屋”,寓泉霞烟石之志。

李佐贤多年从事古币、金石的研究,具有丰富的古文字知识,这对他收藏、鉴赏古玺印起到了很大的作用。他一生不遗余力,收藏了很多珍贵的古印。《吾庐笔谈》“汉印”云:“今世出土汉印颇多,余所目睹者不下数千余种。”李佐贤除自己钤印成册,陈介祺编辑《十钟山房印举》亦收录石泉书屋藏印若干方。道光三十年(1850),在他出守福建汀州知府的第四年,辑《石泉书屋印存》(罗福颐《印谱考》、韩天衡《中国印学年表》)。光绪二年(1876),也就是他去世的那年,辑藏印成《得壶山房印寄》十二册,钤印页前有“李竹朋辑《得壶山房印寄》木厂[11]题”三行。国家图书馆藏八册本,一页一印,约二百七十印,书口有宋体“得壶山房印寄”;北京大学图书馆藏六册本,约三百零二印;山东省博物馆藏八册本,约五百六十印,一册首页有“利津李佐贤竹朋集印”,旁有“献唐审定”朱文印(王瑞明《三印谱猜想》)。两部印谱在印学界都产生过很大的影响。王献唐先生称李佐贤为齐鲁藏印家,于其《得壶山房印寄》所及古玺印尤为重视,曾

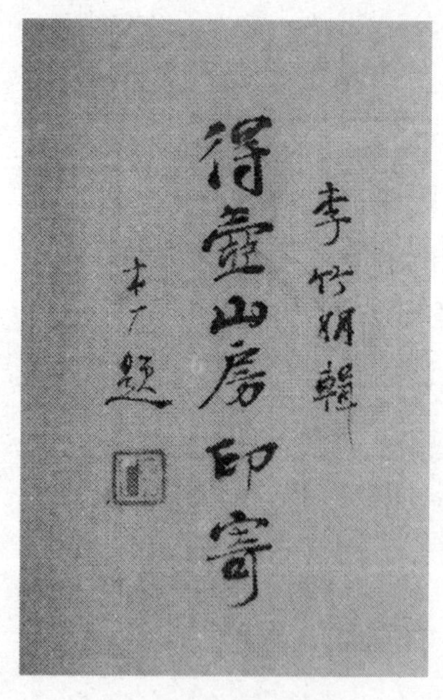

《得壶山房印寄》书影

多次撰文考订。《双行精舍书跋辑存》云："《得壶山房印寄》，不分卷。古玺汉印多精品，编次先后未能悉合，疑订错乱。""石泉书屋所藏古器物，后寄存潍水陈氏，多为吞蚀，因以兴讼。此项玺印，今不知谁属矣。二十二年十一月二日中夜。""此谱所收玺印，清末李氏后裔全部售于丹徒刘铁云。后又转归端陶斋，印入陶斋藏印，与此精粗不侔矣。越二年八月一日，雨窗再记。献唐。"之后，王献唐先生在《五镫精舍印话》又作了评述："……《得壶山房印寄》，凡十二册，内多绥远一带出土汉印，精整如新发于铏[12]，致可爱玩。旧曾托人物色，言与藏泉后归陈氏，询之陈氏后裔，皆不知。顷阅陶斋藏印'有正书局'印本，其第二、三、四各集所收之印，十之七八皆李氏旧藏'印寄'所著录者，知其全部玺印，尽归端陶斋，今又不知散佚何处矣。"

李佐贤收藏古印、著录印谱之际，正是我国金石学昌盛发展的时期，文人墨客不仅注重收藏，而且更加讲究印章的使用。许多收藏家、鉴赏家秉承传统的用印风尚，刻意在书画、碑帖及金石拓本等藏品上钤印，以期与之同行于世，且以求得画龙点睛的艺术效果。印学流风之重，影响了很多的文人学士。何绍基、陈介祺、吴大澂、许瀚、何昆玉、潘祖荫、李煜璋、叶东卿、吴云、李佐贤、吴式芬等，都是此期颇具影响的治印家。他们多为同年、同好的金石之交，常以信札、会访探求印学知识，切磋技艺。

李佐贤于印章的篆刻使用是十分讲究的。自用印，章料有铜、石、木、象牙、犀牛角等，字体楷、行、篆、隶俱备。在篆刻刀法技艺上，刻、凿、切、划并施兼用，古朴典雅，无不萃金石之美。在印章钤署方面，则着力追求其实用和意象美的情趣。从他遗留下的部分书稿、钱币拓本以及鉴赏题跋的钤印来看，其自用印章有十余种之多，有名号印、收藏印、鉴赏印、鉴定印、书斋印等，印形有方印、长方印、圆印不等。每于钤印，必精心审视书画纸本的大小，纸、绢的质地，色泽的明暗，选用不同的印章，钤之适当的位置，追求其最佳视觉效果。

李佐贤收藏、鉴赏书画，尤得力于治印的学问。他阅览了历代名家之作，做过深入详细的研究。他所编辑的《书画鉴影》收录了从晋到清乾隆间的各家书画名作。对每幅书画的作者、画工、用纸（绢）、用色、题跋诗文、印章名号、字体、印形、朱文、白文都详细地作了笔录和简要的评论，剖析微茫，明辨真赝。

（十四）《石泉书屋藏器目》

《石泉书屋藏器目》，一卷，谓金石学著作。是书著录其所藏亚形中象二事鼎、员父尊等器十八件，其中易州出土者六件。有《灵鹣阁丛书》第五集本、《丛书集成初编》本，商务印书馆出版发行。

陈介祺对李佐贤藏器拓本作了考释。书目为《簠斋摘录利津李氏集金文目》，一卷，稿本，五册，吴重憙辑，陈介祺校注并跋。稿本藏国家图书馆。

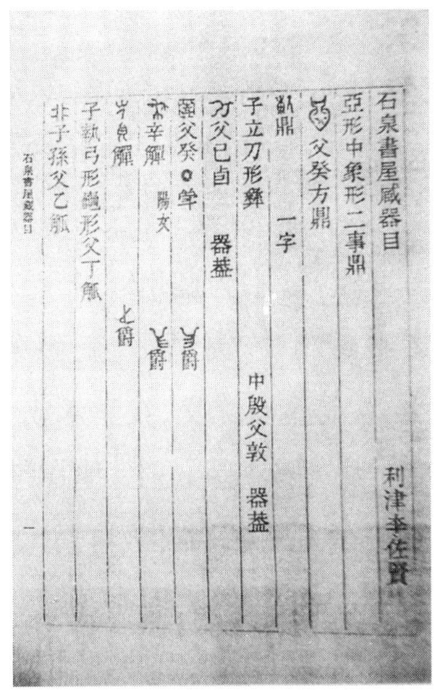

石泉書屋藏器目

利津李佐賢

亞形中象形二事鼎

[illegible]父癸方鼎

[illegible]鼎　一字

子立刀形彝　中殷父敦　器蓋

[illegible]父已卣　器蓋　[illegible]爵

[illegible]父癸[illegible]斝　[illegible]爵

[illegible]辛觶　陽文　[illegible]爵

[illegible]觶　[illegible]爵

子執弓形觶形父丁觚

非子孫父乙觚

石泉書屋藏器目　一

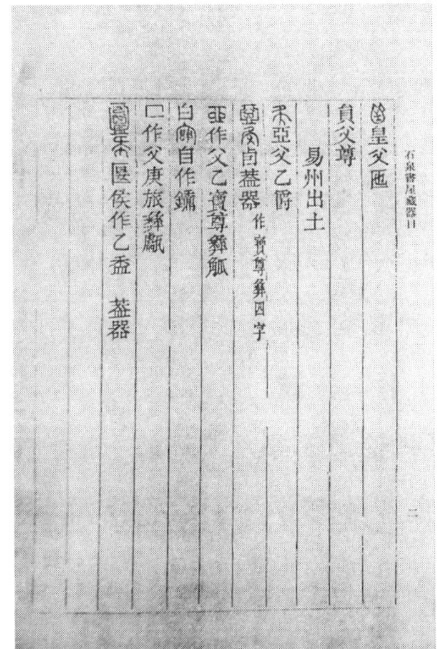

石泉書屋藏器目　二

[illegible]皇父匜

員父尊

易州出土

[illegible]亞父乙爵

[illegible]卣蓋器　作寶尊彝四字

亞作父乙寶尊彝觚

[illegible]自作鐘

[illegible]作父庚旅彝甗

[illegible]匽侯作乙盉　盉器

《石泉书屋藏器目》书影

李佐贤还拓印金文墨本，装六十大册，自视珍奇，十分可观。后归日照丁绂臣，义和团运动之时，连同丁之彝器毁于陕西（王献唐《五镫精舍印话》）。

据《石泉书屋全集》目录，李佐贤还编著有《石刻新编》、《续鉴影》、《画史及见录》。又据叶征《清代山东私人刻书家知见录》，李佐贤曾为族兄李上贤编辑了《李上贤诗稿》，均未见刊行。

李佐贤考据金石书画、古币所取得的成就，各家多有褒奖。陈介祺题李佐贤所书《金刚经》手卷，诗云："归田卅载岂师陶，不学今衰日月慆。把卷自思增俯仰，惭闻知我拟三高。”

庚子之乱，八国联军攻入北京后，王懿荣与妻绝命，张之洞赋诗述哀句子有“册年阅馆阁，博古无如君。远诤翁、阮、吴（翁方纲、阮元、吴荣光），近笼刘、李、陈（刘喜海、李佐贤、陈介祺）。书为九州霸，行笔来风云”（吴民贵《晚清人物与金石书画》）。李佐贤与王懿荣、刘喜海、陈介祺，既是山东同乡，又是金石之交，在学术成就上各有千秋。

纵观李佐贤一生，他在科举仕途上不很在意做官，而是把主要精力用在了做学问上。他前半生多学科广泛涉猎，积累了丰富的文化知识，收藏了十分可观的古币、金石书画等文物，中年后辞官归隐林下，至晚年勤奋著述，取得了丰硕的成果。通览李佐贤之书目，从《古泉汇》到《书画鉴影》等鸿篇巨制，都是在他辞官后20多年的时间里完成的。直到他去世的前一年，仍撰著不息，完成了《续泉汇》、《续泉说》、《吾庐笔谈》等编著。李佐贤治学终生，著作等身，不愧为一代鸿儒。光绪二年（1875）闰五月二十四日，李佐贤去世。翌年，陈介祺批校《古泉汇》云：“竹朋前辈为人极勤敏，故有为，惜寿微。”

注释：

［1］饶登秩，一作敦秩，字季音，东湖（今湖北宜昌）人。官四川资阳知县。博雅好古，不尚空文，着意于经世致用之学，每有所作必切合实用。好收藏古钱，精鉴赏，为清代卓有

成就之钱币学家。光绪初年，曾与杨守敬合作校勘监刊倪模《古今钱略》，刻印精审，世称善本。王懿荣居蜀时，常与之讨论金石、古钱。著有《古欢斋泉说》，于历代钱币考述时有新说，尤详于四川铸币，对传世钱币谱录评价多中肯之见，为有参考价值之作。别有《桔芣琐言》二卷、《平蛮草》一卷、《蚕桑简要录》一卷、《植棉纂要》一卷、《蚕桑质说》二卷附《种樟简明法十二条》（**泉人《中国钱币大辞典》**）。

[2]刀布：中国古铜币名。刀币，春秋战国时期的货币，铜铸，仿一种青铜工具刀削的形状。布币，春秋战国时期金属铸币，主要是青铜币，也有极少的银币，形状模仿农具镈。“布”与“镈”音近，故称“布币”（“布钱”）。初期布币还保留镈的形状，首空可以纳柄，形如今之铲，故又称“铲币”或“空首布”。

[3]王懿荣（1845～1900），字正儒，一字廉生，号古现村人、养潜居士，福山（今山东福山）人，同治十二年癸酉（1873）顺天乡试副榜第一，光绪六年（1880）进士，九年（1883）散馆授编修，二十年（1894）迁侍读并入南书房行走，署国子监祭酒，二十六年（1900）兼团练大臣，八国联军攻陷京师，他与妻投井而死，赠侍郎衔，谥文敏。王懿荣博览群书，长于史部之学。酷嗜金石文字，精通博考历代金石书画，以大力购求商代甲骨刻辞得盛名。雅好先秦古钱币，所得甚多，后又得刘喜海旧藏古币，藏弆益富。尝与陈介祺商订古文，遂作《说釿》一文。著有《古泉精选》一卷、《天壤阁杂记》一卷、《天壤阁藏器

目》一卷、《福山金石志残稿》一卷、《翠墨园语》一卷等。与李佐贤、鲍康、吴云、潘祖荫、何绍基、胡士查、匡源密切交往。

［4］王献唐(1896～1960)，原名琯，以字行，号凤笙，山东日照人。毕业于青岛特别高等专门学校。自1929年至1949年任山东省立图书馆馆长。新中国成立后，任山东省文物管理委员会副主任、北京故宫博物院铜器研究员等职。一生致力于金石、图书研究，长于音韵、古钱、版本目录、玺印诸学，著有《古代货币甄微》四卷、《中国古代货币通考》、《五镫精舍印话》、《殷周名器甄微》、《那罗延室稽古文字》、《顾黄书寮杂录》、《山东古国考》等。

［5］丁福保(1874～1952)，字仲祜，江苏无锡人。喜治小学，好禅理，富藏书，尤好收集古钱及各家钱币谱录，名其居为诂林精舍。尝提倡钱币学为有用之学，一时颇有影响。1936年，上海成立中国古泉学会，被推举为会长。1940年，上海成立中国泉币学社，任社长。曾编印《古泉丛书》，计有《古钱杂记》、《古钱有裨实用谭》、《古钱大辞典》、《古钱大辞典拾遗》、《古泉学纲要》、《历代古钱图说》、《泉志菁华录》，又影印出版前人钱币著述，有陈介祺《六泉十布拓本》、吕尧仙《毗陵出土孝建四铢拓本》、蔡云《癖谈》、张廷济《古泉拓本》、鲍康《观古阁泉说》、《古泉丛话泉苑菁华合刻本》等。

［6］画得董思白意：喻领悟董其昌的画技画意。董其昌(1555～1636)，明松江华亭(今上海市)人，字玄宰，号思白。万历十七年(1589)进士，累官南京礼部尚书，逾年告归。卒

谥文敏。董其昌工诗文，尤精书画。书法初学宋米芾，后能自成一家，画则集宋、元诸家之长，洒脱生动。著有《画禅室随笔》、《容台文集》等。

[7]穆彰阿(1782~1856)，字子朴，号鹤舫，满洲镶蓝旗，郭佳氏，嘉庆十一年(1805)进士，道光七年(1827)任军机大臣上学习行走，此后任军机大臣二十余年，恩授大学士，参加了《大清一统志》的修纂，自编有《澄怀书台诗钞》四卷。

[8]文孔修(1796~1856)，名文庆，字笃生，号孔修。谥号文端，道光二年(1822)恩科进士，满洲镶红旗，费莫氏，由编修至武英殿大学士、协办大学士、户部尚书。加太子少保衔。

[9]宋晋(1802~1874)，江苏溧阳人，道光二十四年(1844)进士，官户部侍郎(详见本书附录《感怀竹朋佐贤》注[1])。

[10]冯誉骥(1822~1883)，字仲良，号展云，广东高要人，道光二十四年(1844)进士，官陕西巡抚。

[11]木厂：孙文楷(？~1911)，字模卿、模山，号木厂(厂，通盦)，山东益都(今青州)人，清同治十二年(1873)举人，工古诗文词，精鉴赏金石，与陈介祺交游，收藏古玺、古钱及金石器物甚富，著有《古钱谱》、《古泉汇批本》、《古钱鉴》、《齐鲁古印笺》等。

[12]铏：古代盛羹的小鼎，古通"硎"，磨刀石。梁启超《魏元造像残石》："此拓锋颖若新出于铏。"

第三章　李佐贤年谱

（1807～1876）

嘉庆十二年丁卯（1807）　1岁

六月初五日，出生于利津县城故宅。

是年，祖父李崋60岁，在湖北京山县令任内。署武昌、汉阳同知。李崋生于乾隆十二年（1747），五十年（1785）考取誊录，六十年（1795）选授湖北布政使司[1]经历，嘉庆十一年（1806）八月始任京山县令。

是年，父亲李文桂应北闱[2]乡试（顺天乡试通称"北闱"、顺天，今北京市），因誊卷人笔误不第，仅获誊录。李文桂生于乾隆三十二年（1767），考取誉录时年40岁。

是年，陈介祺之父陈官俊作贺李崋六十寿辰诗（《李氏家乘》）。是年，岳镇南乡试举人。

岳镇南（1785～1843），字文峰，山东利津人，嘉庆十二年（1807）举人，道光二年（1822）进士，由编修授都察院监察御

史，累官云南布政使。少有文童之称，博览群书，负文章盛名，有《制艺诗赋》等行世。为官正直清廉，卒于任所。与李佐贤、张铨、赵长龄同为晚清利津四贤。

嘉庆十三年戊辰(1808)　2岁

是年，父补缺史馆[3]。

嘉庆十四年己巳(1809)　3岁

父仍史馆誊录。

嘉庆十五年庚午(1810)　4岁

父都门谒选。吏部核议选授云南路南州同，援例晋知州(《坦室遗文》)。赴任时特请假去京山县署看望了父亲。父训曰："吾家世为清白吏，汝往矣，其务饬廉隅，令滇民称汝为好官，即所以绍先德、慰吾望也。"

李文桂赴任后，方伯[4](地方长官)委任暂权铜厂(厂矿)。三月后，莅路南本任(知州)。

母亲去京山县署侍奉公婆。启贤、佐贤兄弟同往。

是年，祖父在京山得一铜鼓。《吾庐笔谈》记曰："此鼓系京山东湖耕田出土，以汉尺度之，阔三五寸有奇，高二尺三寸。周遭蟾蜍凡四，花纹与伏波庙鼓无异。昔年应试于正大光明殿。殿设一鼓，形制大，未得细观。后于叶东卿处见有五鼓，小者尺余。世传大者为伏波鼓，小者为诸葛鼓……汉时'蛮民'多铸此鼓。余所见十余鼓,无款式者多,惟有一款识者,仅题甲纪岁月,并无年号,益信为蛮峒野制也。"该铜鼓于20世纪50年代归山东省博物馆收藏。

嘉庆十六年辛未(1811)　5岁

父仍路南任内。路南有暴尸葬之陋俗,致瘟疫频年,死者不下千计。李文桂告示,辟暴鬼邪说,置义田,施棺木,实行土葬,瘟疫不再发生。州人咸以为异,立生位于城隍庙,以颂公德,绅耆联句送"灾瘟不染庶民稠"匾额称颂。

受祖父启蒙教育。

嘉庆十七年壬申(1812)　6岁

七月二十一日,李文桂公差,有暇登临了石峰寺巅真武阁。眺望四野,天高地阔,河流如带,石林莽莽苍苍,心情十分豁亮,写了下面这首诗,至今仍保留于路南真武阁。诗云:

因差来古寺,寻胜上岩梯。
渐觉凌千仞,四瞻列万溪。
山高村市远,天近岭云低。
指点明朝路,匆匆策马蹄。

嘉庆十八年癸酉(1813)　7岁

祖父66岁,请退。京山人念其功德,联语献曰:"百姓望

君如望岁，大儒忧道不忧贫。”京山人诚请李崋留任，上官难违民意，命其复任一年。

此年，入塾学。初试，已显露出聪颖的天赋，塾师褒奖谓“珍世之才”。李文桂《示幼子佐贤》云：“尔自七岁受书，潜心知学，尔祖尝悦而称之。”

嘉庆十九年甲戌（1814）　8 岁

祖父以年事已高、体力不及为由再次请退。佐贤母子同归故里。

此年春，李文桂借调他郎（今云南省墨江县）通判，未久旋署思茅厅同知。思茅边地，土著汉民参半。土著蓺茶为业，而土官与奸商勾结，贱收而贵市，垄断据利，土民困不自食，讼纸历年山积。李文桂据情判断，禁令土官贿纵奸商强行包山，刊石垂远，土民沐恩戴德，为李文桂建生祠于九龙江上。

时中缅边境少数民族头人部落间，常借境外武力报私仇，不断制造动乱。李文桂整饬军务，恩威并使，平定了边乱，使民族关系逐渐和睦。

秋九月，谋划修建思茅书院。

嘉庆二十年乙亥（1815）　9 岁

在家读私塾，祖父亦亲授课业。

冬，去沾化外祖家，路途旷野，疏无人烟，行至近亥刻（约夜半），遥望，忽见灯光隐现，愈聚愈多，不下数十，驱车马追之，总若即若离之间，忽而散漫，或高或远，或倏然旋灭，赶车人曰："此为磷火，为鬼所凭。"

十月，思茅书院竣工，李文桂撰文《思茅建书院记》（见附录《李氏文存选刊》）。

嘉庆二十一年丙子（1816）　10 岁

李文桂从云南督运铜料赴京，途中得知父病，速入都交卸，立即请假回家，时已年终。

刘喜海顺天乡试中举。

嘉庆二十二年丁丑（1817）　11 岁

在家读私塾，得名师范苏山指教。

嘉庆二十三年戊寅（1818）　12 岁

祖父于六月二十六日病逝，享寿 72 岁。敕[5]授儒林郎[6]，以子文桂官云南路南知州，诰封[7]奉直大夫[8]。初彭龄为之撰《京山县知县李君传》，子文桂谨述。

初彭龄（1749～1825），字绍祖，号颐园，山东莱阳人。乾隆四十五年（1780）进士，选庶吉士，授编修[9]，擢御史。官至兵部尚书[10]。道光四年（1824）致仕。好收古钱，藏有东周、长安等圜钱[11]。戴熙《古泉丛话》记有其藏泉事。初彭龄幼时与李崋同学于济南泺源书院。

是年七月十五日，兄启贤赴省应试，佐贤与仲姊在家侍奉

祖母。近半夜，忽见月光如昼。月亮周围有数重光环，五彩鲜明，问父，称之“月华”（《吾庐笔谈》卷二）。

嘉庆二十四年己卯（1819）　13 岁

父于家守孝，开塾学训蒙诸生，佐贤随读。

嘉庆二十五年庚辰（1820）　14 岁

父服阕[12]入都。作《却友人送书》（《坦室杂著》下）。

道光元年辛巳（1821）　15 岁

父选广东德庆知州。

道光二年壬午（1822）　16 岁

父赴任。兄启贤留家侍奉曾祖母，佐贤随母同往父亲任所。父课读甚严，屡戒不得与公事以故。

约是年，李文桂书楹联“书到心融真有味，事非身历且休言”。

是年，岳镇南会试进士。

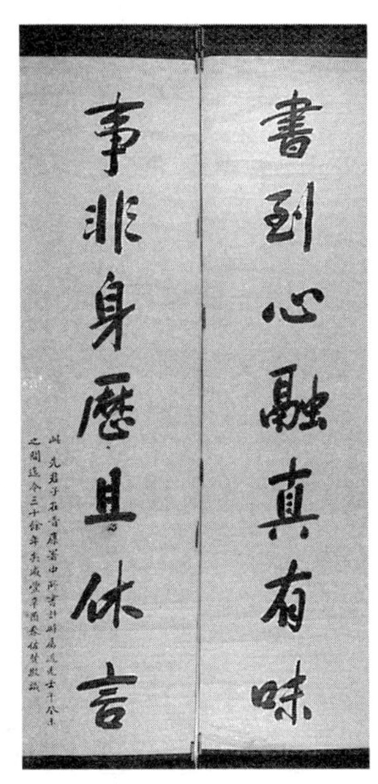

李文桂书七言楹联

道光三年癸未（1823）　17 岁

春，李文桂出差黔南，三月二十三日住粤西省馆，遇邓樵香刺史，赠给《训俗遗规》，旅途读之，受益良多（《坦室杂著》下）。

是年，杜受田应会试[13]二甲一名，会元[14]，授编修。李佐贤称杜受田表叔（老姑表），多有往来。

杜受田（1787～1852），山东滨州人，字锡之，号芝农，道光三年癸未（1823）会试二甲第一名（会元），选庶吉士，授编修，迁洗马[15]，督学[16]山西，道光十五年（1835），特召进京，直上书房，教授咸丰帝读书。道光十八年（1838），升左都御史，工部[17]尚书，充上书房[18]总师傅，实录馆[19]总裁。咸丰帝即位后，先后加太子太傅[20]兼吏部尚书，调刑部[21]尚书、礼部[22]尚书，特简协办大学士[23]。咸丰二年（1852）七月初九日，在实施赈务途中触染暑疫，遽卒于淮安清江浦，时年64岁。噩耗传至京师，咸丰帝甚痛，赠太师[24]、大学士[25]，谥[26]文正，灵柩至京，咸丰帝亲往祭奠，抚棺痛哭。

道光四年甲申（1824）　18岁

李文桂撰文《示幼子佐贤》。李佐贤学业大进，准备乡试。

秋，李文桂作《周易管解》。

道光五年乙酉（1825）　19岁

夏，李文桂以窃案挂议，至冬案尚未结。年终突闻家母去世，哀恸不能自已，误职被劾[27]，谪新疆迪化。心情十分沉重，赋诗《端江舟中》：

泛舟如泛槎，晚泊芦荻花。
天涯千万里，何处是吾家？
望母倚门闾，白首阅年华。
宦海四十载，道远风涛赊。
此生多坎壈，磨蝎命宫差。
挂冠腰不折，五斗委泥沙。
昔叹古人矫，今羡古人遐。
与其谈经济，毋宁话桑麻。
东厨烹葵菽，西园摘枣瓜。
承欢奉甘旨，养志不须奢。
优游脱轩冕，舒卷若云霞。
俯仰聊自足，蓬荜乐天涯。
昔非今未是，回顾一长嗟。

（《武定诗续钞》卷二十二）

是年，赵长龄乡试中举。

赵长龄（1798～1874），字怡山，利津县姜家庄人，久住县城。道光十二年（1832）中进士，选庶吉士，授编修。擢任都察院左副都御史，官至山西巡抚。撰《廉洋平贼记》（道光间精刻本）。晚年著有《元善堂制艺》和诗文若干卷。

道光六年丙戌（1826）　　20岁

兄启贤只身陪父赴新疆迪化戍所[28]，佐贤随母还乡。抵疆后,李文桂拜见都统[29]英侯,即受命协理台务[30]。

秋,李文桂撰文《人道源流说》(《坦室杂著》上)。

是年,李佐贤与张衍蕙结婚。张衍蕙,字畹芳,山东无棣人,出身名门望族,时年22岁。

是年,李文桂《复黄书舫书》:"抵台之初,案牍纷如,几至无所措手,十余日内条理既清……此台沙漠旷野,出则目极无边,入则矮屋兀坐,无游玩之地,亦无可谈之人。"(《坦室杂著》下)

道光七年丁亥(1827)　21岁

准备乡试,母亲再次为之延师姊丈范苏山授读。随读者有利津高贡龄等。

李文桂仍新疆迪化台务,修书寄示子佐贤:"我此时替人办事,去冬三月难者已过,交春事甚简,无用心之具,消遣在命,理'易象'而已……书成携归,将全示兄弟两人。"(《坦室杂著》下)

秋,英侯入奏李文桂协理台务课绩。

冬,李文桂复示子启贤,阐明力辞迪化、英侯挽留的原由。

年末,李文桂修书《寄别黄书舫书》,叙共同遭遇之苦、相互照顾之情。"君为窃案而来,予亦因窃案而至。使当日委曲迁就,善事长官,何至陷之井而更挤之石,乃书气之迂……"(《坦室杂著》下)

道光八年戊子(1828)　22岁

李文桂于迪化戍所协理台务,亲立章法,实地操持,任劳任怨,日晷不遑,很快改变了混乱状况。文书传递通达,粮储丰盈,运转通畅有序。年余课绩入奏,蒙恩赐玉环获归。英侯以军务未竣商留,许诺上奏官复原职。李文桂以母终未葬力辞不就,于是年孟春启程返乡。

是年,范苏山主讲滨州书院,从学者有李佐贤、高贡龄、张曦臣、苏敬衡等。

秋,李佐贤应山东乡试[31]中解元。主考帅方蔚(佐贤之座师)。

帅方蔚(1790～1871),字叔起,一字子文,号石邨老人,江西奉新人,探花,授编修,官京畿道监察御史[32]。

道光九年己丑(1829)　23岁

是年,春闱[33]不第。

李文桂为母安窀穸[34],尽哀尽礼。

李文桂宦游数年,廉洁为公,身无长物,又连年迭罹大故,家益贫,俭约自奉,安之若素。在舍西小园早年读书处,集生徒讲学,兼植花木蔬菜,徜徉其间以自娱。尤嗜读《易经》,日手一编,自为笔注,采取已及,补其未备,共注八卷。

道光十年庚寅(1830)　24岁

是年,仍诗文自课备试。

《吾庐笔谈》记述："道光十余年冬月，夜间睡醒，闻波涛声自地中出，须臾声止，而床榻震撼，墙壁摇动，门环丁当送响不已，邻居多夜起，喧哗如市。余曰：'此地动，无须惊怪也。'众方息。次年二月又动，门环震撼有声不甚也。而直隶、河南震较甚，磁州地裂出沙水，倒塌房屋无数，见邸抄。"(《吾庐笔谈》卷七)而《利津县志》载："道光九年(1829)夏地震，次年二月微震。"

道光十一年辛卯(1831)　25岁

是年，长子贻良生。

父中风，半身不遂(右肢)。佐贤殷勤侍奉父亲，仍以诗文自课。

道光十二年壬辰(1832)　26岁

应会试不第，夫人张衍蕙多方慰藉。

同乡赵长龄应会试，三甲进士，选庶吉士。

是年，作"制艺"[35]文章《民信之矣》(壬辰山东乡试拟墨[36])。表兄范仲敏评语："题本浑含不露，文乃昭晰无疑，字斟句酌，是当行出色之作。"

是年夏，恩师姊丈范苏山卒于京城寓所。李佐贤送挽联沉痛悼念(见《李佐贤文选》)。

道光十三年癸巳(1833)　27岁

是年，参加会试。考题《古之愚也直》二句(癸巳会试荐卷[37]）。房师王炯斋评语：“经营惨淡，力厚思沉。”荐于总裁主考[38]。

撰《自题石泉书屋》。

道光十四年甲午(1834)　28岁

是年，十月初十日，英国军舰“依莫禁号”、“东罗灭古号”突然闯入虎门，十四日，进抵黄埔。

刻苦攻读春闱课目。

授徒于济阳（《吾庐笔谈》卷七）。

道光十五年乙未(1835)　29岁

是年中进士。春闱榜发，会试中式第一百三十名，殿试[39]二甲六十八名，朝考第六十二名，选庶吉士，入翰林院[40]。会试座师文庆（见第二章“退居林下，潜心治学”注释[8]），房师王子勤。会试考题为“吾身不能居仁由义”二句（乙未会墨[41]）。房师王子勤评语：“机神流畅，有风利不泊之势。”

朝考（殿试）试帖题为“坐看云起时”。

王子勤（1799～?），名广业，江苏泰州人，道光六年丙戌（1826）进士，户部主事，署福建汀漳龙道，光绪四年（1878）赏二品顶戴，光绪九年癸未（1883）重宴恩荣。

乙未同科者，张铨、吴式芬、叶名琛、朱琦、何桂清、彭蕴章、苏廷魁、郑敦谨、龙元僖、隋藏珠、杜翻、胡应泰、铭岳等。

父闻捷音大喜，加餐，病势渐减。九月初二日，病情加重，次日溘然去世。李佐贤已供职都门，未能见到父亲入殓，非常愧疚。

杜堮撰文《镜秋李君家传》，启贤、佐贤敬述。

杜堮（1764～1858），嘉庆进士，翰林院编修，礼部左侍郎[42]，善诗文、书画，著有《时文学问》、《读鉴余论》、《武镜》、《遂初草庐诗集》，享年95岁，亲见曾孙恩赏进士。殁世咸丰帝亲临赐奠，赠大学士，谥号文端。

是年八月，何绍基应湖南乡试成解元，陈介祺山东乡试中举，许瀚同时中举（陆明君《簠斋研究》）。

道光十六年丙申（1836）　30岁

父亲去世后，家境日趋败落，唯母亲操持，心力交瘁，得痢疾年余，医治无效，是年十二月十八日病逝。母亲生于乾隆三十八年癸巳（1773），卒于道光十六年丙申（1836），享年63岁，系沾化县李呈祥之后裔。

在家守孝，为母撰悼文《诰封宜人晋封太孺人先妣李太君行述》。

李呈祥，字吉津，明崇祯年进士，清入关后征旧官，授少詹事[43]。佐贤外祖父李燏，廪生，赠文林郎、翰林院庶吉士。育三女，次女为佐贤母，年十七适李文桂。

佐贤家中连罹大故，生活难以支撑。丁忧间，经刘眉生推荐，任德州书院讲席，求得微薄收入，以补家资。

刘眉生(1781～1838),名斯嵋,字弥山,号眉生,江西南丰人,编修,山东布政使[44],著《清人诗文总目提要》。

是年,何绍基成进士。

何绍基(1799～1873),字子贞,号东洲居士,晚年自号蝯叟,湖南道州人,编修,任史馆总纂,提调四川学政[45]。何氏学识渊博,通经史,精律算,工诗,鉴定金石书画能剖析微茫,尤擅书法,自成一体,系著名书法家。又是近代早期宋诗运动的重要诗人,著有《东洲草堂诗钞》、《东洲草堂文钞》。与李佐贤同官,为金石之交。

道光十七年丁酉(1837)　31岁

是年秋,旋里,入冬返京。十一月二十一日,拜访许瀚,送上《家传》一本。时许瀚借寓吴式芬"双虞壶斋",址在宣武城南。

吴式芬(1796～1856),字子苾,号诵孙,海丰(今山东无棣)人。道光十五年(1835)进士,选庶吉士,翌年授编修。咸丰四年(1854)补鸿胪寺卿,提督浙江学政。五年(1855)补内阁学士[46],兼礼部侍郎衔,充乡试监考官,旋引疾归里卒。收藏古钱币甚富,与山左李佐贤、陈介祺、初尚龄、刘喜海诸人并称大家,唯无钱币学著作传世;精鉴书画,善鼓琴,癖嗜金石文字。凡鼎彝碑碣汉砖唐镜之有铭文者,皆拓墨本藏之,著有《捃古录》二十卷、《封泥考略》一卷、《金石汇目分编》四十卷、《双虞壶斋藏器目》一卷、《双虞壶斋印存》八卷、《捃古录金文》九卷等。与李佐贤同郡、同年、同好，感情甚笃。

许瀚（1797～1866），字印林，山东日照人，道光乙未（1835）举人，道光二十年（1840）主讲渔山书院，咸丰二年（1852）选滕县训导，又为峄县教谕。幼博综经史及金石文字，年逾冠，补博士弟子员[47]，道光五年（1825），由山东学政何凌汉选为拔贡[48]，次年入国子监[49]，并曾住于何氏寓邸，与何氏之子何绍基、何绍业朝夕相从，谈论金石及训诂等，并广交在京文人，与张穆、王筠、苗仙露、俞理初等经学及小学家来往甚密。后与陈介祺、吴式芬、李佐贤等订交。其精于训诂、音韵，长于考订，常被邀校书稿。

道光十八年戊戌（1838）　32岁

是年，复表兄苏蕉邻函："弟客秋旋里，今岁就滕县彭明府课读之席，定于仲春上馆，仍须执毛锥（毛笔）作制义（艺）生活，殊非所愿。"

苏蕉邻（1801～1867），字心舆，名敬衡，号蕉邻、卧庵，山东沾化人，道光十六年丙申（1836）殿试第一甲第三名（探花），由编修历官福建按察使[50]，与李佐贤同读范苏山门下，以表兄弟、同年相称。

是年，李佐贤在滕县见新出土"半两"甚多，购得五千，此为收古泉之始。中有一种最异，阔缘，"半两"二字半在缘上、半在缘下，仅得二枚，以一枚分赠吕尧仙（《续泉说》）。

吕尧仙（1804～1857），名佺孙，字元相，号尧仙，又号兰

溪，室名“运甓轩”，阳湖（今江苏常州）人。道光十六年（1836）进士，选庶吉士，散馆授编修。道光三十年（1850）充会试同考官，同年八月擢四川按察使。咸丰元年（1851）迁贵州布政使，四年（1854）授福建巡抚[51]，七年（1857）以病乞归，未几卒。癖嗜金石，雅好古钱币。凡三代以来钱货，均搜罗略备，又获“孝建四铢”独多，辑拓《毗陵出土孝建四铢拓本》传世。所藏秦汉铜印千余方，古镜百余面。咸丰五年（1855）曾向清政府建议仿铸外国银元。著有《运甓轩钱谱》四十卷、《金石存考》二卷、《古砖录》、《百砖考》二卷等。

十月，吴式芬补江西南安知府，南安（今江西大余）为入粤孔道。

道光十九年己亥(1839)　33 岁

春，接吴式芬来信。修书《复吴子苾同年》（见《李佐贤文选》）。

上半年，仍滕县彭明府课读，时而返京。四月二十二日，许瀚诣经板库拜寿，过太平街道喜，回拜竹朋（《许瀚日记》）。

秋，返京过邹县，应同好孟雨山之邀，同游六朝古刻数处。撰有《跋北齐尖山摩崖古刻》、《跋北周小铁山摩崖古刻》、《跋葛山摩崖古刻》（《石泉书屋尺牍》、《石泉书屋类稿》）。

孟雨山（1800～1870），名广均，字京华，山东邹县人，亚圣孟子七十代孙。道光五年乙酉（1825）拔贡，戊子科举人，道光十二年（1832）世袭翰林院五经博士[52]。道光十五年

(1835) 主持纂修《重纂三迁志》。建立"三迁书院",并任山长。与李佐贤、吴式芬、许瀚为金石之交。

是年,鲍康乡试中举。

约是年,与陈介祺始有交往。

道光二十年庚子(1840)　34 岁

是年,经史云台(炳符)介绍,知与冯晋鱼同好,因散馆已近,无暇晤面,时冯晋鱼已选出山右刺史(见《吾庐笔谈》之《续泉说》)。

加科散馆授编修(光绪元年李佐贤主纂《李氏家乘》)。

仍居国史馆[53]。

约是年,参加《大清一统志》的撰修。

鸦片战争爆发。

吴式芬辑成《双虞壶斋印存》(韩天衡《中国印学年表》)。

是年,赵长龄丁忧间主讲济南书院。

是年,鲍康春闱不第,回西安,时与刘喜海研究古泉币。

道光二十一年辛丑(1841)　35 岁

约是年,任国史馆总纂。

是年,吴式芬任南安知府。

是年春,刘喜海进京,聚首都门,佐贤与之订金石之交,为其迁任延榆绥道饯行。

刘喜海(1793～1852)，字吉甫，又字燕庭，山东诸城人。刘墉弟(堪)之孙，刘镮之子，举人，官至浙江布政使、四川按察使，后因耽迷于古玩，被浙江巡抚参劾“疏于政务”而罢官。生平博雅好古，收集古钱币四十年，得四千六百余品，称甲一时。官四川时，收铁钱三百余种。殁后数年，诸物星散。肆力购求碑版、彝器、手辑金石文字逾五百通。亦富藏书，颜其居为“嘉荫簃”。著有《嘉荫簃论泉绝句》二卷、《嘉荫簃古泉随笔》八卷、《新莽货币泉谱》三册、《古泉苑》百卷、《长安获古编》三卷、《海东金石苑》四卷、《燕庭金石丛稿》等书。刘喜海与李佐贤、吴式芬、鲍康、陈介祺、吕尧仙等为金石之交。

道光二十二年壬寅(1842)　36岁

是年，穆彰阿等修、李佐贤等纂的《大清一统志》成定本。全志纂修历时三十年之久，皇帝直接过问，予修者皆名家，故考校精详，内容体例皆较前志更加详备，为清代最著名方志之一(赵永纪主编《清代学术辞典》)。

李佐贤赋诗《修史偶成》，抒发感慨：

频年芸馆任优游，清史殊惭秉笔修。
似我可能增一传，论人早已定千秋。
是非难遁虚堂镜，成败真同大海沤。
经济文章兼节义，伊谁儌幸姓名留？

七月二十四日,清政府与英国签订《南京条约》。

是年,吴式芬调署江西建昌(今江西省南城县)知府。李佐贤致函对前所寄钱币拓本表示感谢,并与之商讨鉴定。

道光二十三年癸卯(1843)　37岁

仍居国史馆。

六月二十五日和八月十五日,英国又强迫清政府在虎门签订了《中英五口通商章程》和《中英虎门续约》。

八月,吴式芬由临江府事,调署文闱监试道[54],复接署武闱试道。此年,许瀚主讲济宁渔山书院。

岳镇南卒于云南任所。

此间长安出土五铢泥范甚多,残缺无复全者(鲍康《观古阁泉说》)。

道光二十四年甲辰(1844)　38岁

住宣武门内受水河。

二月二十日,次子贻隽生。

三月,充会试同考官。

七月,选江西乡试副考官,叶觐仪为主考官。

张铨,时官刑部主事[55],赋诗《送李竹朋同年典试江西》:

> 携来玉尺木天中,祭酒[56]升华惟汝同。
> 铁网红云盘大海,豫章白日动大风。

丰城剑气双龙合，永叔文坛万马空。
才地如斯须大手，群英端合受牢笼。

皇华开遍古洪州，第一山川足壮游。
华子冈中三谷合，香炉峰下九江流。
落霞秋水滕王阁，明月清风庾亮楼。
选胜公余应访遍，归装先看木兰舟。

秋，李佐贤主考江西，于章江舟次与吴式芬相晤话别。

冬，在南昌府会见倪太守良耀。倪太守安徽人，出其先世所留钱谱一帙，皆拓本，似有赝品，内有圆足布十余品，为今世所未见者。询之太守，不能言其源委，佐贤以未目睹不敢滥入。

乡试后，向皇帝呈《恩科江西乡试录》。

是年，赵长龄经耆英上奏皇帝，奉旨回广州协理“五口通商”。负责笔墨案牍、照会、面商等事宜，在《南京条约》的基础上，他草拟了“条约”细则三十八条(《赵长龄行述》)。

道光二十五年乙巳(1845)　39岁

三月，吴式芬抵任广西右江道，兼属按察使。

四月，刘喜海由延榆道迁四川按察使(钱实甫《清代职官年表》)。

夏，复函吴式芬：“……弟供职如常，春间京察[57]循资可得一等，现在名次第八，开坊尚遥，或可博一外任，不求亦不辞，固无成见存于中也。自夏间与同谱六七人联课，诗酒谈谯，极有友朋之乐。近于画理颇复留心，初学弄笔，尚少得力，然鉴别名迹真伪较前似有领会，惜不得一就正耳。"

致函步香南："去冬差旋，如常供职，西江所得士，今春联捷四人，庶常（庶吉士）仅得一人，仍憾其少。"（《石泉书屋尺牍》卷上）

此间，常与龙兰簃、胡怀江（应泰）诸君聚首，重联旧课（琴、棋、书、画），消遣长夏。

步香南（1802～1858），名际桐，字唐封，号香南，直隶枣强（今河北枣强）人，编修，官河南开阳陈许道，甘肃庆阳知府，喜收藏，著述颇丰。

龙兰簃（1810～1884），名元僖，号兰簃，广东顺德人，编修，官太常寺卿。

胡应泰（1805～?），字阶平、兰岑，号怀江，顺天大兴（今北京市）人，原籍浙江山阴。编修，官福建延平府知府。二者与李佐贤同榜进士。

是年，陈介祺、魏源成进士。

腊月，迁居香炉胡同头条。

是年，赵长龄奉旨拟复《合众国理灵天德诏书》。

道光二十六年丙午（1846）　40岁

与许瀚时有交往（袁行云《许瀚年谱》）。

三月，耆英与英国代表德庇时在虎门签订了《英军退还舟山条约》，赵长龄协办。

四月，简放福建汀州知府。彭蕴章、龙元僖、陈宝禾、何绍基等为之饯行。

张铨赋诗《送竹朋出守汀州、吉履庵出守云中》：

翩翩五马下岩疆，太守风流姓字香。
狮子山前春似海，雁门关外月如霜。
闽南载鹤清流驿，塞北听笳古战场。
两地一麾万余里，数声风笛满斜阳。

李佐贤赋诗留别：

君恩新许耀双旌，恋阙情深马不行。
十载玉堂重回首，扪心敢负旧时清。

当筵怕听唱骊歌，惆怅临岐意若何？
莫向长堤折杨柳，离情更比柳丝多。

人共残春去不留，樽前强自解离愁。
烟波重泛江南棹，好与湖山话旧游。

途中与六舟和尚（释达受）相遇于清淮旅次，寻即南北分驰。

释达受(1791～1858),亦名际仁,字六舟,号秋藏、寒泉,自号南屏退叟、小绿天庵僧、万峰退叟、流浪僧,今浙江海宁人。俗姓姚,少年出家,于海昌白马寺落发为僧。不受禅缚,尝游黄山,行迹半天下。所收古钱多精品。与刘喜海、李佐贤、何绍基、戴熙为金石之交。且性耽翰墨,工书画篆刻,尤癖嗜金石文字,精摩拓刷剔古铜器款识,有"金石僧"之誉。晚年主持杭州南屏净慈寺,歿后金石文字及古钱散失无存。著有《宝素室金石书画编年录》、《小绿天庵吟草》、《六书广通》六卷、《两浙金石志补遗》四卷、《翠微堂名考》一卷。

五月二十六日,舟山收复,赵长龄负责交接。

盛夏,李佐贤赴任途中,乘船于富春江上,舱中甚热不能眠,施枕簟于船头纳凉,约四更,忽见远方一灯扶摇直上,左右动荡不定,如月出状,渐上渐小,少顷入于云中,与众星不辨(按:形似今天所说之不明飞行物)。

七月,抵达任所。路途受暑,病情甚重,闭汗四昼夜。夫人张畹芳殷勤侍奉,衣不解带者月余,煎药、饮食亲自料理,焚香祈祷,愿以身相替。

阅邸报获悉,九月初三日,表叔杜受田华诞荣开,朝野倾心。可谓天恩锡福寿之全。

九月,赵长龄回广州。

道光二十七年丁未(1847)　41岁

致函表叔杜受田:"侄到汀州半载,地方情形公事则疲玩

已甚，民风则刁悍异常，吏治之坏更有不可言语形容者，求一廉洁不苟之州县，业已不可多得，为守兼优者更无论矣。然州县之不职，非尽天性之不善也。大抵由于银价昂贵，钱粮不获赢余之故，而银价之贵仍由于文银出洋贩卖鸦片之故。不揣其本而齐其末，不清其源而塞其流，虽智者恐亦束手……惟有矢勤矢慎为所当为之事，尽所当尽之心。”（《石泉书屋尺牍》卷上）

是年，陈介祺《簠斋印集》经同吴式芬、何绍基审定，出钤本（袁行云《许瀚年谱》）。

是年，题《汀郡山神土地》：“丙午春出守汀郡，七月抵任，途受暑热，误投方药，致汗闭，作热四昼夜不解，觉魂离其舍，飘飘乎御风而行，足履树杪，不能自主，忽集于九龙之巅。九龙者，衙后之主山也。片时，少定，见左右二人夹辅而立，左者武像，衣战袍；右者文像，衣土色袍。两人俱无言，余默识曰：‘武者乃山神，文者乃本衙福德神也。’方猜疑间，山忽跃起。余惊曰：‘九龙乃山名，真如龙之跃乎？坠将奈何？’乃一起一伏，恰到余榻前。二神终无言，但目余而去。余苏醒而汗出，旋改疟疾，月余而愈，愈后悬额于福德祠，并建山神庙于祠旁，以垂永久。同年彭咏莪学使为作记镌石，记中但言山神而不言土地者，略也。今阅此记，为记其实如此。”（《吾庐笔谈》卷七）

夏，彭蕴章按试至汀州，佐贤偕其游梅园。循九龙山之麓式瞻九龙山神庙。游览期间，始知此庙供奉佐贤去秋患病得救之神，肃然起敬，乃作《归朴龛汀州府九龙山神庙记》，刻石记之（《吾庐笔谈》卷七）。此碑至今仍存于汀州九龙山。

彭蕴章（1792～1862），字琮杰，一字咏莪，号诒穀老人，江苏长洲（今江苏省苏州市）人，道光十五年（1835）进士，授工部主事，累官工部尚书、武英殿大学士。与李佐贤同科进士，知交。

此年，何绍基仍供职国史馆，大考二等。致函何绍基（详见《李佐贤文选》）。

是年，刘喜海由四川按察使迁任浙江布政使。

鲍康应礼部试不第，受聘潼关书院。

道光二十八年戊申（1848）　42岁

时魏又瓶学博司铎[58]上杭，因公赴汀州，出示藏稿，求李佐贤作序。读之，气息醇茂，根柢盘深，其精核处每与传注相发明。佐贤忆童年曾读过魏又瓶先生的著作（制艺文章），雍容大雅，叹为名手，憾不获一见，而二十余年后竟同宦一方。魏举福建乡试解元，又同出何文安公之门，感念情深，欣然为之作《魏又瓶学博制艺序》（《石泉书屋类稿》卷二）。

是年秋，复函李季云："秋间因公晋省，荷长官垂青，拟调首郡，自顾疏慵，不宜繁剧，且闽省首郡与他省异，时有发审洋盗巨案，既患言语不通，又患无暇亲自鞫讯，倘有出入，动关生死罪名，此心何以自解？是以力辞而不敢就。知我者当不笑其迂拘也。数月来办理考试，清厘案牍，竟少半日之闲。"

(《石泉书屋尺牍》卷上)

李季云(1796～?),名恩庆,字季云,号集园,直隶遵化(今河北遵化)人,道光十三年(1833)进士,官两淮都转、甘肃西凉(今甘肃武威)观察,晚年辞官后退隐盘山石佛庄。善书画,富收藏,名迹甚夥,鉴别甚精,与李佐贤常有金石书画互赠,至老不渝。

又致函叶东卿:"今秋因公晋省,幸荷各长官青目,有调摄首郡之议,自顾疏慵,力辞而返。幸平昔操持颇无恶于百姓,亦见信于上游,斯可慰慈注耳。……前承允赐拓本,数载尚未奉到,不胜盼切。……鼓山尚有宋题名数十种,今已命工往拓,当续寄呈。"(《石泉书屋尺牍》卷上)

叶东卿(1776～1861),名志诜,汉阳(今湖北武汉)人,贡生,由国子监典簿官至兵部武选司郎中。生平嗜金石碑版,收藏图书、碑刻、鼎彝、古钱、铜镜甚多,以"平安馆"名其室。同治十三年(1874)遭火灾,所藏古器荡然无存。

是年,李佐贤从汀州过延平晤同年胡怀江(应泰)话旧,赋诗云:

剑水乘舟去,相逢有故人。
离悰三载慰,交谊十年亲。
旧雨情怀恋,轻霜鬓发新。
依然无建树,转悔落风尘。
接踵来仙岭,分符我与君。

同舟期共济，列郡怅离群。

对课诗千首，当筵酒斗醺。

蓬山成旧梦，回望隔燕云。

约是年，因公至延津（汀郡府治）。寓所对面崇山峻岭，每至亥时（夜九时至十一时），山顶有光，来往不定，邑人曰“神灯”（《吾庐笔谈》卷七）。

道光二十九年己酉(1849)　43 岁

汀州经过三四年的治理，词讼稀少，政平人和。是年秋，到乡村视察时，眼前一片丰收景象，官员到处普受欢迎，佐贤异常欣慰，即兴赋诗《过山村即目》（见前李佐贤《生平述略》）。

是年，撰写了《临汀郡[59]署梅园记》：“临汀郡署在九龙山之阳，署后为梅园，方广二亩许，园以北枕山麓迤逦为坡，陁坡之中为文昌阁，供奉梓潼帝君；左为观音阁，供大士像；右为平台，宜登高眺远……台之右为福德祠，祀本衙土地神祠；右为山神庙，祀九龙山神，则余所创建者。坡下方亭居中，东为蕉林，西为梅林，南为竹林，空翠交映，方亭东北曰‘习射厅’……东南曰‘十七树梅花山馆’，馆毗连内宅……余悬一联曰：‘阶前花竹凭栏赏，郭外云山当画看。’喜其高旷，治为书室，琴书图画罗列左右，退食休憩之所也；方亭迤西曰‘三友书屋’，屋计三楹，窗虚四面，儿辈夏日读书处……屋之西北

余建一茅亭，锡名‘宿花’，取‘茅亭宿花影’之义，并题诗有‘夜深花睡去，问谁能唤醒’之句谓此也。亭之北旧有莲池，已淤填，余引山泉入池，种藕以还旧观。亭西栽竹，竹外邻桃坞，花时嫣然含笑，掩映绿筠，不仅三两枝也。园中佳植，梅为主，此外杂花繁卉，不可枚举。周遭古木多有数十围者，皆百年以外物，浓绿参天，如到深山穷谷，几忘其为官廨。每当春和景明，秋高气爽，夏午纳凉，冬日赏雪，风景四时，无不宜之……”

夏，致贺何绍基典试广东，并祈惠书画，以慰岑寂。

秋，收到铭东屏所赠百寿印章屏幅，感佩有钟鼎佳趣。回赠图章一盒、泉谱二帙（多周秦以前刀布，汉以后圜法），并近作数首、内子畹芳画兰二幅，又折扇一柄，题书钟鼎文字，统祈指教。

铭东屏（1799～1861），即铭岳，字瘦仙，号东屏，汉军正白旗，道光十五年（1835）进士。官江西知县、江苏候补道。收藏鼎彝碑版颇丰。

道光三十年庚戌（1850）　44 岁

致函庆贺表叔杜受田荣升协办大学士之职。

致函刘喜海。道光二十九年（1849），刘喜海以耽迷于古物被浙江巡抚参劾“疏于政务”而罢官。李佐贤闻讯致函问候：“违别已久，驰慕时殷。自台旌北上以后，未识税驾何处，无从致候。近晤毛子刚司马，方知荣旋贵第……林下清福最为难得，况先生以著作之精神，假优游之岁月，领略林泉之趣，探讨金石之编，虽马千驷、禄万钟，岂能以彼易此耶？……佐闽汀五载，幸有芳躅在前，遵循寡过……敝藏古泉近年无所增益，尊藏数年来谅更有新得，并西安所获之契刀范，均望以拓本赐我。前岁搜得清流玉华洞宋题名十余种，近接子苾书云尊藏所无，兹寄呈一分，聊以备品外，'通文井铭'一纸亦闽刻之难得者，并奉清鉴。"（《石泉书屋尺牍》卷下）

是年，致函贺宗兄李季云荣膺西凉观察之职。

是年，汀郡发生乱伦毒命重案。佐贤在《致丁竹溪同年》信中说："弟五载南汀，愧无建树，近有属吏贿和乱伦毒命重案，经弟揭参一事，抚军业已入奏。阁下应见奏稿，可得其大略。其实尚不尽于此。弟念小民如此凶淫，县令如此贪污，身任地方，傥明知不问，殊觉孤负天恩，问心有愧，是以不敢含糊。而宪意则于彼贿和乱伦两层不愿深究，命案则检验为凭。奈仵作初报有毒，越六日又改称无毒，不知作何弊窦，以致尚未定谳。而弟已为此晋省两次，仆仆道途，徒劳无益……"（《石泉书屋尺牍》卷上）

秋，因揭参属吏贿和乱伦命案一事，李佐贤被撤职，心情十分苦闷，夫人张畹芳对其生活起居照顾得更加体贴入微。畹芳随署多年，念宦海茫茫，风波靡定，吉凶难卜，时吟"早买蓑衣未老归"劝慰。

是年，十二月初十日（1851 年 1 月 11 日），洪秀全在广西桂平金田村举行武装起义，建号"太平天国"。战事涉及福建汀州各地。李佐贤率官兵四处堵截。

局势动荡，乱伦毒命重案处理在即，李佐贤仍然不忘金石书画之好。寻购董其昌、文徵明、黄石翁等书画30余件，自谓“入闽第一奇缘”。

是年得铭东屏钟鼎碑石拓本70余种，并屏扇等，佐贤致函表示谢意，且对历代钱币收藏研究著述表述了所见：“（余）专收古泉一门，十余年来所集渐多，又益以燕庭、子敬、春士、我鸥、尧仙诸君子藏泉拓本，裒然成帙，极泉谱之大观，且多古人所未见者，摩挲考订，聊以自娱，愿与同志者欣赏之……泉谱自六朝迄明著录者十余家，今皆不传，所传者惟宋洪遵《泉志》一书，又复舛错荒唐，不可为典要，国朝著录者十余家，较精核于前人，然各抒己见，迄无定论。他年得暇，拟集诸家之说而折衷至当，汇为一编。”（《石泉书屋尺牍》卷下）

是年，叶东卿自粤寄来拓本700余种，鼎彝居半，杂类居半，佐贤仍祈望所藏鼎彝铭款赠拓以补所不足。

十二月，吴式芬调任贵州布政使，佐贤致函祝贺，并告之“粤匪”滋扰汀郡各县，调遣军民防堵。时局动乱，人心不定，词讼支离棘手，乡民抗欠，催征尤属不易。“赐下‘五铢’范拓本背有年代，可珍。汉五铢久无定论，得此可为确据……空首布初疑为商物，今观其字，多列国地名……属周泉无疑。”（《石泉书屋尺牍》卷上）

是年，《石泉书屋印存》辑成（韩天衡《中国印学年表》）。

咸丰元年辛亥(1851)　45岁

春月,作《题吴冰仙女史画册》。李佐贤于道光二十三年(1843)在京厂肆故纸堆中捡得是册,尚存八页。今在汀州郡署梅花山馆,与夫人畹芳重睹故物,缠绵情怀。畹芳补兰数茎,佐贤题跋数纸,重装如旧。自诩为珠联璧合,活色生香,自有人不能及者,洵足珍贵(《石泉书屋类稿》卷七)。

是年,复函叶东卿。对所赠之大著及拓本表示感谢。以闽中石刻拓本一部(前人未拓之大若般台石刻及玉华洞石刻)并古泉佳品拓本四卷回赠。尤言:"燕庭、春士、我鸥、尧仙诸君子所获古泉,侄俱经摩拓,益以敝藏汇为《古泉汇》一书,仍恐不免缺略,承示(东卿)向收泉拓本尚多,如敝藏所无者,望祈以副本见赐。"是年,李佐贤又赠叶东卿古泉百枚、蔡帖[60]一部,重订金石之盟(《石泉书屋尺牍》卷下)。

我鸥,名吴珩,字佩之,号我鸥,仁和(今浙江杭州)人,道光十二年(1832)进士,由庶吉士改吏部[61]主事,官至四川盐茶道[62]。嘉庆年间收藏古钱颇有名气,与刘喜海、李佐贤、鲍康皆有过从。部分藏钱珍品载于《古泉丛话》、《续泉说》等。

是年,奉恩旨豁免汀州积欠,百姓感激不尽,绅耆屡制匾牌称颂:"仰北海清风,片心似水;沛南汀化雨,众口成碑。"

是年,九月初九日,胞兄启贤卒,享年55岁。

是年,李季云任甘肃道员[63],佐贤致函问候,祈拓汉隶敦煌太守裴岑碑。并告之,去岁两次晋省,购得明人真迹数种,

又获梅道人墨竹一竿，风致翩翩，极具风采。

咸丰二年壬子(1852)　**46 岁**

是年春，鲍康赴京应礼部试不第，逗留间，访经板库陈介祺寓所，陈示所藏及《簠斋印集》。夏，应王芮川刺使之约，到滨州课其子侄（鲍康《观古阁丛刻九种》、陆明君《簠斋研究》）。

是年，苏忆年载毛公鼎[64]入都，时陈介祺尚供职词馆[65]，以重资购藏，秘不示人。毛公鼎出土时鲍康仍在秦（陕），曾拓一纸，陈介祺复赠一纸，此外无获睹者。之后（约咸丰六年），李佐贤为鲍康装裱，分得一纸（鲍康《观古阁丛刻九种》）。

佐贤接阅邸抄[66]，惊悉表叔杜受田于七月九日病逝清江浦[67]差次。"唁杜继园筠巢昆仲"，劝太表叔（杜堮）、表姨要节哀保重身体，诸兄弟要"礼当有节，孝重守身"。

仲秋，致函祁幼章："……去岁，因揭参属吏贿和命案一事撤任留省，今夏案结，尊处阅邸抄可知梗概。但此案奸毒贿和皆确，现今定案，并非真情……长官以弟于此案仅据原告呈词揭参，并未承审，定谳[68]尚无不合，惟失察[69]委员舞弊，交部议处，于孟秋已奉饬回任。惟此邦民风吏治俱所难言，而此案天理人心两无可据，此后若认真整顿，其势既有所不行；若与俗浮沉，此衷更难以自问。弟虽不敏，于古人'合则留，不合则去'之义闻之稔矣。现已俱文引退。"

长官雅意款留，官复原职并拟调省，佐贤以先茔被水、长兄去世、夫人体弱多病、家事无人照顾为由，婉言辞谢(《石泉书屋尺牍》之《复祁幼章方伯》、《致李季云宗兄》)。

祁幼章(1801～1853)，名宿藻，字幼章，号子儒，山西寿阳人，道光十八年(1838)进士，检讨，官江宁布政使，太平军攻九江时守城阵亡。父祁韵士，乾隆进士，官户部郎中；兄祁寯藻，嘉庆进士，官至体仁阁大学士，清宋诗运动倡导者。

至冬，始得卸篆，腊初起程，同僚、属吏、绅耆百姓依依惜别(《石泉书屋尺牍》之《致杜继园、筠巢表兄弟》)。

李佐贤任汀州知府七载，一旦辞去，心情很不平静，赋诗《辞官后戏作》，排解郁郁情怀：

> 七年支郡[70]问心难，傀儡登场一例看。
> 剩有热肠谁识我？全无媚骨不宜官。
> 悔亲案牍抛书卷，便挂簪缨理钓竿。
> 免得衙斋听早鼓，从今高卧学袁安。

是年，刘喜海卒于京师。

是年，吕尧仙迁贵州布政使，将所藏“孝建四铢”五十四种精拓一册寄赠陈介祺。每泉下各钤吕氏印章，并有其识语。

咸丰三年癸丑(1853)　47 岁

暮春，鲍康自滨州入都，闻燕庭世丈遽归道山，沉痛哭悼

于夕照寺(鲍康《观古阁丛刻九种》)。

归途中,致函杜继园、筠巢表兄弟:"数月来仆仆道途,未遑修候,然阅春间京报,敬悉圣主(咸丰帝)垂念表叔勋荩[71],又遣亲王致祭,方知灵舆尚在都门……去秋引退,急思归里,乃长官雅意款留,致有耽延,仲冬始得卸篆,腊初起程,由江西纡道抵浙,"已近花朝,彼时逆氛(指太平军)扰及金陵,江口不靖,阻隔行程,而杭人惶恐迁徙,不遑安居,只得返棹金华,聊作桃源之避。"(《石泉书屋尺牍》卷下)

经杭州,去南屏禅舍拜访了六舟和尚(释达受)。

自道光二十六年丙午(1846)与之相遇清江旅次,久年萍踪,今春相晤,结古欢之缘,摹挲金石,评论书画,数日不辍。六舟和尚出示《几谷雁山双锡图》索题。佐贤题称"几谷画笔清超,堪为名山写照,不独子贞为之倾倒……"(《石泉书屋尺牍》卷下)

回棹金华前日,又到戴熙里第拜访。佐贤至,戴熙扶病出见,道故交之情,以自画山水见赠。《古泉汇》有拓戴熙之古泉。(《石泉书屋尺牍》卷下)

戴熙(1801～1860),字醇士,号榆庵、鹿床居士、井东居士,钱塘(今浙江杭州)人,先世盐业起家巨富,道光十二年(1832)进士,出为广东学政,官至兵部侍郎。道光皇帝很欣赏他的绘画和隶书。且喜古印、古泉,精于鉴别,与李佐贤、吴式芬、刘喜海、陈介祺多有来往。二十九年(1849)称病归里。咸丰十年(1860),李秀成攻占杭州,戴熙投池自尽,赠尚书衔,谥文节。

归途寓婺州(今浙江金华)旅馆,多暇,访兰亭遗迹于东阳县。旧拓本杳不可得,仅见新拓石,已裂为四,字残留不全,且何氏子孙分守。此石颠末原跋已详,仅所见者志之,题曰“跋东阳何氏兰亭”(《石泉书屋类稿》卷五)。

是年深秋,归途至山东张秋镇,时世父若甫任阳谷教谕,特远途迎至舟中,叔侄叙久别思念之情,盘桓一昼夜。

李文绶,字若甫,号茗园,嘉庆二十四年(1819)贡生(副举),正蓝旗教习[72],特用知县,请求降职后,授邹县教谕,补阳谷教谕。咸丰四年(1854),太平军攻克阳谷县城,李文绶顽抗被杀,享年60岁,例赠徵仕郎。

初冬至家。数年离索,几经风雨,人事皆非。祭扫了祖墓,拜访了亲朋好友,安置了家室,希望能过上归隐田园的闲适生活。数年后,李佐贤在《六十初度自述其四》中抒发了当时的心情:

闽汀典郡几经年,差喜囊无造孽钱。
荔子阴中勤判牍,梅花香里课耕田。
地殊孔道[73]偏宜懒,居爱名园不欲迁。
只为洪波沦丙舍[74],抽帆宦海引归船。

阅邸抄得悉太表叔杜堮90岁生辰,荣膺咸丰帝赏寿:御笔匾联书画、红绒结顶、黄面貂褂及珍宝文绮;继园表兄亦晋升官阶。

咸丰四年甲寅(1854)　48岁

是年,鲍康授内阁中书。

是年,陈介祺归潍县,居城郊来章村。

春,接杜继园表兄去秋回信,由杭州密得轩明府转递到利津。时,杜继园任军机大臣[75],赐紫禁城骑马。

复函杜继园表兄,陈叙归里近情:"弟回里后,相度先茔被水情形较重,今岁拟动工修理,而工费浩繁,正不知若何措手,兼之畹芳旧恙时止时发,以致家务琐屑,皆需弟随时经理,弥觉俗状不堪以对知己告。现于城南购得小小庄田一所,茅屋十余椽,花果百余树,以为憩息之地。廿余年名利场,回首如梦,今则黄粱饭熟矣。但愿消闲无事,优游余年,此外尚何奢望耶。"(《石泉书屋尺牍》卷下)。

是年,为老仆谢继武撰墓志铭。

谢继武,直隶武清(今河北武清)人。自李佐贤供职都门即为之服役,至咸丰四年(1854)病逝,相处十五年之久。主仆感情很深,佐贤不忍其殁。

咸丰五年乙卯(1855)　49岁

春,得吴式芬信,知其去岁十月授浙江学政,岁除日抵杭州。

长子贻良25岁,应山东乡试中举,列第六十名。是科副考官为山东学政吕序程，字秋塍。

吴式芬夫人刘氏于夏天病逝。佐贤去信劝慰：“阁下已逾壮年，幸达观顺受，勿过悼以损玉体，则故人所切祷者也。”

夏，黄河漫溢，夺大清河（济水）从利津入海。李氏先茔被水，不得已另觅吉壤迁徙，加之房屋年久不禁风雨须重修，数月少暇晷。

是年，得两卣、一甗，将十余年所获金石汇为一编，共订三十函，裒然成帙。

何绍基因直陈时政挂议免职，六月交学政印鉴，离成都。

秋，节录南朝鲍照《舞鹤赋》，行书，200 余字，颇见中年书法功力。

咸丰六年丙辰（1856）　50 岁

长子贻良殿试二甲第四十三名进士，授中书[76]。

六月，何绍基应山东巡抚崇恩之聘，任济南泺源书院讲席。

入冬，李佐贤偕夫人张畹芳就养入都。致兴宜泉云：“弟即于冬间携眷就养来京，贱躯顽健如昔，然双鬓全皤，两目生眩，已如文家之渐入老境，自愧疏慵，已不作出山之想。长安旧好亦寥落无多，二三知己读画论诗，或结金石之缘……”

是年，经吴惠元作缘，与同好鲍康相识。

约是年，为鲍康《观古阁泉谱（选）》作序。

约是年，向鲍康提及早在济南市上，遇一持竿售零物者，偶悬有一泉，取视之乃景和（宋二铢），亟购归。鲍康闻未见之，借拓数日（鲍康《观古阁丛刻九种》）。

是年，鲍康作介，选购刘师陆藏钱百十种。

鲍康（1810～1878），字子年，号倏阜，自号观古阁主人，晚号臆园野人，安徽歙县人。道光十九年（1839）举人，授内阁中书，官至四川夔州知府，同治十一年（1873）退官。鲍康癖好古钱五十余年，所得多前人未见品。经手古钱不下数万，以精鉴赏、富收藏称于时。又喜辑诸家藏钱拓片，多达六十七册。居长安时，与刘喜海晨夕过从。咸丰二年（1852）晋京，应礼部不售，报罢，留都，获交陈介祺、李佐贤、初渭园、吴式芬、戴醇士、钟丽泉、吕佺孙等泉学名家，互为交往切磋。退官后隐居京城臆园。鲍康研治钱学严谨勤敏，创获殊多，深为海内钱学家所推重。李佐贤《古泉汇》得其鼎力相助，两次为之作序。晚年致力于钱币著述，有《观古阁泉说》一卷、《丛稿三编》二卷、《大泉图录》一卷、《臆园手札》一卷，与李佐贤合编《续泉汇》十四卷。未刊稿有《古泉丛考》、《古泉考略》、《观古阁泉目》以及泉拓辑诸作。晚年校刊之《观古阁丛刻》是中国第一部钱币丛书，除自著钱学数种外，并收有陈介祺《泉说评》、李佐贤《续泉说》、刘师陆《虞夏赎金释文》、刘喜海《嘉荫簃论泉截句》和《海东金石苑》，得使一代钱币学家之遗作赖以广为传布。1918 年，鲍氏藏钱由其后人出售给天津中国银行，曾在北京银行陈列，另辑有《皇朝谥法考》五卷、《中书舍人题名》等书。

吴惠元，字霖宇，天津人。道光二十四年（1844）进士，由编修官至云南督粮道[77]。师事李佐贤，酷好古钱币，选钱不求其备，而取其精。不喜刀布，独钟圆钱，尤癖丰货钱。尝与鲍康同客都门，经其作缘，促使鲍（康）与李（佐贤）缔交，传为钱学界之佳话（泉人《中国钱币大辞典》）。

约是年，李佐贤长女适盐山乾隆三十四年（1769）己丑进士、检讨[78]、礼部侍郎孙葆元次男，荫生刑部员外郎[79]尚绂。

十月初八日，吴式芬卒，享年61岁。同好去世，佐贤十分悲痛，撰挽联悼念（见《李佐贤文选》）。

是年，座师文庆卒，撰《挽文文端师相》悼念（见《李佐贤文选》）。

咸丰七年丁巳（1857）　51岁

正月初九日，吴重憙邀请许瀚（印林）为父校订遗著。

三月，许瀚撰《哭吴子苾阁部联》："平生金石盟心，才几时，江城剪烛，沂驿传书，那期白马素车，酹酒为君订遗稿；世事云烟过眼，从今后，拔剑歌哀，衔碑语苦，纵复高山流水，抱琴何处觅知音。"（袁行云《许瀚年谱》）

四月，许瀚抵海丰（今山东无棣）。

由长子贻良相助，整理利津李氏贡举制艺，并作序。

时住宣武城南人海藏庐。李宝台以珍藏二百余品来质。《古泉汇》所收之小刀异品半出其中。是刀布二种颇为同人所艳羡。吴式芬尝曰："好古之缘亦须际遇之巧，非人力所能

强也。”(《续泉说》)

李宝台,绰号“小钱李”,直隶宝坻(今属天津)人。生平不详,约卒于光绪初年。道光、咸丰间经营古钱为业,善传拓钱币,且精鉴别真伪,又以翻铸古钱和铜造像出名。清代著名钱学家刘喜海、叶志诜、李佐贤、戴熙、陈介祺、鲍康、杨继震等人与之有过从。尝不惜重金购取刀布钱,用以翻砂作模。鲍康称其伪铸古币之精,足可惑眼法。光绪三十年(1904)杨守敬编有《古钱薮》,书中钱图皆取自宝台手拓先秦刀币。此书今藏上海复旦大学图书馆。其子大龙,字云从,亦工拓钱(泉人《中国钱币大辞典》)。

四月,何绍基访李佐贤于人海藏庐,见石涛《归云》两册,奇赏不已,既而李佐贤出示夫人张畹芳画兰属题,何绍基悉竹朋亦锐意习书,故题诗云:

半日看画客不去,石耶云耶都醉心。
主人有意要醒客,出闺中墨静愔愔。
娟叶展余回翠袖,瘦花开处侧瑶簪。
闭门笑听高轩过,画妙书奇相瑟琴。

(《何绍基诗文集》)

约是年四月,再与何绍基相会。佐贤出示黄小松嵩岳访碑廿四图,共为鉴赏。何绍基赋诗并题记。

题记:“李竹朋见示黄小松嵩岳访碑廿四图,适于梁炬亭处见嵩岳访碑日记，互有异同，访碑月日，日记详之；得碑始末，则图记缕悉。闻岱岳廿四图在姜玉溪处，昨在济南竟未得寓目，拉杂成诗，索竹朋和。”

诗云（摘句）：“竹朋藏册经几年，嗜古同心快披视。海王村后孙公园，更约来朝共谈艺。”（《何绍基诗文集》）

五月，致函许瀚（《石泉书屋尺牍》卷下）。

秋，应李季云宗兄相邀，至盘山[80]石佛庄拜访。挑灯话旧，把酒谈心，十载离情，一朝快慰。季云以画相赠，佐贤赋诗《至盘山石佛庄访季云宗兄留赠四首》：

相逢如梦转疑猜，携手登堂笑口开。
十载离悰重快晤，兹行不为看山来。

招寻一路入烟霞，访到三盘隐士家。
正是重阳好时节，清樽篱畔醉黄花。

归来盘谷几春秋，宦海收帆已倦游。
心与在山云共懒，高人高卧此高楼。

锦囊牙轴富荆关，妙墨收藏只等闲。
排闼青山看不了，翻从画里看青山。

李季云陪佐贤游了盘山。在盘山云罩寺，寺僧以舍利见示。贮琉璃器中数粒，如小豆，其光莹然，色白而微红，洞澈如宝石。僧云盘山有神灯或即舍利光耶。

秋，致函李季云："弟归来依旧，近值弟妇抱病，日与药炉为伍，亦乏佳况，惟恃海王村为散闷之游，新获文衡山雪景、王石谷仿江贯道两大幅。"

咸丰八年戊午（1858）　52 岁

春，《石泉书屋馆课诗》刊行，朱琦作序，龙兰簃、苏赓堂、步香南点评。

朱琦（1803～1861），字濂甫，号伯韩、莲府。广西临桂（今广西桂林）人，道光十五年（1835）进士，编修，浙江候补道[81]。自编《怡志堂诗初编》八卷。朱琦与李佐贤同科进士，过从甚密。

是年，《石泉书屋制艺》刊行，自序。

约是年，李佐贤得一古砖，中空，四面平夷，而有花纹，长三四尺，阔尺余不等，叩之铿然，其音清越，以为琴几，因呼之"琴砖"。《书影》名曰"郭公砖"，荥泽[82]尤多。实为汉墓之砖。现存利津县博物馆。

春，钟丽泉访李佐贤于宣武城南人海藏庐，出示所藏泉币真拓索序。

钟淦，字丽泉，山东诸城人，生卒年不详。官户部主事。酷嗜金石成癖，见闻博洽，购藏古器物不遗余力，因名其居为"商盘周鼎汉瓦晋砖之斋"。尤有古钱癖，曾影摹刘喜海《古泉菁华》，为李氏《古泉汇》题词。咸丰中，年未三十而著成《宝鼎堂泉币拓真》一书，鲍康、李佐贤为之撰写序文；又辑有《选青阁古泉汇拓》，均未能刊行（泉人《中国钱币大辞典》）。

是年，太表叔杜堮卒。送挽联致悼：

恩承四代，年近百龄，从慧业修来，备极人间福寿；

蓂赐九重，秩崇一品，想仙踪化去，定成天上星辰。

是年，鲍康为《古泉汇》作序。

是年，许瀚在海丰校书，正月二十一日病偏畀（中风），被护送回日照老家。故吴式芬之《捃古录》为残稿（袁行云《许瀚年谱》）。

秋，潘绂庭邀李佐贤访李季云未果。

十一月，复函李季云，商谈购买《心经》（赵孟頫生平得意之作）之事。

潘绂庭（1810～1883），江苏吴县人，名曾绶，字若甫，号绂庭、小轩，举人，官内阁中书、侍读，好收藏，长于书画鉴赏。

咸丰九年己未（1859）　53 岁

是年春，跋《黄尊古仿王石谷千岩万壑长卷》，行书，十三行（《书画鉴影》卷九）。

鲍康再为《古泉汇》作序。概述了编辑成书过程，对是书称许备至。

夏，《题永阳王暨妃王氏墓铭》："此碑又见陈氏《宝刻丛编》卷十五载，在江南东路建康府，不仅见《古刻丛钞》及《复斋碑录》也。而近代著录家，如《访碑录》、《金石萃编》则均失记载，此石竟不知何时沦没。咸丰己未（1859）夏，友人以此寄售，惊为创见……"（《石泉书屋类稿》卷五）

秋、冬，张畹芳哮喘旧疾复发，病情加重。佐贤一面照顾夫人，一面抽暇编辑《古泉汇》。

是年，何绍基题李竹朋（佐贤）所藏《傅青主先生哭子诗卷》："想到虬髯与瘦肩，文章忠孝更通禅。不堪泣奠萱灵日，怆读先生哭子篇。"（《何绍基诗文集》）

是年，陈介祺之长女嫁给海丰吴式芬次子吴重憙。

咸丰十年庚申（1860）　54 岁

正月，长子贻良由内阁中书刑部员外郎加一级。

正月十三日寅时，夫人张畹芳病逝。夫妻相濡以沫三十五载，一朝永诀，万分悲痛。

闰五月，由京返利津。

是年，应聘济南书院讲席，并长清县教官[83]。长清学署倾圮，佐贤欲兴修，而虑其力不及未果。

是年，何绍基仍主讲济南泺源书院。时，郑小山（敦谨）任山东督学，杜筠巢（翻）任山东团练[84]，钱香士（炘和）住大明湖畔。三人与李佐贤均为道光十五年(1835)乙未科进士,又同与何绍基为知交。此间,何绍基为钱香士居书"因寄湖庄"(《何绍基诗文集》)。

李佐贤为钱香士"因寄湖庄"撰联:"小住湖山如有约,此间风月本无边。"(《石泉书屋类稿》卷八)

春夏之际,与何绍基等五人常饮宴其间。

九月,何绍基回湖南。

是年秋,致函祁寯藻:"侄于闰月中旬抵里。孟夏为历下之游,勾留月余,明湖水色,千佛山光,揽胜寻幽,与子贞、小山诸君子时相晤时,颇得友朋之乐,并结山水之缘,较胜里居之郁郁怀抱也。颇思置一侧室,而访求未得其人……"(《石泉书屋尺牍》卷下)

咸丰十一年辛酉(1861)　　55 岁

二月,何绍基回到长沙,主讲城南书院。

春,捻军进入利津县南境,官绅恐慌,阖城戒严(光绪《利津县志》)。

时,李佐贤重读父亲在广东德庆时书写的楹联"书到心融真有味,事非身历且休言",并作了题记:"此先君子在晋康(今广东德庆)署中所书,计时属道光壬午、癸未之间,迄今三十余年矣!咸丰辛酉春佐贤敬识。"(楹联存利津县博物馆)

仲春,夫人张畹芳安葬于利津城西凤凰嘴祖茔,李佐贤撰《诰封恭人先室张恭人行略》,并挽联悼念:

卿有由来，了却因缘今撒手；
我犹未死，思量往事倍伤心。

长子贻良为母安葬回到利津老家。

仍主讲济南书院。与杨坦夫茂才[85]因有葭莩[86]之谊，朝夕过从，评书读画，结翰墨之缘。一日，杨出示先人子惠先生《忆得偶存诗稿》索序。佐贤读之，佳篇络绎，目不给赏。大抵气格源于中唐，而抒写性灵不蹈窠臼，尤属深造而有得者。方知坦夫之家学相承，其由来者远也。欣然为之作序。

夏，解子敬访李佐贤于济南书院，出示《益智录》索序。秋，捻军扰及省会，世局动荡不定，李佐贤遑匆旋里。入冬时局稳定，率子贻良整理家藏图书，分类上架装箱，约三万余卷。作《石泉书屋丛书序》（见《李佐贤文选》）。

同治元年壬戌（1862）　56岁

秋，捻军退去，重返济南书院。解子镜再访李佐贤为《益智录》作序。序云："是录仿《聊斋志异》之作，笔墨虽近游戏，而一以劝惩为主。……解君怀才不遇，借此以抒其怀抱，固宜其文之工也。是录一出，将见洛阳纸贵，其终湮没不彰耶？较取科名登膴[87]仕者所获固已多矣，何憾哉！"（《石泉书屋类稿》卷二）

闰八月，跋《文待诏泼墨山水卷》，行书七行，押印（《书画鉴影》卷六)。

何绍基接钱香士、郑小山惠书,回忆当年聚首明湖,感慨系之,赋诗云:

鹊华山望大清河,历下从来云水窝。
莲子湖头秋信早,铁公祠畔古怀多。
三年老学惭铅椠[88],五叟清游恋轴薖[89]。
今夜故人应入梦,芦花风里听渔歌。

(《何绍基诗文集》)

李佐贤亦有感怀之作:

湖上重来感不禁,当年小住托禅林。
依稀旧梦浑难记,一片烟波何处寻?

郑小山(1803~1885),名敦谨,字叔厚,号筱山、小山,湖南长沙人,道光十五年(1835)进士,庶吉士,官刑部主事、刑部尚书。有诗才,何绍基十分赞赏李佐贤、郑小山的诗:二人“皆有诗之性情,而皆不为诗,何也?”

钱炘和(1795~?),字光宇、香士,号自山,云南昆明人,进士,官直隶布政使。

同治二年癸亥(1863)　57岁

是年春,仍长清教官,倡议重修学署,不数月竣工,撰《重

修长清县学署记》(《石泉书屋类稿》卷一)。

是年,仍主讲济南书院。《古泉汇》编辑完稿。张铨赋诗《题李竹朋同年古泉汇长歌》祝贺。佐贤致函表示谢意。而于题赠“夐[90]哉汀州贫太守[91]”愧不自安;又“东晓市上”,宜为“海王村里”,以符“敝藏泉多得诸厂肆”之实(《石泉书屋尺牍》卷下)。

张铨(1799~1872),字少衡,号翼南,山东利津人,道光十一年(1831)乡试举人,道光十五年(1835)进士,殿试二甲二十二名,朝考第四十六名,由刑部主事荐刑部郎中,简放常州太守。擅长诗作,尤以竹枝词著称,结集《爱山堂诗存》。与李佐贤同乡、同榜进士,是为知交。

五月,致函鲍康《古泉汇》已告成。鲍康作跋。

是年,与周朴卿(士澄)太守邂逅历下。周太守好古泉,见辄谈泉以为乐,尽出所藏共鉴真赝。亦善诗,谈泉之余,更以诗稿见示,且索序。佐贤感其虚怀若谷,好古求敏,久而莫逆深交,欣喜为之作《吉金寿石斋诗序》(《石泉书屋类稿》卷二)。

同治三年甲子(1864)　58 岁

《古泉汇》付梓。

《古泉汇》,始编于咸丰九年(1859),成书于同治三年(1864),历六载寒暑。全书共六十四卷。鲍康前后两次为之作序并跋,李佐贤自序,鲍康、钟淦、鲍瑞骏、周士澄、张铨为之题词。

鲍康赋诗《闻李竹朋〈古泉汇〉刊成》：

穷年搜订倍劳形，梨枣刊成翠墨馨。
惆怅翁刘皆宿草，一编曾对夜灯青。

（《观古阁丛稿》下）

鲍瑞骏，号桐舟，安徽歙县人，鲍康族弟，官馆陶知县，与李佐贤为文字之交（见《附录》“友朋致李佐贤”）。

周士澄，字小耘，号朴卿，天津人，候选知府，著有《吉金寿石斋古泉谱》。

是年，应外甥范遴峤之请，为姊丈、恩师范苏山作传（传见《李佐贤生平述略》“科举仕途，步履坎坷”注释[1]，详见《石泉书屋类稿》卷一《范苏山先生传》、民国《沾化县志·人物志》）。

同治四年乙丑（1865）　59 岁

约是年，开始搜集乡梓诗存，为编辑《武定诗续钞》做准备。张铨复函“欲代任搜集”，佐贤致函表示谢意。

同治五年丙寅（1866）　60 岁

赋诗《六十初度自述十首》：“荷花烂漫正芳辰，花下称觞叹此身。……追维襁褓荷亲慈，六十年前堕地时。……”

是年，因得孙（贻良子，名泽涵，字鉴如）入都。

杜翰（继园）卒。撰联《挽杜继园表兄暨令侄芸皋》（见《李佐贤文选》）。

是年，许瀚卒，佐贤凄然。陈氏（介祺）作挽联：

> 经训古康成，更释迈薛阮，韵订顾王，文而又儒真不愧；
>
> 字学今叔重，惜桂版燹焚，吴编病辍，人犹有憾竟云亡。

许氏遗稿嘱交陈介祺。后由吴重憙延丁艮善校，光绪间刊印，名《攀古小庐杂著》（袁行云《许瀚年谱》）。

同治六年丁卯（1867）　61 岁

春，题《于开府山居图短卷》，行书，七行（《书画鉴影》卷七）。

是年，为鲍康《观古阁泉谱》作序。复函宗兄李季云：因去年得孙入都，惟即旋，未得拜访。如嫂谢世，兄诚难忘情。佛教说“因缘”二字最能补儒教所不及。从古无不散之缘，愿达观之。并告，申年（咸丰十年），由京归里，旋膺济南讲席四载，后家居赋闲，连年黄河水患，冲塌城垣，“捻匪”屡犯邻境，修筑防堵，时协邑宰办理，颇形劳瘁。

是年，《武定诗续钞》告成，李佐贤自序，又《石泉书屋律赋》刊行。

《武定诗续钞》选吴式芬诗三十一首，并为之作传："君鲜荣利之好，而深翰墨之缘，于金石书画尤为笃嗜，与余有同情，不仅以同谱相友善也。所著《捃古录》，于钟鼎碑版文字，搜罗靡遗，盖自欧赵著录以迄今日，考据家无如是之详尽赅博者。洵堪信今传后无疑也。古诗气清笔健洒脱，自喜神似坡公，律诗亦工力悉敌……"

孟夏，捻军赖文光、张乐行部屡犯利津县东境，或数里或数十里，出没无定，警报时闻，惴惴恐惧，幸伏汛河水泛溢，捻军不能渡。时李佐贤在乡里协助河防事宜。

秋，得李味初画册，遂题，名曰"题吾宗味初公山水"。

李衍孙，字藩升，号味初，山东惠民人，乾隆三十年(1765)举人，掌教济宁书院三年，登贤书者多出其门。官沔县知县，调任蒲城，历有惠政，年六十归里。编著有《武定明诗》、《国朝诗钞》，工书法兼丹青，尤精兰、竹、山水，著有《炊菰亭诗集》等。

《国朝诗钞》(《武定诗钞》)辑成七十年后，李佐贤继之《武定诗续钞》，选李衍孙诗百首。

小儿贻隽攻读待试。李佐贤课之科举文章。

致函汪菽民明府："代散《泉汇》，其或缴价或缴书者，祈便中掷下，其催取不到者，只好听之。佐近辑敝郡诗钞(《武定诗续钞》)已竣，而刊资不易，故不能不借此书价以助枣梨。"并为曾在自己门下及吕秋塍、尚学川两学使署中服役者

张源作荐:“此人非寻常谋食者,比伊向于装订书籍,裱褙书画,位置书室琴樽,点缀园亭花石,颇具精心,俱可人意,且性嗜绘事,出笔尚无匠气。素有愿侍几砚为青藤门下走狗之意。佐因其志可嘉,故予一函为引。倘蒙录用,固不仅效犬马之报已也。”(《石泉书屋尺牍》卷下)

同年,隋藏珠卒,撰挽联悼念(见《李佐贤文选》)。

是年冬,题《李晞古秋堂客话》:“李晞古于徽宗朝入画院,建炎间为待诏,赐金带,年近八十。此幅沉着痛快,而自饶秀色。经蕉林相国签题,罗六湖复称其较胜马夏,洵不诬也。”(《书画鉴影》卷十)

同治七年戊辰(1868)　62 岁

黄河复由利津入海后,不断发生水患,因连岁襄理河工,捻军扰邑兼办城防团练有功绩,山东巡抚入奏赏花翎道衔。

是年四月初九日,高贡龄卒。李佐贤为之撰《诰授中宪大夫绍兴知府加一级次封高君墓表》,并赋诗《挽高次封太守》:

风雨鸡窗记会艾,卅年回首隔烟云。
当时朋辈凋零尽,洒泪何堪又哭君。

是年夏,题《王石谷仿古山水册》(《书画鉴影》卷十七)。

新秋,在琉璃厂购得一幅古画,题“辛巳秋有三日龙岩君谋”。鉴定为真迹,交“博古斋”重裱后,作《题任君谋山水》:

“任君谋,名询,号南麓贵子,易州人,生于虔州。正隆丁丑进士,历益都勾判官、北京盐使,为人慷慨,多大节。画入神品、山水师王庭筠、张才,得其三昧。书法不让二王。评者谓,画高于书,书高于诗,诗高于文,见《金史·文艺传》。又按,今世传君谋石刻有《古柏行》,款署‘龙岩’。此画得诸京师海王村,亦署款‘龙岩’。笔力清刚,与《古柏行》无异,其为君谋真迹无疑也。君谋书画在当时已名震一世,况此幅题辛巳秋初,乃正隆六年所作,迄今已七百二十有五年,而绢素完好无损,岂易觏耶。重付装潢,当球琳宝之。同治戊辰新秋。”(《书画鉴影》卷十九、《石泉书屋类稿》卷六)

是年,书七言联“书到心融真有味,事非身历且休言”。上款“同治戊辰冬日”,下款“竹朋”,下钤朱文隶书“竹朋书画”,白文篆书“李佐贤印”、“旧史官”(现藏中国国家博物馆)。

是年冬,作《跋钱舜举弁峰望雪图卷》、《题吴仲圭竹木卷》(《书画鉴影》卷四、五)。

同治八年己巳(1869)　63岁

约是年,作《跋张筠圃先生诗草册》。张筠圃,海丰(今无棣县)人,谓李佐贤之太岳父。善诗书,以名儒为臣,晚年解组归里。佐贤弱冠时曾晋谒宅第。四十余年后,编辑《武定诗续钞》索求公诗数首。

是年,在潍东(料为临淄)出土半两石范,尽为陈介祺所得(鲍康、李佐贤《续泉汇》贞集卷二;王献唐《中国古代货币

通考》)。

同治九年庚午(1870)　64岁

三月,鲍康简授四川夔州知府(《鲍康行述》)。

子贻良官刑部员外郎,是年团访获盗,钦加四品衔(《李氏家乘》)。

是年,忽接陈介祺致函。

道光十五年(1835)供职都门后,始与陈介祺交往。咸丰四年(1854),陈介祺归里,疏于往来,同治九年之间复又有交。陈介祺致函李佐贤并惠赠泉范拓六十四种。李佐贤复函感谢,以藏品精拓五十种回赠。

秋,访陈介祺于潍阳,得观泉范自周秦、六朝标新立异百余品,《古泉汇》收者少。陈介祺见李佐贤有续《泉汇》之意,慨然以全拓见赠(《石泉书屋尺牍》卷下)。

于潍县市上遇方钱数十枚,遍体青绿,似新出土者。或无文或"五"字,仅存附内廓之半铢字,或仅存"朱"旁,此亦环凿钱一分为二者。特向所见皆以圆凿凿成,此则以方凿凿成者。方钱向惟见"仙台通宝"一种,得此又添一种,购得十余枚。分寄鲍康二枚,以备一格《泉说》未及(《续泉说》)。

访陈介祺之际,重晤陈晋卿,应邀为其"画册"作序。陈晋卿孝廉[92],乃李佐贤之师懿公之犹子(兄弟之子)。昔年邂逅于历下,因世好遂订交,且有爱好书画之同癖。时晋卿集桑梓[93]之遗书画册尚未竣事。别后数载,尤心向往,以未得一见而遗憾。今获纵览桑梓遗书画册，实为幸事，不禁动观止之叹。晋卿索序，且委代为访求乡梓书画，李佐贤在所不辞。

陈介祺(1813～1884)，字寿卿，号簠斋，别署海东病史、齐东匋父，潍县(今山东潍坊市潍城区)人。道光十五年(1835)举人，二十五年(1845)进士，授翰林院编修。咸丰间，加侍读学士衔，咸丰四年(1854)乞假归里。所得先秦古币、钱范数百种，多珍异品。其中如齐刀范、賹[94]四货范、賹六货范及王莽之六泉十布全套，多为前人所未及者。精研金石文字和古器物诸学，凡鼎彝、铜镜、玺印、封泥、陶器、造像、秦诏版、古钱币，皆大力搜罗，收藏之富一时甲于海内。以治学严谨、考据精审、勤于撰述著称。传拓古物至夥，一时好古之士，多与之往来。钱学著作有《杨氏(继震)空首布目》一卷、《六泉十布拓本》、《簠斋法化》二册、《簠斋藏古金化》十册、《陈簠斋藏泉范拓片》十四册、《三代货范》、《齐刀范拓本》、《泉说评》。批校刘喜海《古泉苑》，批校李佐贤、鲍康《古泉汇附续泉汇》等。另辑有《十钟山房印举》、《簠斋藏镜》二卷、《封泥考略》十卷、《簠斋藏器目》一卷、《簠斋藏玉印谱》一卷。

约是年，鲍康于夔州寄李佐贤“直白五铢”数枚。自称“薄小过于榆荚，为《泉汇》未及见”(鲍康《观古阁丛刻九种》)。

同治十年辛未(1871)　65岁

编著完成《书画鉴影》六册，二十四卷。自序曰：“余之留意于斯者四十余年矣！自弱冠后即抱此癖，似有夙缘。”

同年，又编辑成《石泉书屋类稿》八卷。

是年，《题东平龙山书院》："州属宋梁学士颢故里，今父子状元坊尚存，王文简过此，爱小洞庭蚕尾山之胜，因以名'集'。同治辛未，书院落成，予适膺讲席，题此以志劝勉后学、景慕前贤之意云。

课士励躬修，岂但追鳌头甲第；

称师滋我愧，何堪媲蚕尾诗名。"

王文简(1634～1711)，本名士禛，因避讳改士正，又改士祯，字子真，又字贻上，号阮亭，自号渔洋山人，山东新城(今桓台县)人，清代文学家，顺治十五年(1658)进士，官至刑部尚书，谥文简。工诗，为一代宗匠。编著有《古懽录》、《南来志》、《北归志》、《居易录》、《池北偶谈》、《蚕尾集》等。

是年，实地考察了汉光禄勋刘曜碑，并跋。据《东平州志》云，汉刘曜碑久佚。同治九年庚午(1870)，于州北乡之芦泉出土(《石泉书屋类稿》卷五)。

作《题金螺山大佛洞隋造像》。东平城北三十里山之阳有大佛洞，中造大佛一躯，故名。东西石壁造众佛数十。佛像之上下四旁皆像，主题名凡八

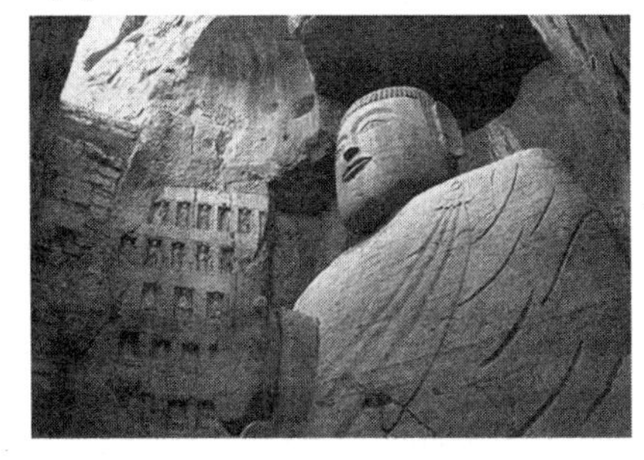

金螺山(俗称"白佛山")大佛洞隋造像

层。刻石载,隋开皇七年(587),王子华为造众佛像之寺主;开皇十年(590),沙门昙献为造大佛之像主。昙献题名作篆、隶、真三体书,与东阿之开皇十三年(593)曹子建碑相类,余则罕有此式,或而一人所书。

又作《题金螺山二佛洞造像》(《石泉书屋类稿》卷五)。

是年,在济宁市上遇大定和银钱数十枚,仅选一枚。此钱缘阔大,类当二钱,色白,似银少铜多搀和铸成。自谓"后不再遇,难得也"(《续泉说》)。

夏,书院无课事,率次子贻隽登泰山,作访碑之游。至经石峪《金刚经》刻石处,命贻隽剔苔扪藓仔细辨认,李佐贤手录其文,方知《金刚经》石刻存九百零一字。而《泰山志》所记经石峪刻《金刚经》,可读者不满二百字;《山左金石志》则谓尚存二百九十四字(《石泉书屋类稿》卷五《跋泰山经石峪六朝刻石〈金刚经〉残字》)。

是年,东平巩景岠茂才拜访佐贤于书院,为其先人巩蘗圃先生所注《诗经大旨》索序。景岠以所著见示曰:"先人于《五经》各有著述,遭捻逆之变尽散佚,此其幸存者,惧其久而复湮也,望先生序而行之。"序云:"……先生久蹶名场,晚年以著述为事,羽翼经传,迥异俗学。考东平自两汉六朝唐宋以来,传人接踵……此书一出,似续前贤,津逮后学,洵无愧色已。"(《石泉书屋类稿》卷二)

约是年,李佐贤寄示鲍康新得一"藕芯",长则寸许,有细篆,书两行,一为"元延四年王政"六字,一为"都昌侯"三字。

鲍康谓“尤属创获，其非泉也，益信”（鲍康《观古阁丛刻九种》）。

同治十一年壬申(1872)　66岁

二月初六日，题记：“陈簠斋丈归养后，每得金石文字，必同赏共收之。此私印二册，乃吴子苾太史手拓赠簠斋者，同治九年庚午（1870），簠斋复遗余，且谓此多汉阳叶氏藏印。东卿就养两粤节署，遂携印入粤。后粤西逆匪陷汉阳，洋人焚节署，印遂罹劫灰矣。非曾见原印及存是册，不复见为古物，则此册岂非人世不可再得之本乎？”（泉人《中国钱币大辞典》）

六月，鲍康解职夔州知府，旋入都，归隐臆园，自号臆园野人，从此不再问闻世事。

八月二十五日，陈介祺夫人李氏出殡，李佐贤同吴重憙（陈介祺女婿）前往吊唁。事毕，相游崂山、琅琊台。出东武（今山东诸城）得东周泉。一笔画较细，“东”字较高，“周”字较下，微有参差，然非伪品，合前谱所见只此三品。西周泉，《泉汇》所收乃吕尧仙所藏，似不及东周之确。

于崂山信宿[95]五日，而山以西仍憾游踪未遍。得诗二十首，录一首（见后《李佐贤文选》）。

在潍盘桓八九日，于九月初八日抵利津，吴重憙十月方归海丰故里。

约是年，李佐贤借抄陈介祺书札，送还时有“人有古董，我有今董”之语(《秦前文字之语》前言)。

十月初九日,长子贻良任四品衔刑部郎中,加二级任内。

十月十四日,陈介祺致鲍康云:“弟归里廿年,僻居苦于无友,问学固无人道,坦白亦甚不多,三年来惟竹朋老兄、小倩仲饴,时来过访为金石之欢。”又云李佐贤“《古泉汇》虽过前人,然体例尚未尽善,版本亦属简率,摹刻唐以上泉,甚为不精”,建议鲍康在李氏《古泉汇》、刘氏《古泉苑》基础上再著一古泉力作,必能传远。又“今日秦量,鲍(康)、吴(式芬)、李(佐贤)可谓鼎峙”(陈介祺《秦前文字之语》)。

是年,《石泉书屋制艺补钞》刊行。

是年,张铨卒。

是年,陈介祺辑《十钟山房印举》五十册本及六十四册本(韩天衡《中国印学年表》)。

同治十二年癸酉(1873)　67岁

春,陈介祺知李佐贤欲作《续泉汇》,将吕佺孙(尧仙)二十年前所赠“孝建四铢”全拓寄李佐贤,佐贤叹为观止。

《续泉说》云:“孝建四铢传世绝少,道光二十余年,毗陵出土一窖,尽为尧仙所得,其选余者分散他人。予在闽得顾湘舟寄赠十枚,过杭购得廿余枚,益以子苾所得,得五十五品,仍以未见尧仙所藏为憾。”

顾沅,字沣兰,号湘舟,别号沧浪渔父,长洲(今江苏苏州)人。道光年间教谕,候选通判。生平笃学嗜古,精考据之

学，收藏金石、书画、碑帖甚富，尤以藏书最负时名，建辟疆园以藏之。所得古钱多珍品，其中以大富五铢、大吉五铢，大夏真兴等钱著称。曾与瞿中溶交往，并寄赠古钱拓本。其收藏至咸丰年间亡佚。撰有《历代钱币图考》二十四卷，未刊行。所辑《艺海楼金石文字》，内分钟鼎、泉币、砖甓[96]、瓦当、造像等类。其他著述有《吴中金石记》一卷、《吴郡文编》二百四十卷等近三十种（泉人《中国钱币大辞典》）。

二月二十四日，陈介祺致吴云书："又李竹朋亲家《古泉汇》二册，此书极富而摹刻未甚善，今有续集将寄子年兄代刊，刊成当再索寄，又有《书画鉴影》一书，竹朋兄著作敏速，成书较易也。……弟今年又得一始皇诏者，拟合吴（式芬）、鲍（康）、李（佐贤）三量……"

三月二十九日，陈介祺致函鲍康云："庚午年（同治九年）从竹朋兄处易得一富贵壶，与敝藏吉羊洗欲为一图……"

六月，鲍康再为胡石查题《泉汇》。

胡义赞（1831～1902），又名公寿、恭寿，字叔襄，号石查，又作石槎，晚号烟视翁，光州（今河南潢川）人。同治十二年（1873）举人，官河工同知、海宁知州。工画山水，善书法，长于治印，以富收藏金石文字见称，所居曰"墨桃花馆"，曾得古刀币千余品，多珍稀之物。其藏钱以元代钱品为多。考证古钱多精确语，海内咸称大家。评论古币文字散见于高焕文《癖泉臆说》。早岁曾往谒初尚龄，又手拓鲍康藏钱，题曰《观古阁藏泉拓本》。著有《业古录》行世。未刊稿有《释泉纠误》、《胡石查老人泉拓集》(泉人《中国钱币大辞典》)。

六月,鲍康寄《泉说》于陈介祺,月内读毕并批注。

闰六月十二日,陈介祺致函鲍康:“三量以竹朋者为完,兄藏者少泐[97]。”(陈介祺《秦前文字之语》)

七月,鲍康序《续泉汇》。

七月,鲍康《观古阁丛稿》、《观古阁泉说》刊行。

七月初八日,陈介祺致函鲍康:“《续泉汇》望者甚多,仍宜促竹朋兄早成之。销书收刻费易易,《书画鉴影》则销不多。”

七月二十一日,何绍基卒于杭州,闻之不胜怆然。

七月二十九日,陈介祺致函吴云:“李竹朋舍亲《古泉汇》,今有续刻之编(其哲嗣[98]枚卿比部之女为弟孙妇,秋冬完婚)。”附笺云:“《古泉汇》有欲得者,二金余即可,能为销二三十部,少助其续刻之费否?《书画鉴影》同。《泉汇》续成须三金……”(陈介祺《秦前文字之语》)

约是年七月,李佐贤中风,作字微拙。

八月初五日,陈介祺致吴大澂感谢为其孙(阜)婚礼赠联。

九月初六日,陈介祺致鲍康:“《泉汇》续稿,云寄弟处转呈,九月间或可再有人便也。”

九月,长子贻良(枚卿)之女,与陈介祺长孙(阜)完婚。陈介祺作“富俭贵勤直德妇,理明辞达是文人”联以勉励。

九月,吴云致函李佐贤,誉称诗文:“当今作者,非公其

谁?”评价《古泉汇》:“网罗宏富,考证精审,合古今来泉志、泉谱所未有,而独创巨观,此必传之书,可以预决。《书画鉴影》评骘[99]允当,阐发绘事之蕴,尤非深于六法者不办,足与《襄阳书史》[100]、《华亭画禅》[101]并重艺苑。”并问候身体康复否(吴云《两罍轩尺牍》卷三)。

吴云(1811～1883),字少甫,号平斋、愉庭,晚号退楼,归安(今浙江吴兴)人,举人,屡试未第。道光二十四年(1844)以通判分发江苏,历官宝山、金匮知县,镇江、苏州知府。精金石考据之学,善书画,好收藏古器物。凡鼎彝、法帖、钱币、玺印,皆肆力搜求不倦,名所居曰“两罍轩”。尝获王莽契刀范,著称于时。富藏钱币,辑《两罍轩泉拓》一书。别有《两罍轩彝器图释》十二卷、《两罍轩印考漫存》九卷、《两罍轩藏器目》一卷、《古官私印考》二十七卷、《二百兰亭斋古铜印存》十二卷等书(泉人《中国钱币大辞典》)。

十月初二日,陈介祺致吴云书:“兹有舍亲竹朋兄奉赠所著《书画鉴影》一部,乞检存。《续泉汇》稿今甫转寄子年,尊处所存古泉书并拓,不可不由伯寅(潘祖荫)兄致子年采入也。”

是月,陈介祺再致鲍康。记:“竹朋兄奉寄《续泉汇》稿本总封,又续寄一书,并书包一件。《古泉丛话》与《泉说》,均与竹朋兄有无厌之请。”(陈介祺《秦前文字之语》)

潘祖荫(1830～1890),字东镛,号郑盦、伯寅,吴县(今江苏苏州)人。钦赐举人,咸丰二年(1852)探花,授编修,累官至工部尚书、军机大臣，兼管顺天府尹事[102]，晋太子太保衔，卒谥文勤。好收藏钱币，与陈介祺、鲍康、胡石查、吴大澂、王懿荣诸古钱币学人时相过从。喜集先秦古币，尤多空首布，其藏泉故事散见于鲍康钱学论著中。光绪初年，与翁同龢、盛伯熙诸人以金石家驰名都下。其斋曰"滂喜斋"，雇工刻书其中。刊有鲍康《臆园手札》、戴熙《古泉丛话》，以阐扬泉学。幼好学问，工诗词，善书法。经通《公羊》、《春秋》、《尔雅》，史精《后汉书》，又富藏善本古籍、金石碑版。著作甚多，有《郑盦所藏泥封》一卷、《攀古楼款识》、《重编说文古籀疏证》六卷，诗文集和著录善本书经眼录等。另校刻有《滂喜斋丛书》、《功顺堂丛书》(泉人《中国钱币大辞典》)。

十月十六日，陈介祺将李佐贤所寄《书画鉴影》一帙，捎送漕署管库宋子舟(玉瑶)，嘱在苏州的同乡韩伟功代转吴云，求为之分销。

十月十八日，陈介祺致吴云书："契刀范乞早拓寄，并他范可入《泉汇》者，均望拓来，古泉佳者亦然。如有致竹朋兄书，当为并致也。"(陈介祺《秦前文字之语》)

十一月十五日，陈介祺批校《续泉说》已毕，并附有《泉说》一文，对"刀"、"布"、"币"、"泉"、"贝"、"钱"、"货"各名考其源流，进行论说，多有新解。

十一月十五日，陈介祺致鲍康："竹朋兄处书件，由利津过而未知，今竹朋所寄书并《续泉说》附上，徐足亦由利津过，想必更有书致。"(陈介祺《秦前文字之语》)

十一月二十三日，又致鲍康："十六日傅足行，所寄当已至。《续泉说》注求政示。"（陈介祺《秦前文字之语》）

十一月二十六日，陈介祺批校《古泉汇》："古刀布不及钟鼎者，只是工范随意增减一弊，然其有裨于古文字者岂浅鲜哉！"（《陈介祺批校古泉汇》）

十一月二十七日，陈介祺校《古泉汇》，并跋（《陈介祺批校古泉汇》）。

十二月，陈介祺《十钟山房印举》稿初钤拓完毕。该印集除收簠斋自藏外，还假借李佐贤石泉书屋、李璋煜爱吾鼎斋、吴式芬双虞壶斋、吴云二百兰亭斋、鲍康臆园藏印若干方。（陆明君《簠斋研究》）

约是月，吴云致函陈介祺："李竹朋兄所惠《书画鉴影》已读一过。书中间有评断，并叙述画中景状，莫不曲尽其妙，钦佩之至。"又"青翁（张子青）念（竹翁）执事甚勤，并云与竹翁旧交至熟，谓书画琴棋金石篆刻竹翁无不工妙，闻之令人向慕"（吴云《两罍轩尺牍》卷九）。

同治十三年甲戌（1874）　68 岁

三月晦，陈介祺致函鲍康："《续泉说》刊成望早付。前注《泉汇》，尚望向竹朋切索，寄至，乞论定，先付《续说》行也。"（陈介祺《秦前文字之语》）

三月，李佐贤《续泉说》及簠斋批注，一并由鲍康刊刻成书。《续泉说》列于前，簠斋所批注于后，低一字。

五月十一日，陈介祺致函鲍康："竹朋病愈可喜。《泉汇》注本索来，寄请正。"

六月初六日，陈介祺又致函鲍康："竹朋兄虽愈，而大小解尚数，老年得病不易复元也。"

八月，回寄陈介祺批注《古泉汇》本。陈介祺于八月初九日致函鲍康云："今日毕足行后，竹朋兄寄弟所注《泉汇》来，适明日有便可及今足，遂未启封，寄请教正，乞选可存者，附《续泉说》后为幸。"（陈介祺《秦前文字之语》）

八月，赵长龄卒。

九月望，陈介祺致函鲍康："重九后一日得八月廿五日书，慰慰。日来菊樽定多清兴。闻《续泉汇》已订正手稿付手民[103]，可喜。"

九月十七日，陈介祺作《集古印隽》题跋。《集古印隽》是王石经以簠斋印为主，兼及吴式芬、李璋煜、叶志诜、刘喜海、鲍康、李佐贤、潘祖荫、吴云等各家所藏，选而钤集成册（陆明君《簠斋研究》）。

九月，鲍康自题两宋铁泉拓册云："旧藏两宋铁泉几与刘丈燕庭相埒，拓成一册，王芮川刺史[104]为题曰《泉影》。泉存秦中一戚家，兵燹后悉数失之，只'影'尚存。李竹朋著《泉汇》复选去百十纸，'影'亦不复全矣。庚午（同治九年）守夔后，加意搜索，并戚友所遗，复数百品，虽不能复旧观，而选胜标新，亦足自喜……"（鲍康《观古阁丛刻九种》）

十二月初五日，同治帝载淳亡。

是冬，陈介祺欲重订李佐贤之《泉汇》，以所批注本寄鲍康，多有订正，李佐贤不能悉从，又因而辩论之，复以朱墨分写手册中。

约是年，致函鲍康："……笑骂由他笑骂，拙稿我自刻之。"鲍康谓："读之令人失笑，然却宜效法。青园、燕庭诸公皆过于慎重，转留余憾无穷。"（《鲍臆园手札》）

光绪元年乙亥（1875）　69岁

正月二十日，光绪帝载湉即位。

春，总纂《李氏族谱》（续）告成，并序。

患中风后，写字不便，言语不清。此间与陈介祺（簠斋）等通信多由次子贻隽（号伟卿，又号味琴）代达。

二月初八日，陈介祺致函伟卿："得书知尊大人调摄日愈，久闻侍奉勤劳不脱冠带，天佑孝思，即日感格致福，以敬以企。"

时，伟卿请陈介祺为父所书《争坐位帖》卷子题词。陈介祺复函："'争坐稿'以未敢轻易措词，故少迟。属书当春融为之。"（《簠斋尺牍》）

时，李韦卿先后介绍同族兄侄贻功（字书勋）、李泽庚（字星甫，贻功侄）从簠斋学拓，为其传古助手。

三月初二日，陈介祺致函王懿荣："《续泉汇》校本即当觅便寄竹朋。竹朋病如前，未得书将一月。乞告子年，刻出即仍寄读为快。"

三月初三日，陈介祺致鲍康："竹朋处兼旬无书至，按摩未必能起沉疴。《续泉汇》三卷读注后，并日内即觅妥足寄，以后尚望仍先寄读是企。"

三月初七日，陈介祺再致伟卿："尊大人春融病减，勿药有喜，惟念切。子年寄来新刊《续泉汇》三卷读过附上。"(《簠斋尺牍》)

时，陈介祺校订批注《续泉汇》毕。

八月，鲍康又序《续泉汇》。

八月二十三日，李伟卿将应山东乡试，陈介祺致函预祝吉旋："刻想闱作清新，湖山之胜、金石之华俱入笔端。""新得四布拓寄数纸。乞堂上阅过分致子年、何伯瑜之弟。"又嘱伟卿："尊藏集扇闻将及千，不审可借一观否？并尊大人前乞代问安。"(陈介祺《簠斋尺牍》)

八月，鲍康、李佐贤编撰之《续泉汇》，由李氏"石泉书屋"刊刻行世。

十月，吴云致函陈介祺："竹朋兄所著《续泉汇》如已刷印，乞转索一部。兹先以拙著《彝器图释》四册奉寄，望致竹翁鉴正。"(吴云《两罍轩尺牍》卷九)

是年仲冬，陈介祺得知佐贤精神少逊。令孙媳回利津省亲侍奉祖父。

十月初六日，孙女自利津归潍县家，代呈叔父(伟卿)九月晦书。

十月初七日，陈介祺致函李伟卿，问候老亲家佐贤。记：

"冬来气寒，自不宜多至外间。晴窗虽宜，而玻璃能透风与寒气，以薄漂布画花卉隔之更妥。《续泉汇》版寄东再印邪？抑各印合之邪？装版必厚版箱，字纸厚衬，乃不损耳，不可不慎……尊大人书双卷，谨即附数语于子年跋后，代呈堂上阅过，并寄令兄（枚卿）亲家一看。"

十一月中旬，陈介祺致函鲍康："《续泉汇》成，而竹朋已口不能读矣。"又十二月四日函："竹朋兄又能言，当可读矣。"

十二月初五日，陈介祺复李伟卿函："特此遣力上问起居，即希赐复，以慰系念。"附上自制酥糖二匣、蒸食一茅囤，又南海西施蛤四十枚、鲍鱼八枚。

冬，鲍康患舌强之症，言语蹇涩，饮啖艰苦，然起居撰述犹如常，尝手书遗嘱以告家人。

是年，《吾庐笔谈》付梓。两册，八卷。集杂论、随笔、楹联、巧对、灯谜、传闻轶事、续泉说、诗话等。有如长思亭《移居》诗和无名氏兴集题壁诗。

长思亭（1790～?），名喆，字守愚，号思亭、菊圃，汉军正白旗人，与李佐贤同为道光十五年（1835）乙未科进士。官肥城县令，嗜古工诗，七律有晚唐风格。

移　居

小桥东畔柳攲斜，市远人稀静不哗。
异地久居忘是客，前生安见此非家？
池中绿水招鸥鹭，屋后青山隐鹊华。

卜得晚年安乐国，敢将幽兴向人夸。

题壁诗。佐贤弱冠后，常往来于天津道中，宿店题壁诗罕有佳作。惟兴集店中有四律一首颇工，署款“蓬山静”，不知为谁，当是孝廉下第出京者。深为同情，特录其诗待访。诗云：

长安半载漫勾留，故里溪山感钓游。
一路泥涂成小厄，连宵风雨搅闲愁。
同谁笔墨联吟社，安得鹔鹴[105]付酒楼？
早趁寒潮争觅渡，烟波千叠片帆浮。

回首平林落日斜，五云深处是京华。
梁鸿寄庑羞为客，王粲登楼最忆家。
远志空怀关外柳，风情休问陌头花。
谁怜范叔寒如此，千里依人计已差。

杏林无分宴春明，桃李新阴也满城。
但得鲤庭添喜色，敢将鸡肋薄微名。
无才敢说文章贵？退想能教意气平。
何日一官伸禄养，潘舆亲带笑颜迎。

西风飒飒怯衣单，旅况萧条行路难。

千里乡关因梦到，半窗灯火对更残。
荒村白板[106]蜗居窄，野水苍葭雁影寒。
百计不如归去好，再休铗铗向人弹[107]。

光绪二年丙子(1876)　　70岁

是年，辑藏印成《得壶山房印寄》十二册。“内多绥远一带出土汉印，精整如新发于铏，致可爱玩。”（王献唐《五镫精舍印话》）

二月初，吴云致函鲍康：“尊刻《续泉汇》四册已由郑盦侍郎寄到，翻读再过，具见搜罗愈广，鉴别愈精，此正续二书一出，世传前贤各种泉志、泉谱皆废矣，洵必传之作也！中间蒙采及敝藏数种附垂不朽，幸甚！幸甚！竹朋兄曾接其去年夏秋两书，据云用按摩之功，所患稍稍见效。大抵老年气血皆亏，见症如此……”

又“《续泉汇》郑盦交汪柳门司业转寄，业已领到，敬谢！敬谢！……竹朋兄此病颇不易见效，海内金石之交正如天上晨星落落可数，能无互为爱重，共保岁寒……”（吴云《两罍轩尺牍》卷三）

二月二十八日，陈介祺复函李伟卿，书三纸。云：“去岁两得手书，以岁事将近，属令兄书勋代详。昨书勋又奉惠函，欣闻尊大人新春康健，并贶新刻联拓，慰谢！慰谢！”

二月，贻良京察一等记名，皇帝召见，截取知府用。约是年被委任监察太庙工程事，精打细算，事事得体。

三月,吴云致函李佐贤云:“带上拙辑《焦山志》一部八册,伏求鉴定。”

五月,吴云又致函李佐贤问候:“步履如何?手指已屈申如意否?”尤言:“簠斋老而愈健,去夏得女,今春得男……(兄)承索两罍拓本,兹特精拓一分奉寄。”“吴中旧雨无一存者。湘舟去世……簠斋外,惟我二人,而又年老多病,远隔数千里,此生未必有相见之期,只有凭管城君互通尺素,以当晤觌。”(吴云《两罍轩尺牍》卷三)

闰五月二十四日,李佐贤病逝,亲朋故旧痛悼。

闰五月二十七日,专使去潍县陈介祺府上讣告。

闰五月二十八日,陈介祺致函李伟卿,表达悲骇之情。记:“使还,先此奉唁,容再专力前来。”“惟乞节哀以礼。未能握手一哭,无任怅叹,临楮悲感,不尽欲言。”鲍康作诗痛悼。吴云致函鲍康,怆感不已:“(与)竹朋兄相识在三十年前,遭时多故,音书久绝,近数年始得频通尺素,不意渠病竟不起,遽作古人。幸生平著述已及身刊播,后起又复有人,文人结局至此,福寿俱已无憾。惟海内金石旧交落落止此数人……读寄示挽词,情谊肫挚,可泣可歌,益令人怆感无已也。”

李佐贤葬于利津城西南五里纪家庙庄北凤凰嘴。

注释:

[1]布政使司:官署名。即承宣布政使司。明清设于各省之地方政府机构。掌一省之政令及财赋之事。下设经历、

都事、照磨、理问及典史、攒典等官。明、清之盐运使司、土官宣慰司、宣抚司以及清某些州等均设有。其品秩分别为正五品至从七品。

[2]北闱：即明清在京师（今北京）顺天府所举行的乡试。闱，考场的意思。

[3]史馆：官署名。唐太宗贞观三年（629）始置，掌修国史。明朝凡修史时临时设置，修毕即罢，亦有未修成即罢者。清有国史馆。

[4]方伯：古代诸侯中的领袖之称，谓一方之长。明清时用作对布政使的称呼。

[5]敕：文书名。始用汉朝。明朝之敕由殿阁大学士起草，属皇帝对臣下有所训示时用敕谕，属封赠中下级官员时用敕命。清沿明制，然使用范围较广，主要有敕书和敕命两种，前者作为指明官员职责范围的训令，后者作为封赠六品以下官员和授封有袭次世爵的凭证文件。

[6]儒林郎：隋文帝开皇六年（586）始置。正九品上文散官。金置以授从七品下文官。元改文官从六品，敕授。明朝为文官从六品，敕授。清朝为文官从六品，封赠。

[7]诰封：明清对官员及其先代和妻室授予封典的制度。五品官以上用皇帝的诰命授予，称为“诰封”。五品官以下用敕命授予，称为“敕封”。一般都在有庆典时颁行。

[8]奉直大夫：官名。宋朝始置。金从六品，元改文官从五品，宣授。明朝为文官从五品，升授。清朝为文官从五品，

封赠。

[9]编修:官名。宋代凡修史、实录、会要等均随时置编修官,枢密院亦有编修官,均负责编纂记述。明清之翰林院编修,以一甲二、三名进士及庶吉士留馆者充任,无定员,亦无实际职务。

[10]尚书:官名。始置于战国时期,或称"掌书","尚"即执掌之意。秦为少府属官,汉武帝提高皇权,因尚书在皇帝左右办事,掌管文书奏章,地位逐渐重要。汉武帝时设尚书五人,开始分曹办事。东汉时正式成为协助皇帝处理政务的官员,从此三公权力大为削弱。魏晋以后,尚书事务益繁。隋代始设六部,唐代更确定六部为吏、户、礼、兵、刑、工。从隋唐开始,中央首要机关分为三省,尚书省即为其中之一,职权益重。宋以后,三省分立之制渐成空名,行政全归尚书省。元代存中书省之名,而以尚书省各官隶属其中。明初犹沿此制,其后废去中书省,径以六部尚书分掌政务,六部尚书遂等于国务大臣。清代相沿不改。

[11]圜钱:钱币名。《汉书·食货志下》:"太公为周立九府圜法,黄金方寸,而重一斤。""圜"通"圆"。

[12]服阕:旧制。父母死后守丧三年,期满除服,称为"服阕"。阕,终了的意思。

[13]会试:明、清科举考试制度之一。明洪武四年(1371)首次举行,十七年(1384)颁为定制。清朝因之。每三年一次,在京师举行全国性考试。因试期多在春季三月,故又

称“春闱”。又因由礼部主持考试,也称“礼闱”。每逢辰、戌、丑、未年为正科。若乡试有恩科,则次年亦举行会试恩科。考试分场,第一场《四书》题文三篇,五言八韵排律诗一首;第二场经题文五篇;第三场策五道。考中的称“贡士”,第一名称“会元”,皆参加殿试。

[14]会元:科举制度会试是聚集各省举人到京会考之名,故通称会试第一名为“会元”。会试以后,还有一次殿试,殿试第一名为“状元”。

[15]洗马:官名。汉朝诸侯王国属官。明朝为詹事府司经局长官,从五品,掌收贮经史,刊辑图书,立正本、副本、贮本,以备进览。后不掌本职,仅为翰林官迁转之阶。清顺治九年(1652)沿置,顺治十五年(1658)罢,康熙十四年(1675)复置。掌经籍、典制、图书刊刻、收藏之事,从五品。

[16]督学:提督学政的简称。明朝各省按察司佐官按察副使、佥事的分道之职,监理一省学校教育及各种文化学术之事,清沿置。

[17]工部:官署名。西晋以后置田曹掌屯田,又有起部掌工程,水部掌航政及水利。隋唐因北周工部旧名总设工部,为六部之一,掌管各项工程、工匠、屯田、水利、交通等政令,长官为工部尚书。历代相沿不改。清末改为农工商部。

[18]上书房:又作“尚书房”。清朝教习皇子、皇孙读书处。例选翰林官分侍讲读,教习国史、圣训、经籍、诗词及满汉文字等。择大臣二三人充总师傅,综领督学。

[19]实录馆:明、清例开之修书馆。自唐朝始,每一皇帝死后,新皇帝例敕使臣为其纂修实录。明制,帝崩即设馆修实录,视为大典。清朝新君嗣位,均开馆纂修前朝实录,修成闭馆。隶内阁,故有“内阁实录馆”之称。凡修实录,内阁大学士、协办大学士充监修总裁官、总裁官,学士、翰林院掌院学士兼充副总裁官。

[20]太子太傅:官名。《尚书·周官》孔安国注云:“傅,傅相天子。”太傅多称“上公”。清则以太傅、太师、太保等作为赠官、加衔之用,非实职。

[21]刑部:官署名。汉代置二千石曹掌刑狱,三公曹掌决案。魏晋以后有都官、比部各曹。隋初设都官尚书,统都官、刑部、比部、司门各侍郎,后改都官尚书为刑部尚书,刑部遂为六部之一,掌管国家法律、刑狱事务,长官为刑部尚书。历代相沿不改。惟唐天宝中一度改称“宪部”,旋复旧称,清末改为法部。

[22]礼部:官署名。北周始设。隋唐为六部之一,包括魏晋以来客曹及祠部等机构之职掌,分礼部、祠部、主客、膳部四曹,掌礼仪、祭享、贡举等职,长官为礼部尚书。历代相沿,至清末始废。

[23]协办大学士:官名。清朝内阁之官。乾隆四年(1739)始设。时非额设,仅于大学士奉差在外或内廷行走时才临时另简大臣协理阁务。十三年(1748)定为满、汉各一人,秩从一品。由尚书、总督内特简补授。

[24]太师:官名。西周始置。为辅佐君王的重要大臣。辽、金、元皆作为加官,赠官之最高阶,正一品。辽、金号“三师”,元号“三公”。明、清因之,皆正一品。明初为皇帝辅弼大臣,其职至重。后渐为虚衔,作为勋戚大臣的加官、赠官,无职掌,无定员,无专授。因其居位三首,历代作为加官、赠官的最高荣典,所施极隆,大臣多不敢居其位,即身后获赠者亦极少,清朝亦然。

[25]大学士:官名。明太祖废丞相,置大学士,充当皇帝顾问。明中叶以大学士为内阁长官,成为实际上的宰相,品级则因兼尚书、侍郎等官而加至一品。清初在内三院(国史院、秘书院、弘文院)各设大学士一人。顺治中改为内阁,以大学士为主官。康熙初为正二品,雍正时又改为正一品。授大学士作为荣典,习称“拜相”。乾隆时定大学士为满、汉各二人,以三殿(保和殿、文华殿、武英殿)、三阁(文渊阁、体仁阁、东阁)为定制。

[26]谥:谥法。古代帝王、大臣死后,依照其生平事迹“褒善贬恶”,评定一个称号,叫“谥法”。帝王之谥由礼部议上,臣下之谥由朝赐予。

[27]劾:古代检举揭发官吏的违法或失职行为,予以弹劾。

[28]戌所:守边的收留接待机构。

[29]都统:官名。军事统帅。都统之名始于东晋。清朝八旗组织中各旗的最高长官。后各省驻防八旗设将军或都统

为长官，一般将军与都统不并置，凡设将军处，其下置副都统。设都统者有察哈尔都统（驻张家口）、热河都统（驻承德）、乌鲁木齐都统（驻乌鲁木齐）等，除掌驻防旗营等军政事务外，并兼领地民政事务，为驻防地区的最高军事行政长官。都统英侯为边防驻军头目。

[30]台务：清代设有台站，台为平时传递公文书及军犯停宿的站点，战时为兵差转运站（包括粮食储运）。

[31]乡试：明清两代每三年一次在省城（包括京师）举行的考试。凡本省生员与监生、荫生、贡生，经科考合格者，均可应试。清朝规定，每逢子、午、卯、酉年举行，遇庆典加科为恩科。考试在八月，分三场，考中的称“举人”，第一名称“解元”。

[32]御史：官名。秦以前本为史官。汉御史因职务不同，有侍御史、符玺御史、治书御史、监军御史等。东汉有侍御史，掌纠察；治书御史，察疑狱。魏晋南北朝时有督军粮御史、禁防御史、监察御史等，都随事立名。唐代有侍御史、殿中侍御史和监察御史三种。至明、清，仅存监察御史，分道行使纠察。明代并有分任出巡者，如巡按御史、巡漕御史等。

[33]春闱：明清会试的别称，因在春季举行，故名。

[34]窀穸：墓穴。

[35]制艺：经义的别称。因是制举应试文章，故称“制艺”，也叫“制义”，即八股文。

[36]拟墨：效仿作文。

[37]荐卷:科举制度。凡乡会试,皆同考官将本房优秀试卷荐与总裁主考,称"荐卷"。经荐卷之考生,称为"出房"。

[38]总裁主考:明、清直省乡试主考的通称。清朝会试主考之别称。

[39]殿试:科举制度中皇帝对会试取录的贡士在殿廷上亲加策问的考试,也叫"廷试"。初在三月,乾隆时改四月。以朝臣进士出身者为读卷官,拟定名次呈皇帝核定。录取者分三甲。一甲限三名,赐进士及第,第一名称"状元",授编修;二、三名通称"榜眼"、"探花",授编修。二甲均赐进士出身,第一名称"传胪"。三甲赐同进士出身。二、三甲进士分授庶吉士、主事直到知县等官。

[40]翰林院:翰林院在明、清时为"储才"之地。清制,殿试朝考后,选取一部分新进士授翰林院庶吉士,称为"点翰林"。庶吉士学习三年后,考试散馆,优者留翰林院为编修、检讨,其余改授给事中、御史、主事、中书、推官、知县、教职。留馆者升迁与他官不同。清代大臣多从此出身。

[41]乙未会墨:道光十五年乙未(1835)会试墨(答)卷。

[42]侍郎:本为宫廷的近侍。东汉以后,尚书的属官,初任称"郎中",满一年称"尚书郎",三年称"侍郎"。自隋、唐以后,中书、门下二省及尚书省所属各部均以侍郎为长官之副职,官位渐高。至明、清,递升至正二品,与尚书同为各部的堂官。

[43]少詹事:明、清皆置詹事府,设詹事,为三品、四品

官。其下有左、右春坊及司经局等,事实上只用备翰林官的升迁,并无实职。清末废。

[44]布政使:系督抚之一,专掌一省之政令与财赋、地方官考绩等事。每省一人,唯江苏设二人。从二品。清代布政使又称"藩司"或"方伯"。

[45]学政:学官名,全称"提督学政",亦称"督学使者",俗称"学台"。清中叶以后,派往各省,按期至所属各府、厅考试童生及生员;均由侍郎、京堂、翰林、科道及部属等官由进士出身者简派,三年一任。不问本人官阶大小,在学政期间皆按钦差待遇,与督抚平行。

[46]内阁学士:官名。清朝内阁之属官。俗称"阁学"。秩从二品。掌敷奏本章。

[47]博学弟子员:本为汉代博士教授的学生。明、清用作生员的名称。

[48]拔贡:科举制度中贡入国子监的生员之一种。清制,初定六年一次,乾隆(1736~1795)中改为十二年一次,每府学二名,州学、县学各一名,由各省学政从生员中考选,保送入京,作为拔贡,经过朝考合格,可充任京官、知县或教职。

[49]国子监:封建王朝的教育管理机构和最高学府。汉有太学,晋立国子学,北齐称为"国子寺",隋炀帝改"国子监"。唐、宋、元、明、清均设国子监。明自景泰以后,以国用不足,许生员纳粟入监。清光绪三十一年(1905)设学部,国子监遂废。

［50］按察使：主管一省之刑法，别称“臬司”，尊称“臬台”、“外台”。清承明制，每省设一人，与布政使同为督抚大员之下属。掌一省刑名按劾之事，正三品。

［51］巡抚：官名。古代偶有派员至各地巡抚之举，但非专设之官。明置巡抚，当以洪武二十四年（1391）敕遣皇太子巡抚陕西为始。宣德（1426～1435）时乃于关中、江南等处专设巡抚，以后遂与总督同为地方最高长官。清代正式以巡抚为省级地方政府的长官，总监一省的军事、吏治、刑狱等，地位略次于总督，仍属平行，别称“抚台”、“抚军”。又以例兼都察院右副都御史或右佥都御史衔，也叫“抚院”。

［52］五经博士：博士原为学官名，源于战国。秦及汉初，博士的职务主要是掌管图书，通古今以备顾问。汉武帝设五经博士，教授弟子，从此博士成为专门传授儒家经学的学官。汉初，《易》、《书》、《诗》、《礼》、《春秋》每经只有一家，每经置一博士，各以家法教授，故称“五经博士”。

［53］国史馆：清朝纂修国史之机构，隶属翰林院，设总裁、总纂、纂修、协修等人员。

［54］文闱监试道：清制，顺天乡试以御史充任，各省乡试初以按察使充任，雍正（1723～1735）间改用道员。

［55］主事：清制。进士分部，须先补主事，递升员外郎、郎中。官阶为正六品。

［56］祭酒：学官名。汉代有博士祭酒，为五经博士之首。西晋改设国子祭酒，隋、唐以后称“国子监祭酒”，为国子监的

主管官。清沿制。光绪三十一年(1905)废国子监,设学部,改国子监祭酒为学部尚书。

[57]京察:明清两代,对京官吏定期进行考绩。明代自弘治以后每六年即逢巳、亥年进行一次京察。四品以上由本人自陈,由皇帝裁定;五品以下具册奏请。清代吏部设考功清吏司,对文武官员三年考绩一次,在京的称"京察",在外的称"大计"。京察三品以上,由所在部开列事实,具奏裁定,四品、五品特简王、大臣验看;余官由长官考察。

[58]司铎:相传古代颁布新令,必备木铎以警案。故后来称主持教化者为"司铎"。后世称教官为"司铎"。

[59]临汀郡:唐天宝年间汀州曾名"临汀"。

[60]蔡帖:谓蔡襄之书法。蔡襄(1012~1067),宋仙游人,字君谟。天圣八年(1030)进士。累官至端明殿学士。工书法,小楷、草书为笔甚劲,浑厚端庄,人称当时第一。

[61]吏部:官署名。东汉时将尚书常侍曹改为吏曹,又改为选部,魏晋以后称"吏部"。隋、唐列为六部之首,掌全国官吏的任免、考核、升降、调动等事务,长官为吏部尚书。历代相沿不改。清末并其职掌于内阁。

[62]盐茶道:官名。清朝道员之一。专司盐务与茶法。雍正五年(1727)置四川驿盐道一人,停粮道兼理之责。乾隆二十五年(1760)专司盐茶,设一人,正四品。宣统二年(1910)裁。

[63]道员:明清地方各道主官统称。亦称"道台"、"观

察”。明制，布政、按察二司因辖区广大，由布政使之佐官左、右参政、参议分理各道钱谷，称为“分守道”；由按察使之佐官副使、佥事分理各道刑名，称为“分巡道”。此即道员称谓之始。清乾隆（1736～1795）时裁参政、参议、副使、佥事等职衔，专设分守道、分巡道，多兼兵备衔，管辖府、州，成为省以下、府以上之最高行长官。此外又设督粮、盐法等道，光绪中又设巡警、劝业二道，各司其职。

[64]毛公鼎：西周宣王时青铜器，作器者为毛公厝，又名“厝鼎”。清道光末年在陕西岐山县出土，完好无损。铭文三十二行，连重文四百九十七字，为传世青铜器最长的铭文。

[65]词馆：又称“词林”、“词苑”，是翰林院通称。

[66]邸抄：即邸报。汉代的郡国和唐代的藩镇都在京师设邸（官员办公或居住处所），于邸中传抄诏令奏章等，以报于诸藩，故称“邸报”。后世因朝廷官报为“邸抄”。

[67]清江浦：即今江苏省清江市，为水陆交通要道，清时为河道总督驻地。

[68]定谳：定案。谳，议罪。

[69]失察：疏于检查督察。清制，属吏有罪，上官未及发觉者例得失察处分。

[70]支郡：犹言边郡。《汉书·晁错传》：“请诸侯之罪过，削其支郡。”颜师古注云：“支郡，在国之四边者也。”

[71]勋荩：意谓功勋极高。荩，忠诚。《尔雅·释诂》云：“荩，进也。”《诗经·大雅·文王》云：“王之荩臣。”朱熹注

曰:“荩,进也,言其忠爱之笃,进进无已也。”

[72]教习:学官名。明代掌管翰林院庶吉士的官员称“教习”。清代沿用此制,在翰林院设庶常馆,由教习训课庶吉士。官学中亦设教习,如景山官学教习等。清末兴办学堂,其教师也沿称“教习”。

[73]地殊孔道:谓路途通畅。殊,很、极;孔道,宽广的大路。

[74]丙舍:墓地停灵柩的房屋,或指墓地。

[75]军机大臣:官名。清朝军机处之长官。俗称“大军机”,又称“枢臣”。咸丰(1851~1861)、同治(1862~1874)以后则屡以亲王入值,任领班军机大臣。负责日常侍直内廷,备顾问,赞理政务。具体职责为每日晋见皇帝,协助处理奏折,参议大政,并承皇帝旨意撰拟谕旨(乾隆中期以后实际由军机章京代拟),还负责审拟交办的重大案件,稽查各部院衙门汇奏事件,以及奏补重要官缺等事。

[76]中书:官名。清沿明制,于内阁置中书若干人。掌撰拟、记载、翻译、缮写。或由举人考授,或由特赐。若进士经朝考后以内阁中书任用者,并可充乡试主考官。官阶为从七品。

[77]督粮道:官名。明、清漕运总督之属官。掌监察兑粮、督押运船等项漕务,秩正四品。

[78]检讨:官名。掌修国史,唐、宋均曾设置,位次编修。明、清一般以三甲进士之留院者为翰林院检讨。

[79]员外郎:官名。员外,原指设于正额以外之郎官。员外郎指员外散骑侍郎(皇帝近侍官之一)。隋开皇(581～600)时,于尚书省各司置员外郎一人,为各司之次官。唐各部都设员外郎,位郎中之次。

[80]盘山:位于北京市东90公里,风景秀美,山势巍峨,被誉为"京东第一山"。

[81]候补道:职官称谓。候补,清朝吏部之铨选制度,乃任用官员办法之一。凡未补授实缺之官员,在吏部候选。经吏部呈请分发名单,每月掣签一次,分发某部或某省听候委用。道,指道员。

[82]荥泽:古泽名。故址在今河南省荥阳市境。

[83]教官:学官通称。宋、元、明、清之府、州、县学教授、学正、教谕、训导等,通称"教官"。

[84]团练:官名。唐朝设有团练使,掌本地区防务。清朝在战事应急时,委任团练于省、府在正规军以外选取壮丁,加以军事训练,作为地方武装。

[85]茂才:即秀才。是汉代的一种察举常科,东汉时因避光武帝刘秀之讳而改称"茂才"。唐初置秀才科,后渐废去。仅作为对一般读书人的泛称。后即专用以称府学、州学、县学的生员。

[86]葭莩:芦苇中的薄膜。喻关系疏远淡薄。后泛指戚属为葭莩。此谓"君子之交"。

[87]膴:祭祀用的大块的肉。喻高官厚禄。

[88]三年句:意谓在济教授生徒研究学问的日子已渐渐成为历史。老学:老而学,有自谦意。铅椠:铅,铅粉笔;椠,备书写的木板。皆古人纪录文字之工具。也指著作和校勘。

[89]五叟句:意谓非常留恋聚首大明湖畔恬淡闲适的生活。五叟,指作者本人(何绍基)、李佐贤、杜筠巢、郑小山、钱香士。轴薖,又作"薖轴"。轴,《诗经·卫风·考槃》:"硕人之轴。"《毛传》:"轴,进也。"薖,草名,又有宽大意,引申指心情宽舒。

[90]敻:广、远。

[91]太守:官名。本为战国时郡守的尊称。汉景帝时,改郡守为太守,为一郡的最高行政长官。历代沿置不改。南北朝时设州渐多,郡的辖境日益缩小,州、郡区别无多,至隋初遂废州存郡,而州刺史即代郡守之任。惟隋炀帝及唐玄宗时均曾又改州为郡,郡置太守。旋仍复旧。此后太守已非正式官名,习惯上仅用于刺史或知府的别称,明、清专以称知府。

[92]孝廉:俗称举人为"孝廉"。

[93]桑梓:古人常在住宅周围栽种桑树和梓树,后又来指代家乡。

[94]賹:同"镒"。量词。古代重量单位,合二十两或二十四两。清秦宝瓒《遗箧录》:"'益'加'贝'为'賹',予意当转释为'镒'。'镒'从金而此从贝者,以上古通用之货皆贝,故'赏'、'赐'、'赉'、'赠'、'货'、'贿'、'财'、'赋'等字无不从。此为记数之字,固宜从贝也。"

[95]信宿:连宿两夜。《诗经·豳风·九罭》:“公归不复,于女信宿。”

[96]墼:土坯。

[97]泐:铭刻。

[98]哲嗣:旧称人之子为“哲嗣”。

[99]评骘:排定,谓评定名次。

[100]《襄阳书史》:宋米芾撰。二卷。上卷记晋唐人墨迹,下卷记唐人墨迹及摹本刻石,兼及纸本、装褙、印章、跋尾等。米芾(1051~1107),太原人,后迁徙襄阳,书、诗、画皆名家。书中所论各件多为米芾亲见。

[101]《华亭画禅》:指明董其昌撰《画禅室随笔》。四卷。卷一包括论用笔、评法书、跋自书、评旧帖各节,卷二包括画诀、画源、题自画、评旧画各节,卷三、卷四为作者记事、评诗文等杂言随笔。董其昌,明松江华亭(今上海市)人,著名书画家(详见《李佐贤生平述略》“退居林下,潜心治学”注[6])。

[102]顺天府尹事:官名。明清顺天府之主官。掌府事。明永乐十年(1412)设一人,正三品。清顺治元年(1644)沿设一人,品秩、职掌一如明旧。

[103]手民:古时仅指木工,后指雕版排字工人。

[104]刺史:官名。西汉武帝时,分全国为十三部(州),部置刺史,以六条察问郡县,本为监察官性质,其官阶低于郡守。成帝时,改刺史为州牧。哀帝初,又改归旧制,不久复称

为“州牧”。东汉初又称“刺史”。灵帝时，为镇压农民起义，再改刺史为州牧，居郡守之上，掌握一州的军政大权。自三国至南北朝各州亦多置刺史，一般由都督兼任，并加将军之号，权力很大。其不加将军的称为“单车刺史”。隋初撤郡，只设州、县两级，州的长官，除雍州称“牧”外，余均称“刺史”。此后州刺史实际上等于从前的郡太守，职权渐轻。宋制以朝臣充知州，邑仍有刺史一官，仅属虚衔，并不赴任；习惯上又与太守均作知州的别称，实际上与前代的刺史不同。明、清为五品官阶。

[105]鹔鹴：雁的一种，其羽可制为裘。《西京杂记》卷二：“司马相如初与卓文君还成都，居贫愁懑，以所着鹔鹴裘就市人阳昌贳酒，与文君为欢。”又曲调名。宋燕乐小曲有《鹔鹴裘》。

[106]白板：自汉以来官皆有印。授官以板书，而无印章，称为“白板”。意谓无官职。

[107]再休句：意谓依然不希求于人。铗，剑把。战国时齐相孟尝君的食客冯谖因不受重用，弹着剑把唱道：“长铗归来乎，食无鱼！”事见《战国策·齐策四》。

第四章　李佐贤文选

一、序跋、题记

《古泉汇》自序

今天下有一无所好之人也哉？信而好古者圣人也，敏而好学者贤人也，下此则名利之好，食色之好，常人也。乃世人动曰“无好”，岂无好乎！抑不能好圣贤之好，而好常人之好，其好有不可告人者乎？余不然，不特有好，且多所好。童年好音律，好围棋，好花木，以及印章砚石，纷然杂陈，所好且骛广而荒，而不能自禁也。弱冠后复有金石书画之好，而金石中尤以古泉为专好。以家贫不能致钟鼎，此轻微者或易致也。初居里门，囿于偏隅，见闻未广，继游历下，之任城，往来齐、鲁、邹、滕间，随地访求，渐有增益。通籍后，供职都门，所见日富，仍苦好之而无力，然遇赏心动目者，每不惜重直购之，虽辍衣

李佐贤《古泉汇》自序手迹

减食弗恤也。而海内同好者，如刘子敬、吴我鸥、戴醇士三前辈，吕尧仙中丞、李古农司马、顾湘舟参军，及吾乡之刘燕庭方伯，吴子苾、陈寿卿两同年，皆得订交。诸君子亦互有投赠，于是乎积而多矣，且诸家异泉俱经借拓，裒然成帙，纸墨之富，尤足偿所好焉。每当窗明几净，展转摩挲，觉古香古色流溢几砚间，引人入胜，视寻常嗜好弥醰醰其有味也。迨出守临汀，僻处山隅，孤陋寡闻，向所好者庋阁数年，几澹而忘之。今春重入春明，曩时良朋或归道山，或返故里，即欲续古欢订旧好，不获重晤一人。抚今追昔，又不禁感慨系之矣。而幸遇鲍子年中翰。子年亦与予同好者也。出所藏弆，相与质证。往往见所未见，新知创解，亦或闻所未闻，且助余搜罗，间有新得，而夙好复怦怦欲动焉。子年曰："吾两人之用力勤矣，子闲居多暇，盍汇为一编乎？"余曰："唯因念泉谱著录，隋《经籍志》、唐宋《艺文志》、郑氏《通志》、马氏《通考》、王氏《玉海》皆收之，而顾烜、张台、陶岳、李孝美、董逌诸谱录，仅存其名，今世所传者，惟宋洪遵《泉志》一书为最古，又往往为人所訾，明代邱浚、胡我琨、徐象梅诸家之谱亦不概见，我朝著录者所见甚夥，各抒臆见，俱成一家言，

然精严者或失之简略，赅博者或失之繁芜，未免不备不醇之憾。况幸际昌期，地不爱宝，近时出土刀布多前古所未有者，而圜钱亦愈出愈奇，使非续为著录，听其散佚，岂不重可惜哉。”因取历年拓本，参考诸谱，逐加诠释，共为六十四卷，或有诮余者曰：“以有用之精神坐消于阿堵中，子之好不亦痴乎？”余曰：“否！夫泉之为物，虽薄而用可重也。问世有一物而兼历代之文字者乎？”曰：“无有也。”“问世有一物而关历朝之制作者乎？”曰：“无有也。”“刀布之古文奇字，多六书、《说文》所未备，汉唐以后之泉，则篆隶真行一代之书法俱在，是文字变化之无穷，更胜于碑版也。范金合土，历朝之制度见焉；利用厚生，历朝之利弊见焉。况标新领异之泉尤多旧史《食货志》所未载者，论古者按图考稽，亦可补志乘之缺，而止其伪，是制作沿革之所关，尤重于鼎彝也。则余是编窃附于不贤识小之列，而即小见大，固不仅快一人之嗜好，亦不仅供同人之玩好已也。虽不能好圣贤之好，较诸所好不可告人者，不有差胜一筹者乎！”遂付剞劂以公诸当时之同好，并贻天下后世之同好者。国史馆旧史李佐贤自序。

《古泉汇》自跋

是编起于咸丰九年，成于同治三年，六阅寒暑，始获竣事。计元、亨、贞集各十三卷，利集十八卷，益以首集四卷，共得易卦之数。虽不敢云攟摭无遗，然古谱异泉今世不存者固多阙如。至当代藏泉家珍奇之品摹拓殆遍，纵有遗，亦寥寥无几矣。余之编斯谱也，蓄志已十余载矣。初以宦辙分驰，弗遑从事，归田后，又迟之数年，始得以钓游暇日。考古成书，盖夙愿之偿，若斯之难也，斯固抚衷差堪自慰者也。虽然半生来读书稽古，上之不能立德立功声施后世，次之不能著书立说羽翼经传，徒以此阿堵中物消磨岁月。纵有一知半解可以信今而传后，究何关于治术？又何裨于学术乎？是又自省焉，而不禁感慨系之者矣。同治三年春竹朋又志。

《续泉汇》跋

同治甲子[1]，予有《古泉汇》之刻，收泉五千有奇，窃以为无可增矣。庚午秋[2]，访陈寿卿京卿于潍阳[3]，得观所藏泉范，自周秦至六朝标新领异百品有余。就中《泉汇》已收者少，而未收者多，姑叹造物之无尽藏，而畴昔之见闻犹未广也。寿卿慨然以全拓本见赠，余遂欣然有续《泉汇》之志。虽然专续贞集未足成书，乃将近年新获之泉、良朋拓赠之泉，广搜博览，又取故友刘燕庭方伯《泉苑》[4]、吕尧仙中丞拓本，选择数十品益之，共得五百余品。时鲍子年观察已赋遂初，侨寓都门，往返札商，共成此举。子年曰："续谱与前谱应出一手。"委余创稿。余竭一春之力，编为十卷，仍寄子年斟酌损益之。而书以成，过此以往，其有可复增耶？其无可复增邪？然皆以为无可增者，今日又可增，安知今以为无可增者，他日不更有可增耶。夫泉谱仅识小之一端耳而已，莫殚莫究[5]，如此推之，简册之宏富，事物之繁赜[6]，苟志博学多识者安在？可得少自足哉。旧史李佐贤跋。

注释：

[1]同治甲子：清同治三年(1864)。

[2]庚午秋：清同治九年(1870)秋。

[3]潍阳：山东潍县。潍县在潍水之北，故名。水之北为阳，山之北为阴。

[4]《泉苑》：指刘喜海《古泉苑》。

[5]莫殚莫究：谓不尽全力去探究。殚，尽。

[6]繁赜：指事物之繁杂深奥。赜，精微，深奥，玄妙。

《观古阁泉谱》序

余于古泉有嗜痂之癖。廿余年来，于海内藏泉家如戴醇士、刘子敬、吴我鸥诸前辈，刘燕庭方伯、叶东卿年丈、李古农司马、顾湘帆参军，吴子苾、吕尧仙、陈寿卿三同年皆得订交，互相投赠，而独憾未悟鲍君子年。咸丰丙辰，重入都门，故交寥落，而子年适官薇省，相见恨晚，订新知若故交焉。余向集泉谱裒然成帙，君亦有《观古阁泉谱》之集，出以相示且索序。予受而读之。其搜辑间有予所未见者，其议论多有先得于我心者，予复何能赞一辞，然默而息乎？又违各言尔志之义。无已则就吾两人之异同者言之可乎？考君之游踪多在秦中，故得秦以后之圜泉居多；余往来齐、鲁、燕、赵之间，故得三代刀币为多：此遭际彼此之异也。余拓泉共为一编，借拓者、附复者汏之；君于友人泉各为一编，多多益善：此体例繁简之异也。余之嗜泉在通籍后，年已三十矣；君则童而习之：此资格深浅之异也。君于赝品辨析毫芒，致之不遗余力；余虽喜真恶伪，然千百中或不免一二之存：则鉴别宽严之异也。然吾谓两人之用心有小异而大同者。何也？今世好古者少，况古泉属金石之一专门，名家者尤少。吾辈同癖者，世或以玩物非之，否则以见小笑之。其实钟鼎文字起于商周，泉则自虞夏以还，确有可据，是古莫古于此也。历代帝王之制作，厚生利用，因革损益，于是乎存其称名也。小其取类也，大所谓物薄而用可重也。如吾两人之研究，远补洪文安《泉志》之遗，近接初渭园《所见录》、翁宜泉《汇考》之绪，期于信今传后，俾好古者得所折衷焉，斯又不仅为识小之一助也，固两人之不同而同者也。斯言也，非笑者闻之，当必有箝口而退者，是又吾辈解嘲之论，即以为序，未识君以为然否。

续观古阁泉说

刘青园于化金合读作釿，前读《赎金释文》早即知之，而未敢从。遍观虞布、安邑布、蒲坂布、颍布、京布、晋昜布各种，多有以“化”字居中作一行，一二金居左另作一行者，乃知分

读为是，读釿者误。

道光年近畿出古布一窖，多尖足、方足两种，无上古大布，尽为松茂斋王姓所得。面文异者先经李朴园年丈光庭选去数十枚，余选得数百品。尖足背文纪数间有自一至十不缺者，悉入《泉汇》。后以告吕尧仙曰："君勿忽视此布，偶然出土，数十年后必有求之不得者。"尧仙亦以为然，又选去近二百品，而精华尽矣。又出古刀一窖，皆列国尖首刀及明字刀二种，无一齐刀，尽为李宝台所得。选其奇异者自留，以常品售人，同人所得皆其选余者也。迨咸丰初年，余就养来京，宝台方以珍藏之二百余品来质，今《泉汇》所收之小刀异品，半出其中，于是刀、布二种颇为同人所艳羡。吴子苾曰："好古之缘亦须际遇之巧，非人力所能强也。"

小布，《泉汇》未释者，寿卿或释为"桃源"，或释为"韩"字减笔，皆创解，可喜。空首布释出数品，说亦可存。小布面文有作"八七"者，释作"别匕"，则未安。列国刀布多有背纪数作")("字者，与此尽同，何独于此而疑之？

空首齐布上作"厽"字，与齐刀同，下作"巛金匕"，三字平列，若移"巛"补上作"济"，似未免断鹤续凫之诮，不如旧说为长。古布惟圆足者最少，道光甲辰，余典试西江南昌府，倪太守良耀，皖省人，出其先世所留泉谱一帙，皆拓本，似非赝品，内有圆足布十余品，为今世所未见者。询之太守，不能言其源委。余以未经目睹，不敢滥入《泉汇》，然念地不爱宝，异日必有多出圆足，一若近时之方、尖各布者，特不知须待何时耳。

空首布，字简而精，戴文节公疑为商制，今观周宋列国各邑名可知，仍是周布，至其形制单薄，若作田器，必不适用，不得引庤，乃钱镈之语而附会之也。

空首布之大者，长可五寸，仅一二，所见不多。闻山右泽州出土颇多，被人计斤两一并购去，检余者，多破损。余戚谊有游幕泽州者购一枚，归以贻余，尚完整，惜无字，亦入《泉汇》，其余不知归何处。惟闻近时继幼云获铲布百余品，或即泽州所出欤？

齐法化刀仍释“法”字，较胜“宝”字。背文有“万”字，寿卿疑释“万”不古，改释为“方”，然《积古斋》汉铜器有“吉利史十万”者，《泉汇》莽大泉范背有“大利千万”者，“萬”皆作“万”。西汉既有之，安知周时不已先有之乎？齐刀背文三十之说，亦未敢深信。遍观齐刀，外郭无与面背字相连者，此三画皆连外郭，与齐刀之字迥异，且果以卜世取义，亦当以卜年取义，何只见三十，不见有八百者乎？则又不可解矣。

磬折刀旧名莒刀，《泉汇》改释明刀。昔有冯晋渔起蓁，与余未谋面也，然嗜泉有同癖。曾因史云台炳符转致余曰：“莒刀面文乃泉字，象水之汇也。”时值散馆期近，未暇往拜，而晋渔已选山右刺史出都，无从把晤。明刀系泉字之说惜未闻其详也。

青园云：“当年好古诸君云云，一则乃冯晋渔故事也。”曾闻诸叶东卿年丈曰：“昔年曾燕好古之客，各携所宝斗奇，晋

渔所携则古泉佳品一串，系于襟怀，四座传观，俱啧啧羡，座中一客欲借拓，晋渔有难色，众宾嬲之，不得已而与之。燕毕将散，晋渔向客长跪请曰：‘自借泉后，心怦怦欲动，终食未能安也。’客笑而还之。”此事诚见老辈风趣，然亦可解颐。

九字齐刀所见仅二三品，《泉汇》曾收其一，颇为寿卿所訾，其论殊近理。古篆多离奇，此字谨严乏古意，与诸齐刀殊，或以三字刀磨平细细改刻者，然铁线篆极工难辨，胡石查新得者疑亦此类，故未再入谱。

宝化泉颇少，宝三（四）、宝六较多。刘燕庭并有宝六化范，陈寿卿近得宝三（四）、宝六残范，皆出东海之滨，因此致疑曰：“若属景王泉，不应尽出山左。”疑之固有理，然别无说以处之。愚谓景王患钱轻自指宝化而言，故铸大钱，自指宝三（四）、六而言，仍依旧说为是。近得一宝化，乃盐山李氏故物。宝字甚离奇，殊可宝也。

东周泉《泉汇》所收两枚，乃刘、鲍两家物。壬申秋，余偕吴仲饴重憙为劳山之游，路出东武，得东周泉。一笔画较细，东字较高，周字较下，微有参差，然非伪品，合前谱所见只此三品，寿卿固无此泉也。西周泉《泉汇》所收乃尧仙所藏，似不及东周之确，或即所谓薛刻者与！然今亦不及见矣。

十三铢即十二铢，改正甚是。共屯赤金，“屯”字改释“纯”字，减笔亦胜原释。半圜旧谱不见，《泉汇》释作半圆，圆通圜，今改释半睘为環之省亦可，但不如仍释为圜省较长。古圆钱本称圜法也。

泉备五金之说，其金者仅见莽错刀。招纳信宝虽有金、银二品，然传世无征。银政和通宝钱乃青园故物，今归余。隶书，与铜钱无异色泽，亦非赝品，亦可为银钱左证，又不独万历矿银之实而有据也。会昌开元“越”字、“益”字及元丰篆书折二各铅钱，则《泉汇》所缺，可补入。铜钱无论，铁钱不可枚举，莽泉已有铁大泉，固不仅货泉有铁冶矣。

明刀改释明化，一刀改释一化，固无不可，然必谓圜法不应以刀名，或不免胶柱鼓瑟乎。《泉说》云：“疑秦楚之际改明刀之制而为圜泉，故文尚仍之。”与鄙意恰合。

余昔假馆滕县，曾见新出土半两甚多，购得五千，此收古泉之始。中惟文、武帝半两二种，无一五铢，盖在西汉初铸时已入土者。间有三铢数枚，杂之芾皆方折，金旁作三（四）画，与五铢异。其半两小异者多，有一种最异，阔缘，半两二字，半在缘上，半在缘下，仅得二枚，以一分赠尧仙，今只存一枚矣。

莽十布六泉，除大布、大小泉外，俱不易得。余收十布向缺三品。前岁寿卿赠以次第两品，仍缺壮布。昔年李宝台以质券求售，内有壮布，质价廿金，余力不能致置之，后竟不复遇，六泉今已备。忆初得幺泉时，市贾居奇，索价八千，余踌躇未决，适尧仙至，嘱余曰：“如不愿留，不可璧还物主，望为我留之。”去后，旋遣纪持钱券如数送来，即欲持泉去。余转计曰：“尧仙与我宦况同苦，彼何慷慨，我何鄙吝邪？”遂决意留之。使非尧仙争购，留不留尚未可知，斯则良朋之助我也。惜宝台质壮布之时，无人玉成之也。

铅土杂铸之大泉五十，余得一枚，亦系阴文，似以寻常大泉印于和成之铅土而为之者，当系当时私造之物，非官制也。

五铢有仅存外边郭者，名之曰“綖环”，确当不移。仅存内孔者俗名“翦边五铢”，或即鹅眼之类，然内孔方凿之钱向所未见。余游潍县市上，遇方钱数十，遍体青绿，似新出土者，或无文，或“五”字，仅存附内郭之半，铢字仅存朱旁，此亦环凿钱一分为二者，特向所见皆以圆凿凿成，此则以方凿凿成者。方钱向惟见仙台通宝一种，得此又添一种。曾购得十余枚，分寄子年二枚，以备一格，《泉说》未及，补记于此。

汉兴泉字列上下隶体，余得一品，字在左右，篆书，乃青园故物，即《吉金录》所收者。疑是以模糊之五铢改刻，故著《泉汇》时删之。此等泉归于不知年代品，存之尚可，若以为李寿铸则未可信矣。

孝建四铢泉传世绝少。道光二十余年，毗陵出土一窖，尽为尧仙所得，其选余者分散他人。予在闽得顾湘舟寄赠十枚，过杭购得廿余枚，益以子苾所得得五十五品，仍以未见尧仙所藏为憾。癸酉春，寿卿知余有续《泉汇》之举，遂以尧仙所赠全拓本寄示，又增益二十品，此种泉叹观止矣。

唐泉以建中为最少，而元字、中字两泉又建中等泉之别品，绝无而仅有者。昔于京师出土，详载《古泉汇考》，为燕庭所得，今归寿卿，转以赠余，良友佳贶，洵足感也。

至和重宝虢字钱，子年所得者和字在右，海丰吴氏所藏和字在下，虢字均在背上，铁钱则未之见。

南宋泉背ᗜᗢ即作二三解，较胜星月之说。

至宁元宝确系崇宁所改，不足存也。

大定和银钱缘阔大，类当二钱，色白似银少铜，多搀和铸成者。余昔在济宁市上曾遇数十枚，仅选一枚，数十年来竟不复遇，方知其难得也。

藕心非泉，但自宣和谱沿误已久，《泉汇》已备言之。此元延四年王政字却非后镌。

昔年得黄小松藏泉数百品，并拓本二帙，内佳品无多，却有藕心钱一，兼有外函，形方，钱长及函之半，函长倍之，钱齿与函之空处，牝牡相乘，如锁之有匙，然不知其用如何？似汉尚方铜器，阮文达公亦莫能名之也。

泉范自朱竹垞始见著录，前此无人言及。近代出土愈多，种类繁夥，寿卿所收数侔秦关，可谓集泉范之大观。就中宝三(四)、宝六残铜范，宝六石范，齐刀两铜范皆成周古物，大半两二土范皆先秦古物，均无独而有对，已云奇矣。他如汉半两石范有兼带千秋字及龙文者，有面背同文者，有一面榆荚，一面四铢半两者，标新领异，莫可究诘。至莽范、两汉六朝范更不可枚举。然余藏泉范仅十余品，而莽壮泉范及契刀背有四足范、连珠五铢范，俱为寿卿所缺，足征求备之难。此后出土无限，安知不更有出人意表者乎！即以范论，亦可知造物之无尽藏矣。

五铢角钱范中，带无郭五铢钱二枚，足征一时所铸，其无郭五铢即旧谱所谓女钱也。可知女钱亦属汉制，特梁时尚有之耳，非梁时始铸此钱也，可以证旧说之诬。

藏泉家垂永久者鲜。翁宜泉所藏早经易主；刘青园后人振斋于海丰任内殉难，古物荡然无遗；顾湘舟之泉，吴门陷后，不知作何归宿；吕尧仙之泉，毗陵陷后，闻已散佚；杭城失守，戴文节公泉亦无下落；惟吴我鸥后人号小鸥者，闻尚好古，可喜也；吾乡初渭园所蓄早归他氏；刘燕庭旧藏今亦散出；惟吴子苾后人仲饴庾生虽于泉不尚专门，然能世其家学；王戟门、钟丽泉两家后人皆能谨守勿失，则不易得者也。

尧仙曰："过节摒挡俗务，为京宦所同苦。余每遇节，索债者纷集，无以应之，惟将古泉玩赏，便可万虑皆空。摊泉之案，即属避债之台也。"闻者大笑。

戴文节公云："收泉当积累而成，若贫儿暴富，翻觉味薄，偶得一二异泉可供二三日玩赏，若一日得泉千百，亦不过欢欣数日，数日之后，视同固有矣。何如留待零星收取转觉玩赏不尽乎？"此言殊堪深味。

《观古阁泉说》刊成寄示于余，余反覆捧读，与《泉汇》符合者十之九，间有龃龉不合者特十之一耳，固可以相辅而行，不但并行不悖也。惟其说尚有挂漏者，其轶事亦有知之不详言之不尽者。因念余昔著泉谱，荷子年一再序之而又跋之，今再续《泉汇》，又蒙君合力助成，而大著《泉说》余独不赞一词，揆之于心，有不能安者。遂即见闻所及，可补《泉说》之未备者，纵笔抒写，得续说三十余则，以当题跋，寄呈博粲，傥以为可采，祈即选录刊于《泉说》之末，俾得附骥以传，君其有以许我否乎？

附：鲍康序

李竹朋见余所刻《泉说》云："不可无一言识之。"遂作《续泉说》三十四则。陈寿卿又加评焉，夹行密书几遍，邮以寄余。余读之称快，爰手录一过，付之剞劂。李说列于前，陈说附于后。凡低一字者，悉陈说也。吴清卿、王廉生并有说釿，亦汇载之以见。考古一事，虽至交不肯为苟同，或亦论泉者之一助乎？同治癸酉十二月臆园野人识。

《宝鼎堂泉币拓真》序

戊午春，钟丽泉农部访余于京师宣武城南之人海藏庐[1]，遂出所藏泉币拓真索序。余受而读之，虽未能大备，然亦不乏佳品，洵可珍也。《礼》曰："独学无友，孤陋寡闻。"古泉为金石中之专门，而历代之制作见焉，标新领异，日出不穷，往往有前人所未覯，可补史传之阙者，尤非集思广益，不足以考疑征信。余之嗜此廿余年矣！海内同好得订交者尚不乏人。如刘子敬、吴我鸥、戴醇士三前辈，吕尧仙中丞、李古农司马，皆收藏富而决择精者；至吾乡吴子苾、陈寿卿两同年，亦各储珍品，而刘燕庭方伯更集诸家之大成。参互考证，益扩见闻，抚今追昔，不过十余年间耳。而诸君子归道山者已居其半，其存者或返故里，或宦游远方，不得复聚。重入春明，订新交者，惟鲍子年中翰，此外竟难索解人。茫茫人海，寥寥同心，枨触前尘，浑如昨梦，有不禁流连感叹者矣。钟君年甫弱冠，锐意求古，且与燕公[2]同里，意者前贤遗韵，其耳目濡染者深耶，不然何以好古者每与东武[3]为缘耶？他日讲求讨论，学与年进，所获或突过前人，正未可量。余窃幸斯道之未坠，而尤喜吾乡继起之有人也。遂濡毫而为之序。

注释：

[1]人海藏庐：咸丰八年戊午(1858)，李佐贤寓京师宣武城南“人海藏庐”。钟丽泉拜访为泉拓索序。钟丽泉，名钟淦，山东诸城人，钱币学家(详见《李佐贤年谱》咸丰八年条)。

[2]燕公：刘喜海，字燕庭，与钟丽泉同里(详见《李佐贤年谱》道光二十一年条)。

[3]东武：东武县，西汉置，治所今山东诸城。隋开皇十八年(598)改为诸城县。

《书画鉴影》自序

嗜酒者欲戒饮而往往不能戒也，好色者思禁欲而往往不能禁也，好书画者亦然。书画非布帛之可衣，菽粟之可食也。然鉴赏名迹，心领神会，虽旷日废时，有弗恤者，此中乐趣可为知者道，难为不知者言也。昔坡公有云：“人当寓意于物，不可留意于物。”诚哉见道之言。然又云：“薄富贵而厚于书，轻死生而重于画。”夫以书画而薄富贵、轻死生，果寓意乎？抑留意乎？可见寓意不留意，公亦但能言之，未能行之。况聪明才力不及公万一者乎。余之留意于斯者四十余年矣。自弱冠后即抱此癖，似有夙缘。初憾耳目之未广，又苦真赝之难分。逮供职都门，得纵览于厂肆，或假观于同人，又遇吾宗季云前辈，当时所称精鉴者也，相与质疑辨难，别伪求真，渐能窥见古人门径。此后外宦游历，所经闻见愈夥，均作云烟过眼观，未遑一一记载也。年五十就养都门，优游暇日，因念昔人论古书画，谓近代者托于形以传，远代者托于声以传。天壤之大，名迹之多，所不得见者不知凡几。然使接吾目者，详悉记录，俾后之览者得想像其形，而不仅以声传，不亦快乎？遂取历年所得及当前所寓目者，仿《江村销夏》之例而变通之。随阅随录，积久成编。诮之者以为玩物丧志，予曰不然。盖吾人事无巨细，贵有真性情焉。苟性所真好，虽阮孚之屐、嵇康之锻，世或不尽非之。况书画为人所同嗜，粗之不离乎迹象，精之可通于神明，浅之备观览之资，深之有身心之助。欧阳公云：“晚知书画真有益。”信乎其有益也真知之，焉能不笃好之也？且夫嘉肴旨酒当前，而曰吾不知其甘，必其病噎者也，否则无不知其甘也。西子、太真在列，而曰吾不知其美，必其瞽目者也，否则无不知其美也。书画之怡情，更有甚于味与色者。如非解人则已果属解人？而犹托言寓意，不以真好自居，此其人尚有真性情乎？故是编所以存古人之真迹，即以志鄙人之真好，而不辞玩物之讥也。同好者观之，或不以此言为不然。

《石泉书屋类稿》自序

佐贤年十四始学为时文。先大夫教，日为时文，而不读古文，犹循流而昧其源也。乃取两汉及唐宋八家之文授之，朝夕吟诵，似有所得，然不过赏其笔之健、气之盛，以冀有益于时文，而于古文源流仍茫然也。通籍后，或徇同人之索求，或抒一己之臆见，渐有散体记事之作，从不敢以示人，自维谫陋。不但于古之立言者相去霄壤，即当代作者亦惭无能为役，尚得谓之文乎？虽然尝侧闻宣圣之训矣，曰“辞达而已矣”，注不以富丽为工也。夫观山者不必因泰华而遂鄙一丘一壑为非山也；观水者不必因江海而遂谓涧溪沼沚为非水也；论文者岂必皆沉博绝丽惊世骇俗而后谓之文，遂薄指事类情达意而止者为不足观乎？余年今六十余矣，于文无进境，偶有记载，惟期达其意中之言，而不敢缘饰于其间。其果能达耶？抑未能达耶？亦未敢自信也。然览斯编者，即其言亦可以知其志焉。旧史李佐贤自序。

《石泉书屋制艺》自序

是编皆余十九至廿九十年中所作也。都门侨寓，长夏余闲，检旧箧得之重阅，一过恍同隔世，盖抛荒此事者已廿余年矣。回忆髫龄即习此业，初惟向机调词采求之，而理解茫然。

年十九，始悟前非，尽焚旧稿，一变而为清空白炼之作，然仍未知所宗也。弱冠从吾师范苏山姊丈游，示以题理之求真，题界之求细。恐其戾于古也，规之以先正；虑其违乎时也，范之以墨裁。如是者有年，遂成此不古不今之艺，使由此进而加密，所造当更有深焉者。惜乎通籍后专攻诗赋，此事遂废，造诣之止于是也。然且裒而辑之，灾及枣梨者何也，岂以此末技沾沾自喜耶？曰，非也，聊以志授受之渊源，且欲使览斯编者知余应试伎俩不过尔尔，业已获售，非人所难能也。所以鼓舞后学，使知所勉也。若云持以问世，则吾岂敢。咸丰戊午秋日竹朋自序。

《武定诗续钞》序

国朝山左诗钞，经卢雅雨[1]、张南崧、余秋门[2]诸先生凡三选，予田居多暇，尽取而读之。因考吾郡之作者，卢选四十余人，张选八十余人，余选仅七八人耳，慨然曰："吾郡诗教岂今不逮古与？何向之多而今之寡与？抑亦无人为之编辑，操选者无凭录取，以致遗佚者多与?"。吾郡诗钞，自惠民吾宗味初公编辑始，明代以洎国朝中叶，得诗十二卷，文献略备，诚胜举也。迄于今，又七十余年矣，而嗣响无闻。此数十年间，后学继起，未必不可追踪前人。况前钞所选，尚有人虽存而诗有遗珠者，更有诗与人并遗之者。及今网罗散失，千百中尚可有一二之存，倘再听其散佚，恐不免与风烟俱化，岂不重可惜

哉！昔雅雨先生序《山左诗钞》曰："此后死者之责也。"吾于吾郡诗钞亦曰："诚哉后死者之责也。"独是收吾郡诗存倍难者，文人片长自见，每乐表扬，斯世所同也。而吾郡士习知希我贵，往往并一生之心力，抱残编以终老，甚至传之子孙，遗命秘藏不以示人者，所在多有。夫无足观，而灾梨祸枣，妄思问世者，不自量也。有可观，而深藏若虚，惟恐人知者，亦未免情之矫矣。孔子曰："君子疾没世而名不称焉。"微论宿儒硕学不得志于时者，其人易湮，即达官显宦，焜耀一时，当时则荣，没则已焉。数百年后，且有莫举其姓氏者，惟赖有著作流传，令后世如见其人。则诗之存亡，其所关岂浅鲜哉。吾虑吾郡之著作，今犹及见者，久或无存，因即前钞以后之诗，访而录之；又即前钞所遗之诗，补其缺略而订辑之。而海邑吴仲怿孝廉及吾邑赵余田明经，复助余搜罗于各邑，诗稿有一征即至者，有屡征而后至者，亦有展转征求而仍不至者，迟之年余，集成二十卷，又益以家集四卷，共得《诗品》之数。其人则自爵位显赫以逮寂寞无闻之士，苟诗有足录为吾所及见者，未尝不录焉，非敢有所轩轾也。其诗则自关乎风教，通乎政事，或正言，或谲谏者，固有足尚，即游览赠答、吟风弄月、自适其性情者，亦并收焉，不敢拘一体格也。虽摭拾不必无遗，然裒然成帙，倘异日輶轩之使有采风于东海之滨者，以是编进之，庶吾郡之文献，不致叹无征焉。是则鄙人搜辑之志，冀告无罪于前人者夫。

注释：

［1］卢雅雨（1690～1768）：卢见曾，字抱孙，号雅雨，一号澹园，山东德州人。康熙六十年（1721）进士，历官洪雅知县、六安知州、江宁知府、颍州知州、两淮盐运使。精于《易》、《书》，善诗文。曾校刊《乾凿度》、《高氏战国策》、《渔洋山人感旧集小传》，刻有《雅雨堂丛书》、《金石三例》、《山左诗钞》等。

［2］余秋门：名正酉，道光五年（1825）举人，山东历城（今济南）人，曾官教习、知县等。辑有《国朝山左诗汇钞》，另著有《秋门诗钞》等。

《石泉书屋丛书》序

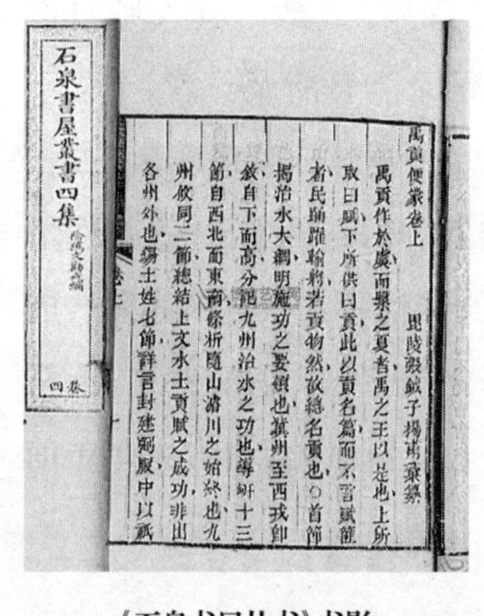

《石泉书屋丛书》书影

余家旧藏书既分六类，而零星散帙或一卷或二三卷。分门既苦其繁琐，插架又厌其参差，思欲汇为丛书以归画一。而宦游多年，解组后，复以俗缘萦绕，无暇及此，盖蓄志未逮者久矣。辛酉秋，自历下归里，值“逆氛”逼近，偃文修武，更不能从事于兹。入冬，幸获安谧，忧患余生，借此消遣。率男贻良收其散佚，分之合之，以书之高低广狭相侔者为一类，共分六集。每集各以经史子集为次，得书若干卷。是编也，蓄志于廿余年以前，成书在廿余年以后，亦非旦夕所能程功奏效者矣。吾后人其世守勿坠，或积年而续增焉，是余望也。嗟乎！天下事之散而无纪者，特患人不经理之耳，不然散乱者胡不可归于整齐也耶！则又即斯编可推也。

石泉书屋藏书记

昔人谓胸中不用古今浇灌则尘俗生其间，照镜则面目可憎，对人则语言无味。又曰，世家子弟须以数百卷书浸贯于胸中，虽悠悠忽忽，土木形骸[1]，而远神自出，读书固若是其亟也。又云，饥可当食，寒可当衣，寂寥可当好友。当食、当衣特甚言之，当友则诚不易之论也。是以柳公绰[2]藏书各分厨格，司马温公[3]置读书堂，陆务观作书巢，他若曹氏之书仓[4]、申氏之墨庄[5]，以及鄞之范氏天乙阁[6]、禾中曹氏倦圃、温陵黄氏千顷堂[7]，名闻海内。凡以读书关重，则藏书尤不可轻视也。吾家先世遗书半已分析。自先大父端恪公宦游楚省，载归八椟；先君子清毅公游滇、游粤，复购若干卷；及余身而岁有增益，于是乎积而多矣。因仿曝书亭[8]著录之例，略为变通，分为六门，曰经、曰史、曰子、曰集、曰丛，曰类，而时文、试帖、律赋及一切应试之作不与焉。率男贻良区别而整齐之。每门五六千卷、三四千卷不等，合之不下三万卷。虽未敢云坐拥百城、居然富有，而在海澨僻壤，亦几几乎称少有焉。夫自“粤匪”倡乱十余年来，盗贼蜂起，风鹤时惊，令人废书而叹，倘使余年复觏承平，得遂读书之愿，不必问其益吾心者若何，益吾身者若何，但于花晨月夕，息影蓬庐，静对一编，以当良朋晤语，则所以娱吾老者，不在斯乎？不在斯乎，此外又何求焉？异日者传之子孙，能读是书，而以经济、文章名于世者，上也；涉猎旁通，各有所得者，次也；束书不观，而犹不忍坠坏者，下也。至如杜暹[9]所谓鬻之堕之为不孝者，则非吾所敢知矣。附记之，俾后之人知所警焉。

注释：

[1]土木形骸：形体像土木一样自然，比喻人的本来面目。

[2]柳公绰(763～830)：柳公权兄。唐京兆华原(今陕西耀州)人，字宽，累官至吏部尚书，乞病后授兵部尚书。工书法，藏书甚富，分类有格。

[3]司马温公：司马光(1019～1086)，北宋名臣、史学家，字君实，陕州夏县(今属山西)涑水乡人，世称涑水先生。撰著《资治通鉴》，官至尚书左仆射兼门下侍郎，死后，追封温国公。

[4]书仓：藏书之仓库。晋王嘉《拾遗记》卷六《后汉》：“及世乱，家家焚庐，(曹)曾虑先文湮没，乃积石为仓以藏书，故谓曹氏为‘书仓’。”

[5]墨庄：藏书之室，也比喻藏书。宋刘式聚书千余卷，

称为“墨庄”,又,元申屠聚书万卷,也名为“墨庄”。

[6]天乙阁:指“天一阁”,明嘉靖时浙江鄞县范钦藏书阁,藏书多至七万余卷。

[7]千顷堂:明黄居中藏书堂名,初名“千顷斋”。黄居中,温陵(今福建泉州)人,侨居金陵,藏书甚丰。子虞稷有《千顷堂书目》。

[8]曝书亭:藏书楼。清朱彝尊建,位于浙江嘉兴梅会里(今王店镇)。彝尊博学嗜书,聚书颇丰,建书楼藏之。晚年收藏达八万卷,分经、艺、史、志、子、集、类、说八门。

[9]杜暹(678~740):唐濮阳人。自高祖至暹五世同居,暹尤恭谨,事继母以孝闻。藏书万余卷,深藏楼阁,概不借阅。官监察御史,终礼部尚书,卒谥贞孝。

《石泉书屋诗钞》自序

余之于诗特寄耳,未敢自命为诗人也。幼时爱读唐诗,辄学拈韵。弱冠后,习帖括[1]业,此事遂废。壮年通籍,渐有余暇,泛览历朝名作,微窥古人门户,不禁望洋而叹,为之搁笔,自知力薄才疏,于古人无能为役也。间有即事抒怀之什,随作随弃,往往过而辄忘,以为不足存也。丙辰就养,重入春明。何子贞、朱伯韩两同年各以诗稿见赠,且俱以学诗勖我。子贞曰:“吾友有两人焉,皆有诗人之性情,而皆不为诗,何也?两人者,君与郑小山是也。”他日又曰:“海棠无香,鲥鱼多刺,李竹朋不为诗,岂非人间憾事?”伯韩曰:“君勿自弃,何必求胜前人,但得肩随,己自可传,即使远逊前人,然能留得一编供后人之雌黄,不犹愈于并此而无之乎?”余感良朋相勖之殷,搜索往日焚弃之余,得诗若干首,近年来随作随录,不计工拙而并存之,复得若干首,共辑一编。昔邵子湘[2]与王渔洋论诗曰:“譬如候虫时鸟,啁啁啾啾,亦若自适,不计听者之入耳否也。”是编也,固未敢抗希前哲,然寄兴摅情,诚有如候虫时鸟之自适其适者,所以副良朋之期望者,如是而已。后之览者或以为可与言诗,或以为不足言诗,甚且覆酱瓿焉,糊蚕箔焉,均吾所弗遑恤矣。

注释:

[1]帖括:因科举应试的文章。

[2]邵子湘(1637~1704):江苏武进人,名长蘅,字子湘,号青门山人。撰《王氏渔阳诗钞》十二卷、《宋氏绵津诗钞》八卷、《古今韵略》五卷。

《道光甲辰恩科[1]江西乡试录》后序

洪[2]惟我皇上,孝治光昭[3],文思[4]广被,岁在甲辰,预开万寿庆榜,覃敷作人之化[5],恩至渥[6],典至隆也。

届期礼臣以江西考官请,得旨,命臣叶覲仪[7]往典厥[8]事,而以臣李佐贤副之。伏念臣山左庸材,至愚极陋。今春奉

命充会试同考官，涓埃未效，悚惕方深，兹复仰荷温纶[9]，俾佐大省，抡才[10]重任，抚躬循省，弥切悚惶。谨偕臣觐仪星驰抵省，斋祓[11]入闱，殚力[12]衡校，录士如额，择其文尤雅者恭呈御览，臣例得附言简末。

臣窃惟人臣忠荩[13]之义莫大乎以人事君。国家辟门吁俊[14]，需才孔亟[15]，而其权则寄诸司，衡之一二人膺斯任者。将欲存真去伪，崇实黜华，用收得人之效，岂有他哉！仍于其文辨之而已：夫言为心声，发为文章，尤人品心术所见端也。镕经铸史之词，可知其学之富焉；切理餍心之论，可知其识之明焉；清真雅正之体，悱恻缠绵之音，可知其性之纯、情之笃焉。江右彭蠡匡庐，钟毓灵秀，自宋以来名儒辈出，况今遭逢[16]景运，沐浴圣涯，岂无瑰奇特达之士，克自树立，接踵前贤者乎？臣与臣觐仪悉心校阅，搜罗再三，敢云甄拔无遗，然义取其醇，理范于正，庶几[17]鉴拔真才，为异日表见之地。是则区区私衷所仰，酬圣天子推恩锡[18]类、简[19]贤进良之至意于万一者尔。

翰林院编修、国史馆总纂臣李佐贤谨序。

注释：

[1]道光甲辰恩科：道光二十四年(1844)恩科江西乡试。叶觐仪任主考官，李佐贤任副主考官。

[2]洪：大。

[3]孝治光昭：意为继承先志，发扬光大。孝，《说文》：

“善事父母者。”《礼记·中庸》:“夫孝者,善继人之志,善述人之事者也。”治,治理。光昭,发扬光大。

[4]文思:功业和道德。《尚书·尧典》:“钦明文思安安。”后常用于称颂帝王。唐杜甫《收京》之二:“羽翼怀商老,文思忆帝尧。”

[5]覃敷作人之化:覃,深广;敷,布施;作人,培养人才;化,教化、德化。

[6]渥:雨露沾润,有浓厚之意。

[7]叶觐仪(1799~?):字瀓卿,号棣如,江苏六合人,道光十三年(1833)进士,授编修,官内阁学士。

[8]厥:此。

[9]温纶:公文用语,皇帝诏令的敬称。

[10]抡才:选拔人才。

[11]斋祓:斋戒沐浴。

[12]殚力:全力。

[13]悫:忠诚。

[14]辟门吁俊:意为建国安邦需要人才。辟门,开门;吁俊,求贤。

[15]需才孔亟:急需人才。孔,大、甚、很;亟,急切。

[16]遭逢:遇到。

[17]庶几:表示希望,意为也许可以,差不多。

[18]锡:赏赐。

[19]简:选择。

跋《坦室杂著》

先大父嗜古文，最服膺者汉则长沙，唐则昌黎，每谓此百读不厌者也。自作文曾刊于晋康[1]州署，嗣又删汰若干首，增益若干首，未重刊也。尝命佐贤曰："刊文例有弁言。世多乞于达官显宦以邀光宠。余之文虽不工，却有见真处，与剿袭者异，后之观者自能辨之，不必借重于显达者之揄扬也。"佐贤今重付剞劂，谨以传志冠首，而不复求序于当时之名公巨卿，乃所以承先志云。男佐贤谨跋。

注释：

[1]晋康：广东省德庆州。

跋泉币拓本

"藺（蔺）"字币[1]，旧谱释为"鲁"字，又或释为"关（闗）"字，形制尚有大者。山阳币，余所藏者差小。卢氏币，其柄中空，制与涅金迥异，而吾乡刘燕庭方伯藏一币，形同涅金，而面有"卢氏涅金"四字，则绝无仅有之品也。

齐刀多出吾乡，其为姜氏物无疑。"齐建邦始法化"六字者颇罕覯，尧仙中丞所藏有九字者，尤旧谱所未见。

阴文范，张叔未[2]解元疑为范母，疑其镕铜入范，范或销也。然今泉局多用阴文范，正自无妨。可知古人有范金合土者，有范金不必合土者，原并行不悖也。

长安泉“长”字在左，“安”字在下，较异常品，其形制则类宝化，实开半两之先，其为周制无疑。元统元宝亦属罕觏之品，延祐有元宝者，此作“三年”，亦异，然元泉多有纪年者，此亦至元戊寅、至治元年之类与。

注释：

[1]蔺字币：《古泉汇》元集卷四方足布“关”(币文[illegible]、[illegible])，李佐贤释：“此布或曰‘鲁’，或曰‘蔺’，或曰‘黄父’，迄无定论，货布文字考释为‘关’。”同治十年(1871)，刊行之《石泉书屋类稿》“跋泉币拓本”则改称“蔺字币”，谓“蔺字币，旧谱释为‘鲁’字，又或释为‘关’字”。同治十二年(1873)，陈介祺批校《古泉汇》，释“蔺”或是“陕”、“郏”，疑非“关”字。同治十三年(1874)，鲍康撰《杂题泉册四十二则》，谓：“‘閵’即‘藺’，旧释‘鲁’，释‘黄父’，释‘郏’，均误。初氏《吉金录》有‘蔺’字一释……蔺战国时属赵。”1992年，上海人民出版社出版之《马定祥批注〈历代古钱图说〉》称：“赵邑，《赵世家》：‘肃侯二十二年，秦取我蔺。’旧释‘黄父’、‘郏’、‘关’，皆非也。有大小二种，小者又有曰‘蔺半’。”

[2]张叔未(1768～1848)：原名汝霖，又名廷济，字顺安，号叔未，浙江嘉兴人，嘉庆三年(1798)乡试解元，钱币学家、金石学家、书法家。

跋汉瓦拓本

汉有高安馆,“高安万世”或即此馆所用延年益寿瓦。此存其半,考未央宫有延年殿,当属此殿故物。上林院,汉因秦旧址而广之,离宫别馆七十余处,故上林瓦传世颇多。汉砖瓦均有“千秋万岁”四字者,又有“万岁”两字者。此瓦“千秋”二字当亦同时制作。龟蛇瓦无可考,然汉瓦有画双鹿者,有画飞鸿者,则此当亦汉制瓦当。文字记云:“黄图有金厩,在长安城内。”金字瓦意者金厩所施欤?

货布范铭

莽制法古,范金合土;
十布六泉,好与为伍。

大泉范铭

大泉遗范,古香古色;
创制何年,曰始建国。

泥 封 赞

藐乎小仅一丸,莫谓不足当大观,曾借尔东封函谷关。

千秋万岁秦瓦赞 瓦出琅邪台

何年制此？溯自嬴秦。琅邪台畔，获古遗文。千秋万岁，颂祷徒殷。金汤带砺，已属他人。离宫别馆，已化灰尘。不如此瓦之常存。

围棋赞

对垒交争，俨然敌国。胜负既分，仍归于老子之《道德》。曰："知其白，守其黑。"

题宅门

四壁琴书名士第，
百年簪绂世臣家。

跋泰山经石峪六朝《金刚经》[1]残字

泰山经石峪刻《金刚经》，著录家罕言之，惟明孙克宏《古今石刻碑帖目》云：泰山之阳刻《金刚经》，字大尺许，相传为王右军书云云，即此。今《寰宇访碑录》[2]仅载其目，未言其字数多寡；《泰山志》[3]云：可读者不满二百字；《岱览》[4]亦仍

其说;《山左金石志》[5]则谓尚存二百九十四字,经字迄无定数。同治辛未初夏,余率男贻隽为登岱访碑之游,特至石峪。命贻隽剔苔扪藓,子细辨认,余手录其文,方知尚存九百零一字。前三十行盖自经首第一段起,至十一段之首句止;后零一行则十三段之末,及十四段之首也。共得八百八十五字,又残字十六,则不知属某段矣。此皆著录家所未道及者,方知前人皆未亲至其地,但就拓字所见者记之,无怪其不能详且确也。经刻于石坪上,作棋枰纹,笔势奇古雄秀,前人备极赞叹。然与右军不类,决非王书。《泰山道里记》[6]以为与徂徕山石经相似,应是北齐王子椿书。《泰山志》又谓与邹县韦子深刻经同出一手,决为韦氏所作。阮文达则谓邹县尖山摩崖,晋昌王唐邕[7]题字,笔法相同,或出邕书。余按邹县小铁山刻经及葛山刻经,经字大小、结构、笔法与此丝毫无异,断为一人之笔。葛山之经,书人已不可考。铁山之经,考系僧安道壹书。则经石峪字亦属安道壹书,应无可疑。尖山齐刻经亦有安道壹题名,则泰山此刻或齐或周,未可遽定,兹姑附于齐之后。石峪宽广,刻经当属全部。惜夏秋泉水乱流石上,字易剥蚀,今已泐其大半,再数十年不知又当何如?故特录而存之。

注释:

[1]《金刚经》:佛经名。泰山经石峪有刻石《金刚经》。

[2]《寰宇访碑录》:十二卷,清孙星衍、邢澍撰。记载全国所存碑碣。赵之谦辑有《补寰宇访碑录》五卷。

[3]《泰山志》:二十卷,清金棨撰,有嘉庆十三年刻本。

[4]《岱览》:三十二卷,清唐仲冕撰。该书叙次明晰,征博引洽,远胜明代查志隆所撰《岱史》。有嘉庆十二年果克山房刻本(十二册)行世。

[5]《山左金石志》:二十四卷,毕沅、阮元辑,有嘉庆二年仪征阮氏小琅嬛仙馆刊本。

[6]《泰山道里记》:不分卷,全书一册,清聂鈫撰,有乾隆三十七年泰山聂氏杏雨山堂刻本。

[7]唐邕:北齐晋阳人,字道和,累官中书监尚书令,封晋昌王。

题僧巨然《万壑松风图》

余昔行入闽道中,合沓云峰,亏蔽天日,但闻松风谡谡,今披此如获重游。此等真景,非妙手不能摹绘,非身历者亦不能领会也。巨师画曾见数幅,就中北平李氏所藏《万壑图》横卷与此相类,异曲同工,余则罕有其匹。此幅笔墨之雄浑,气象之深厚,临摹家纵能形似,焉能神似?断为真迹,又不独宣和双龙诸玺堪为左证也。

跋宋僧巨然《万壑图卷》

巨师画流传已少,况此卷千岩万壑,令人应接不暇,而元气浑沦，笔墨之痕俱化，尤希世之宝也。图中景物于“海野”二字无取，王孟津改为《万壑图》，不为无见。米诗既非题此图，则后人将诗画合装之说似无可疑，然运笔欠超，必谓米老所书，殊未敢深信。此图旧藏吾乡袁氏，后为吾宗季云兄所得，余曾得寓目。今季兄已归道山，展卷重阅，能无人琴之感耶？

题僧六舟几谷《雁山双锡图》

道光丙午，与六舟上人遇于清淮旅次，寻即南北分驰，萍踪未获重聚。今春解组归田，路出杭郡，复遇上人于南屏禅舍，摹挲金石，评论书画，结古欢者累日，因出是图索题。雁宕乃余旧游地，峰峦之奇峭，岩壑之幽窅，令人目眩心醉。诚如子贞之论，不仅观音洞、大龙湫脍炙人口也。犹忆信宿蓼花嶂下，人定更深，山高月小，清梵泠泠，然如聆仙乐，令人尘虑悉捐，忘其为人间世也。披图怅触前游，浑如昨梦。几谷画笔清超，堪为名山写照，不独子贞倾倒。余将过润州，亦拟造访，一结墨缘也。

题《临汀纪游图》

霹雳崖在汀郡南门外迤西半里许，怪石玲珑，嵌空飞动，有欲崩欲坠之势，令人可惊可喜。崖际有宋人题名一

段，元、明及今人亦有留题者，不及苍玉洞之多耳。（霹雳崖揽胜图）

汀郡署后有梅园，园之北枕九龙山麓为坡，陁坡上则文昌阁、观音阁、福德祠、山神庙及平台在焉。坡下则中亭、箭厅、三友书屋、宿花亭、莲池分布左右。梅林之外，桐、蕉、桃、李，杂花竹树间之，古木参天，多有合数抱者。风景四时皆宜，而消夏尤胜。公余徘徊林下，偃仰亭中，别饶佳趣，忘其为官廨也。（梅花园消夏图）

苍玉洞在郡城东南五里而遥，旁邻官道，道旁鄞水潆带，山石崚嶒。洞小而幽，石上题名宋人凡三十七段，元、明及今题镌更夥。旧有梵刹，已倾圮，余葺而新之，又添置亭榭，更于西偏创建贮云楼。佳时令节，每与客游谯于此。悬一联云："古寺寻碑，万壑云烟生屐下；高楼对酒，九天星斗落樽前。"盖纪实也。（苍玉洞访碑图）

郡南二里许为朝斗岩，汀人于山前蓺梅为业。花时香雪成海。余每邀客共赏，觉邓尉、孤山犹逊此大观也。凡此皆汀郡名胜之最著者。倩画士廖蒖阶图之以志。宦迹游踪，他日览之，可当重游也。（朝斗岩探梅图）

自题石泉书屋

余幼好砚，兼爱印章，近于古泉复有嗜痂之癖。每当窗明几净，展转抚拓，古色古香，自领佳趣，不计旁观者之非笑为非

笑也。固并举以颜吾斋,而泉石烟霞之志亦于是寓焉。

题黄鹤楼

仙人已去谁乘鹤?
诗客重来更倚楼。

题汀署堂楹

心鉴可能如水澈,
头衔莫负是冰清。

题梅花山馆

阶前花竹凭阑赏,
郭外云山当画看。

题金石藏庐

奇文钟鼎摹三代,
变体碑铭爱六朝。

二、科考应试

吾身不能居仁由义二句(道光乙未会墨)[1]

谓仁义不可能者,自弃其身者也。夫仁义者,吾身之仁义也,乃犹自谓不能,非自弃而何?且天下自爱其身之人,皆不自爱其身之人也?夫果善于自爱,则必即吾身可能之事,以尽其求能之功。乃明有可能,而诿为不能,遂不复即不能以求能,尚得谓之自爱耶?吾惜其不自爱之甚矣。自暴者言非礼义,自弃者更何如邪!今夫人所托处则为居,人所率循则为由。试语人曰:“居当在仁,由当在义。”人必我应。又试语人曰:“居不必仁,由不必义。”人必不我应。乃天下皆当居仁由义之人,天下卒鲜居仁由义之人,讵非自弃邪?虽然第以此为自弃,自弃之弊犹未甚也。夫人之自弃固莫甚乎,举其所能而诬以不能也。学者据仁义之偏,而莫窥其全,要不得谓之自弃者,谓其功可递加也。若夫恻隐之心、羞恶之心,此自在吾身耳。有其端而不充,而自谢曰“不能当”,其自谢之时,固明知其不容谢矣,知其不容谢而谢之,其功何由加矣?常人慕仁义之名,而未践其实,亦不得谓之自弃者,谓其机可徐转也。若夫戴之而行,抱之而处,又甚便吾身耳,有其力而不用,而自欺曰“不能”,即其自欺之时。亦明知其不可欺矣,知其不可欺而欺之,其机何可转矣?斯时也,或者原之曰“自谓不能”,其辞之谦,特不欲擅能之名也;或且望之曰“自谓不能”,其志之衰，尚可诱以能之甘也；或更勉之曰“自谓不能”，其气之馁，所当鼓以能之益也。然而其辞枝、其志荒，而其气索也。才有所受，患有才而不求成；力本无殊，患有力而不肯竭。原之者不能助也，望之者不能副也，勉之者不能策也，所谓自弃者非邪。是知修途原期共赴，而居仁由义，要无旁贷之人。畏为难能者，惟吾任为可能者，亦惟吾而何甘以饮食教诲之躯自亏其性分。才力不必尽同，而居仁由义，别无解免之路。既求能而不能，或有可宽；未求能而不能，必无可宽。而何得借资禀庸愚之说，求谅于圣贤。此之谓不自爱其身也，是尚足与有为邪。

机神流畅，有风利不泊之势。本房王子勤师[2]。

注释：

[1]此文为李佐贤道光十五年乙未(1835)考取进士之答卷。考题为《孟子·离娄章句上》“吾身不能居仁由义，谓之自弃也”二句。

[2]王子勤，见《李佐贤年谱》道光十五年条简介。

坐看云起时 得霖字[1]

妙境南山下，王维好句吟。
起看云出岫，坐近水之浔。
小憩来幽径，多时酿薄阴。

盘桓如有意，飘渺任无心。
到眼红尘少，当头碧霭侵。
步停双屐稳，泽望一犁深。
澍润期千里，岚光晕半林。
圣怀虔祷切，瑞应沛甘霖。

注释：

[1]道光十五年乙未(1835)，李佐贤参加朝考(殿试)时作。

三、诗赋

归里口占

茅舍三年别，蓬门一径开。
浑如寻垒燕，仍向故巢来。

省墓恭纪

永眠长夜忆双亲，丙舍重来泪满巾。
马鬣斧封崇四尺，莺飞草长又三春。
丰碑渐蚀莓苔暗，薄祭徒劳酒醴陈。
愿得他年随地下，晨昏仍作问安人。

山行书所见

峭壁危峰剑水西,灌木丛莽怪禽啼。
荒程驿舍空余瓦,破庙神躯半坠泥。
石磴萦纡皴似带,山田重叠界成梯。
分明一幅倪黄画,留待诗人细品题。

题陈少香[1]明府《偕灿鸥汀渔隐图》二首

脱却朝衫上钓航,黄川一曲水云乡。
前溪柳色春深浅,明月芦花路短长。
宦海风波成梦幻,高人啸咏托沧浪。
诗囊画卷频抒写,应笑名心未尽忘。

旧日鸥盟记得无?尘缘顿悔落双凫。
诗文慧眼空今古,蓑笠闲身入画图。
萧散如君真野鹤,情怀触我忆乡鲈。
归来也拟辞宦早,同泛烟波作钓徒。

注释:

[1]陈少香(1790~1861):名偕灿,号苏翁,江西宜黄人,道光元年(1821)举人,著有《鸥汀渔隐诗集》、《清人诗集叙

录》。李佐贤任福建汀州知府前后与之有交往。道光十九年(1839),何绍基作《题陈少香大令偕灿〈鸥汀渔隐诗稿〉》。

从历下买舟旋里记事四首

检点琴书几度看,年光游兴共阑珊。
归程底事偏濡滞?应恋明湖别去难。

乡心无限逐东流,古历亭边已倦游。
一叶舟轻双桨驶,看山未免又回头。

堤防全溃乱流通,瓠子闻歌尚未终。
寄语当时贤牧令,东方泽畔有哀鸿。

重阳过后景全非,客路萧萧叶正飞。
留住秋光犹未老,黄花载得满船归。

登利津城楼

城楼高迥处,眺远正凭栏。
河抱黄流曲,春深绿野宽。
堤防资保障,稼穑问艰难。
抚字兼筹策,勤劳望宰官。

自题品泉图

嗜痂各有癖，我癖属古泉。
制作商周季，篆隶秦汉前。
古色兼古香，青绿杂斓斑。
鼎彝同典重，碑版难比肩。
俯仰数千载，与结文字缘。
此外何所好？寄兴林泉间。
欲鱼欲熊掌，所得难兼全。
却将双管写，并作一图悬。
何年解组绶，徜徉云水边。
钓游多暇日，考订金石编。
此中有真乐，何事慕神仙？

题畹芳[1]画兰遗墨二首

深闺扶病写芳兰，遗墨零星不忍看。
羡煞幽香空谷里，两丛相傍永团圞。

画稿翻从败簏寻，一花一叶抵兼金。
早知遗墨流传少，悔不当时爱护深。

注释：

[1]畹芳：姓张，名衍蕙，李佐贤之妻（详见本章《诰封恭人先室张恭人行略》）。

伤怀九首（选三首）

绮窗重把镜奁开，惆怅魂兮不再来。
一恸九泉真永诀，泪珠空洒旧妆台。

故园重到倍伤神，空负韶光又令辰。
依旧窗前桃李树，不知今日为谁春。

往事如烟梦不真，几番回忆倍伤神。
深闺依旧青灯夜，只少灯前夜话人。

从历下返家园作

游遍鹊华今又归，重开三径款柴扉。
经霜草木初黄落，叠石峰峦亦翠微。
更向樵渔寻伴侣，何须衣马羡轻肥。
扫除尘榻容高卧，梦里由他蝴蝶飞。

劳山记游诗（选一首）

劳山名胜久欲往游而未果，同治壬申秋，偕吴仲饴水部同往，始偿夙愿。自东北至东南，往返百余里，信宿山中五日，得诗二十首，聊志清兴，而山以西仍憾游踪未遍也。

海上闻名胜，今来愿始酬。
知仁谁共乐？山水此兼游。
远道轻千里，奇观压九州。
何需觅三岛，方丈与瀛洲。

首夏犹清和赋　以四月清和雨乍晴为韵

岁序频移，年华暗记。谷雨才经，麦秋又至。瓜生菜秀之晨，绿暗红稀之地。数春光于婪尾[1]，月过重三[2]；问芳序[3]于从头，风余廿四[4]。犹忆香径春深，平林华发。拾翠亭边，踏青城阙。开筵桃李之园，揽胜烟霞之窟。簇满城之锦绣，晴煦偏多；望远道之靡芜，芳菲未歇。正好海棠阴护，同游艳冶之春；何期樱笋厨开，已入恢台[5]之月。以彼律交中吕[6]，时届长嬴[7]。盼小年[8]以景驻，宜首夏以炎生。讵知地接清幽，纵芬芳之已过；天犹和畅，正寒暖之交并。柳塘花坞之间，尚迟暑到；水郭山村而外，但觉风清。则有池牵水荇，壁绕烟萝。脱轻盈之飞絮,浮的皪[9]之圆荷。摇小月之团团[10],扇才试绮;曳轻云之缕缕,衫欲裁罗。露夕烟朝,物华暗换。良辰美景,花事徐过。芍药栏边,剩晓寒之轻浅;荼蘼架畔,觉淑气之融和。又若乐记田家,爽添村坞。葽秀[11]盈眸,桐华垂乳。翻麦浪于平畴,插秧针于别浦。抛林间之燕翦,犹啄香泥;谱陌之上莺簧,犹歌金缕。柔飔淡荡,犹吹柳岸之风;晨露霏微,犹似杏林之雨。由是徙倚雕栏,招寻曲榭。凉生菱芡之塘,香满蔷薇之架。阶看红药之翻,阴喜绿槐之借。莫不馆欲招凉,园将买夏[12]。炎光日永,已逢南陆之时;淑景春长,似挽东皇[13]之驾。误秋声于竹径,爽籁闻初;吹清气于兰池,微薰觉乍。况乎盛时化普,令序功成。焕清光于禁籞[14],畅和气于寰瀛。七政[15]齐衡,时方清晏。五弦解愠[16],音协和平。金穰布濩[17]之余,时旸时燠[18];玉烛[19]均调之候,宜雨宜晴。

注释:

[1]娄尾:唐代宴饮时酒至末座谓“娄尾”。此谓暮春。

[2]重三:农历三月初三日。

[3]芳序:美好的时光。

[4]风余廿四:风,指花信风。古代认为应花期而来的风,简称“花信风”。廿四,是指的气候。由小寒到谷雨共八个节气,一百二十日,每五日为一候,计二十四候。余,谓二十四候的最后一候,也就是清明之后谷雨时节,亦“芳序”的从

头。

[5]恢台:《楚辞》宋玉《九辩》:“收恢台之孟夏兮,然欿傺而沉藏。”《楚辞补注》引黄鲁直(庭坚):“恢,大也。台,即胎也。言夏气大而育物。”

[6]中吕:古乐十二律的第六律。《礼记·月令》孟夏之乐:“律中中吕。”也作“仲吕”,《史记·律书》:“仲吕者,言万物尽旅而西行也。”

[7]长嬴:夏天的别称。也作“长嬴”,《尔雅·释天》:“春为发生,夏为长嬴。”“嬴”通“盈”,谓使木长盈者为夏,故称夏为长盈。

[8]小年:谓生命短暂。与大年相对。《庄子·逍遥游》:“朝菌不知晦朔,蟪蛄不知春秋,此小年也。”唐张柬之《处士张景之墓志》:“共惜小年,同归大夜。”

[9]的皪:光亮鲜明。

[10]小月之团团:谓扇之形状。

[11]葽秀:草。出自《诗经·豳风·七月》“四月葽秀”。

[12]买夏:避暑。

[13]东皇:天神,司春之神。

[14]禁篽:指园囿的垣墙。

[15]七政:日、月和金、木、水、火、土五星。一说以春、秋、冬、夏、天文、地理、人道为七政。一说指北斗七星。

[16]五弦解愠:五弦,乐器名;解愠,消除怨怒。《孔子家语·辩乐解》:“昔者舜弹五弦之琴,造《南风》之诗,其诗曰:

‘南风之熏兮,可以解吾民之愠兮……’”

[17]金穰布濩:金,金秋十月;穰,丰收;布濩,广布。

[18]时旸时燠:谓有时阵雨,有时湿热。旸,云开日出;燠,酷热、湿热。

[19]玉烛:四季气候调和。言人君德美如玉,可致四时和气之祥。《尔雅·释天》:“四时和谓之玉烛。”

腊鼓[1]鸣赋　以腊鼓鸣春草生为韵

冉冉兮春回,冬冬兮韵合。深巷才闻,满城互答。非漏滴壶,非铃语塔。非长笛之悠扬,非洪钟之鞳鞳。处处作消寒之会,炉拥深宵;年年听乐岁之声,鼓敲残腊。时也葭琯灰飞[2],梅图萼补[3]。既雊雉[4]而乳鸡,更迎猫而祭虎。岁有余闲,风希太古[5]。邀来邻舍,频倾潋潋之樽;喧到儿童,共打渊渊之鼓。尔其应田殊制,鲁薛齐名[6]。式团月小,革薄云轻[7]。本细腰[8]以为号,偏入耳以关情。非缘柳暗花明,羯鼓催艳;岂是更长漏永,鼍鼓齐鸣。抚令序之如流,刚逢小岁[9];聆繁音之竞奏,同我太平。则有繁华门巷,锦绣城闉。共乐羲轩[10]之世,同登衽席[11]之人。聆三通之溜亮,和数点之圆匀。错落跳珠,听宜白昼;依稀迸豆,惊起红尘。帖写桃符,比户之门庭俱焕;响搀竹爆,长安之城市皆春。更有寒月孤村,斜阳古道,拾屐游人,扶藜野老。釜粥阑猪之味,记腊月之频经;吹豳饮蜡[12]之晨,传清音而倍好。敲来点点,警涂

月[13]以将阑；听彻逢逢，比春雷而更早。莫不抚岁序之堂堂，惜年华之草草。况乎丰年普庆，逸韵环生。和阳春兮白雪，杂玉管兮银笙。其送喧也，如天花之乱落；其计候也，知春草之将萌。谱新声于盛世，催暖律于春城。此时万户千门，正腊鼓齐鸣之候。计日青畴紫陌，听饧箫唤卖之声[14]。

注释：

[1]腊鼓：鼓在史前文化中已有发现。在《山海经》、《吕氏春秋》等书中均有以鼍龙（鳄鱼）皮制鼓的记载。南朝梁《荆楚岁时记》："十二月八日为腊日。谚言：'腊鼓鸣，春草生。'村人并击细腰鼓……"以驱疫、迎春，故又称"迎春鼓"、"年鼓"。以后多用牛皮大鼓。

[2]葭琯灰飞：葭，芦苇；琯，玉管，古代用于乐器，也用以测候节气；灰飞，古人烧芦苇膜成灰，置于十二律管中，放密室内，以占气候。

[3]梅图萼补：旧俗于冬至有计日之图，曰"九九消寒图"。冬至这天画素梅一枝，共八十一瓣，每过一天，以红色涂染一瓣，梅花涂满，"九九"过完，春天已到。

[4]雊雉：雉鸣。雉，野鸡。

[5]风希太古：追慕古之风情。希，希求、仰慕。

[6]应田句：《诗经·周颂·有瞽》："应田县鼓，鞉磬柷圉。"田，大鼓。《礼记·礼器》："县鼓在西，应鼓在东。"郑玄注："小鼓谓之应。"鲁薛：鲁，春秋诸侯国名；薛，春秋时国名，

故地在今山东滕州南。

[7]式团句:如团月般的小鼓很轻巧,敲打起来优美动听。式,样式;革,皮革。

[8]细腰:即细腰鼓,一种打击乐器。江淹《铜剑赞》:“细腰……状如木秤,两头大而中央小。”

[9]小岁:腊月的第二天。《太平御览》卷三三引汉崔寔《四月民令》:“腊明日谓小岁,进酒尊长,修刺贺君师。”明谢肇淛《五杂俎·天部二》:“腊之次日为小岁,今俗以冬至夜为小岁。”

[10]羲轩:伏羲与轩辕。伏羲,古代传说中的部落酋长,即太昊。相传他始画八卦,教民捕鱼、畜牧;轩辕,即黄帝,后人尊奉黄帝为中华民族的祖先。

[11]衽席:卧席。

[12]吹豳饮蜡:谓吹奏着乐器会饮祭祀天地神灵。豳,古豳人用的一种乐器,截苇作籥;饮蜡,古代岁末蜡祭后会饮。

[13]涂月:农历十二月的别称。

[14]计日句:意谓不久后春天就要到了。青畴,绿色的田野。紫陌,指帝都郊野的道路。唐李白《南都行》:“高楼对紫陌,甲第连青山。”饧箫,卖饧者所吹的箫。饧,饧糖类食品,如糖稀(瓜)、糖块等。古俗腊月二十三(四)以饧糖祀灶。宋吴自牧《梦粱录》卷六:“二十四日,不以穷富,皆备蔬食饧豆祀灶。此日市间及街坊叫买五色米、花果、胶牙糖、箕豆,叫声鼎沸。”

四、信札

复吴子苾[1]同年

春初接奉万安[2]舟次[3]赐复手翰，知两次笺候俱邀青照。捧读再四，恍如得坐春风。细聆麈教，然引领怀思，益触我离愁万斛矣。贵治为入粤扼要之区。自去岁军书旁午[4]，事繁任重，独著贤劳，定邀简在，超擢在即，当不让昆臣[5]专美于前也。弟近况平顺，因明岁考期在迩，时习写作而酬应之烦，既不能减金石之好，且日见其增益，令人刻无暇晷。前寄拓本内方板中，作古泉形者乃燕庭所藏。其字“良金四朱”，此品燕庭有二枚。又有一品具体而微，曰“良金一朱”，中间穿孔皆不透，前人谱中所无，然金以铢计，其为泉币无疑。其花纹似云龙状，意者于行天莫如龙之义有当与。然汉武三品，旧说系白金，此系铜质，殊不可解。兹复寄呈二纸，惟高明审定之。邹县铁山石刻，系悬崖峭壁，甚难捶拓。《金石志》所载乃其后段，其前段写经者志中漏载，想阮文达公亦未之见也。若欲全拓，大非易事，至尖山、冈山两处，尚易为力，容与雨山再商可耳。

注释：

[1]吴子苾：名式芬，山东海丰（今无棣）人，晚清金石学家，与李佐贤同科进士，知交。此信写于道光十九年（1839）

吴式芬任江西南安(今大庾)知府时。

[2]万安:指万安驿,今江西新余东北,古为驿站。

[3]舟次:客船停泊休憩的处所。

[4]旁午:往来交错。

[5]昆臣:指叶名琛(1807~1859),字芸珍,号昆臣,湖北汉阳人。道光十五年(1835)进士,授编修,官体仁阁大学士、广东巡抚、两广总督,办理洋务时,于咸丰七年(1857)十二月被英人执赴外洋。咸丰九年(1859)三月于英国绝食卒。叶名琛与李佐贤、吴式芬为同科进士。

复刘燕庭[1]方伯

承示前岁赐书,备言汀郡利弊,深荷关垂,曷[2]胜铭感。惟此函至今未经奉到,未识由何处沉搁。去岁亦曾两具芜函,并将近年所获异泉数十品拓奉清鉴,来示亦未道及,岂亦付洪乔[3]耶?关山间阻,鳞羽罕逢,能勿怅惘!到汀两载,竞竞自矢,惟期追步前型,幸见谅于长官,亦无恶于百姓。惟地方情形尚恐有未能尽悉者,风便敢祈详悉见示,俾得遵循,不胜翘望。惠到《三巴孴[4]古志》,广博精详,披览一过,如读异书。可见珍宝自在人间,必待其人而后显耳。蜀中金石,向不多见,敝藏颇少,尊处拓本想当富有。汉魏六朝以前者,开呈一单,务祈检赐。唐以后物,未免太繁,不敢为无厌之请,倘择其佳者见示,固所愿也。汀郡古迹苍玉洞曾经鉴赏,此外惟清流

小玉华洞尚有宋题名十余方，想亦经摹拓矣。省垣乌石山、鼓山两处宋人题名甚夥，又有李阳冰般若台篆，及王审知造塔铭、琅邪王碑、枯木庵题字，皆五代以前物，未识均经入鉴否？蜀中所得宋铁泉，皆前人所未见者，奇异可珍。前在吴门，曾见嘉定数品，面文各异，心异之，而未得其解，今始知皆系蜀泉，可见古泉之湮没不彰者多矣。敝藏入闽后殊少增益，惟得王氏大铁开元一枚，差强人意。兹呈龙凤一枚，真而且精。又权钞大泉，似伪作而足乱真者，亦可备品，敬祈莞纳。

注释：

[1]刘燕庭：指刘喜海，山东诸城人，晚清金石学家，与李佐贤交往甚密，此为道光二十七年(1847)刘喜海任四川按察使时的通信(详见《李佐贤年谱》道光二十一年条)。

[2]曷：何、岂。

[3]洪乔：晋人，殷羡，字洪乔，出为豫章太守。都下人士托其致书百余函，殷羡行至石头，将附书悉投水中曰："沉者自沉，浮者自浮，殷洪乔不能作致书邮。"后因谓致书遗失曰"付诸洪乔"。

[4]沓：盛貌。

复鲍子年[1]阁读

客冬曾接手书，未及奉复，新正[2]又奉惠札，殷殷恳恳，在远不遗,真觉纸上情澜不止三寸也。惠到内阁撰拟文字[3],皆国朝典制所关,而大作[4]鸿篇巨制,典丽裔皇,尤堪压卷。阁下著不朽之盛业,作当代之传人,尤令人钦羡无已。令兄宦况虽欠亨通,然令侄接武芳踪[5],前程正未可量,当亦吾兄所顾而色喜者也。弟连岁于黄防城守,竭尽心力。贼氛之汹涌,民心之涣散,真有危乎殆哉之势,竟得瓦全,已属万幸。念事关桑梓,自卫身家,何敢言劳?是以两次声明不邀奖叙。乃中丞论功入奏,奖以道衔翎枝,殊非始愿所及。来札复吉词奖饰,益令人汗愧矣。

注释:

[1]鲍康:字子年(详见《李佐贤年谱》咸丰六年条)。

[2]新正:指同治十年(1871)农历正月。时鲍康四川夔州知府任内。

[3]内阁撰拟文字:谓鲍康撰拟《中书舍人题名》。

[4]大作:谓《皇朝谥法考》,是为鲍康供职内阁并校国史之际所撰,成于同治三年(1864)。

[5]接武芳踪:意谓贤哲的事业前后相继(鲍康嗣子恩绶进士,官内阁中书)。接武,细步徐行。芳踪,前代贤哲的行迹。

致许印林[1]学博

清淮[2]一别,倏逾十年,关河间阻,音敬多疏,尤深歉仄。

近闻阁下就聘海邑[3]，著述宏富，探五车之秘籍[4]，作一代之传人，无任欣颂。子苾[5]谢世，失此良友，令人扼腕。闻其遗著经阁下较定，付托得人，深为慰藉。弟曾见其《攟古录》[6]一部，较《访碑录》增录一倍，若付梓已属大观，此外不知尚有何著作。闻江南沈舜卿先生亦有金石续编之辑，于《萃编》外增出千数百种，亦成而未刻，与子苾之书谅必互有详略，倘能合参，更为双美也。弟近年收辑金石文字，亦不下数千种，而古泉尤为专门，惜近在咫尺，无缘把晤，一就正也。

注释：

[1]许印林：指许瀚，与李佐贤、吴式芬为金石文字之交。咸丰七年丁巳（1857）春，应吴式芬之子吴重熹聘请，为其父校订遗著（详见《李佐贤年谱》道光十七年条）。

[2]清淮：即清江浦，在江苏清江市北淮河与运河汇合处，为南北水陆要道。清代河道总督、漕运总督皆驻此地。

[3]海邑：海丰简称（今山东无棣）。

[4]秘籍：罕见之书。

[5]子苾：吴式芬，咸丰六年（1856）十月去世（详见《李佐贤年谱》道光十七年条）。

[6]《攟古录》：金石学著作，吴式芬撰。

复张翼南[1]同年

伻[2]来接读瑶章，敬悉壹是。已将尊意转致蕉邻[3]。俟有回书,再行布闻。拙诗譬之蝉噪蛩吟,不过自鸣天籁,并未窥古作者门户,乃荷大作赐题,并多奖誉过情之语,未免刻划无盐,令人汗愧。鄙意欲续吾郡诗[4],愧识解之未周,虑见闻之不广,正思呼将伯之助,而来函有欲代任搜采之意,深慰鄙怀。窃思诗钞与诗选不同,无妨从宽,雅雨山人[5]已有此议。向来选家多照《昭明文选》之例而遗今人。而近时余秋门之《续山左诗》已不拘此例,即符南樵[6]之《正雅集》亦然。鄙意循此成例,兼收时人。吾兄大作即吾乡文献所关,断不可缺,祈录百余首寄下,以备汇入;再贵府先辈或有藏稿,以及北乡过去现在之诗人零笺碎什,均祈代为广收博取备选。凡诗人之科第、官爵、字号,均祈详示,仿照前钞,存文即以存献也。

注释:

[1]张翼南:张铨(详见《李佐贤年谱》同治二年条)。

[2]伻:使者。

[3]蕉邻:苏敬衡,号蕉邻(见《李佐贤年谱》道光十八年条)。

[4]续吾郡诗:乾隆间惠民李衍孙辑《国朝武定诗钞》,同治六年(1867),李佐贤辑《武定诗续钞》。

[5]雅雨山人:指卢见曾,号雅雨(详见本章《〈武定诗续钞〉序》注释[1])。

[6]符南樵(1806~1863):符葆森,字南樵,江苏江都(今扬州)人,举人,咸丰七年(1857)编辑刊刻《国朝正雅集》。

复陈寿卿京卿[1]

廿余年渴别，忽奉手书，如获良觌[2]，为之狂喜者累日。就稔簠斋世仁兄年大人金石比寿，翰墨娱情，诸符颂臆。窃意世间禄位名寿所在多有，浓福尚易，清福独难，吾兄竟兼而有之，果何修而得此耶？益令人健羡无已。承惠范拓六十四种，不啻百朋之锡[3]，感铭奚似[4]。各种奇品，皆前人著录所未见闻者，真可谓集泉范之大观。惟就中有燕翁故物，睹之不免人琴之感耳。弟连岁来襄理河工，兼办城防俗务，不胜其烦。自去岁稍得安谧。现在除为小儿课文外，又编辑《书画鉴影》，仿佛退谷《江村销夏》之例[5]，尚未竣事。每思尊藏法书名画甲于东省，不得收入兹编为憾。且念当年文翰之交，燕庭、季云、子苾、尧仙诸君，均不少待，惟余吾两人尚滞迹人间，又复相望咫尺，不获聚首，离索之感何如！拟待秋间得暇，鼓勇走访，作数日盘桓，谅不我拒也。敝藏古物无多，兹倩[6]子达[7]精拓五十种寄奉清鉴，业已倾筐倒箧，仍惭撮土无增于泰华，细流无益于江海耳。

注释：

[1]陈寿卿：名介祺，字寿卿，号簠斋，山东潍县人，晚清著名金石学家，与李佐贤为儿女老亲家、金石同好（详见《李佐贤年谱》同治九年条）。京卿：又名京堂。明清对某些官员

的称呼,言其为堂上之官。一般为三品或四品官。实为尊称。函复陈介祺于同治九年(1870)。

[2]觌:相见,以礼相见。

[3]百朋:指很多货贝。朋,古代货币单位。相传五贝(贝壳)为一朋。一说两贝为一朋。又说五贝为一串,两串为一朋。《诗经·小雅·菁菁者莪》:“既见君子,锡我百朋。”此喻赐给的泉范拓为很贵重的礼品。锡:赐予。

[4]感铭奚似:怎能忘记这么珍贵的惠赠呢?铭,刻于金石;奚,疑问词;似,何止意。

[5]仿佛句:意谓所编辑之《书画鉴影》,仿照高士奇《江村销夏录》之体例。

[6]倩:请求。

[7]子达:张衍聪,字子达,山东潍县人,著名拓工,曾幕于陈介祺门下拓字。

致何子贞[1]世兄

春明[2]快聚,契合独深,形迹俱化。濒行兼荷宠饯[3],至今犹切感私。只缘到汀后旋即遘疟,冬间始痊,兼之案牍纷繁,无暇握管,又不能以肺腑之谈假手[4]于人,以致函谢稽迟,知我者谅不罪我也。客岁贞兄竟未得差,大出望外。然春闱取材较胜,定可操券而获也。弟外任初膺,愧难报称,当为之事鞅掌[5]不辞,非分之财丝毫莫取,以期无负知己期望之

至意。惟汀郡情形疲玩苦累，每出拟议言思之外，闽省大势亦多如此，弟已悔此一行。乃怀茳[6]复接踵而至何耶？遥忆阁下凤城[7]久住，良友多谈心之乐，厂肆为访古之游，较之风尘外吏，不啻天上神仙，令人生羡。幸敝署后枕山麓，结构小园，破屋两三间，寒梅十余树，兼之杂花生树，乔木连云。衙散公余，徘徊其间，颇饶野趣，是则差强人意[8]。昔微之以州宅夸于乐天[9]，弟之可夸于吾兄者，赖有此耳。

注释：

[1]何子贞：名绍基（详见《李佐贤年谱》道光十六年条）。此函致何绍基于道光二十七年(1847)。

[2]春明：唐代首都长安东面三门，中间一门叫“春明门”。后人以“春明”作为京都之称。

[3]濒行句：意谓赴任汀州知府时何绍基设宴为之饯行，李佐贤致函表示谢意。濒，临近。兼，加倍。荷，承担，引申为操持。宠，宠爱、尊崇。

[4]假手：借别人的手为自己做事。

[5]鞅掌：《诗经·小雅·北山》：“或栖迟偃仰，或王事鞅掌。”言有人随意优游闲散，有人为王事忙得无暇整理仪容。引申为事务繁杂，负担沉重。

[6]怀茳：指胡应泰，字怀茳（详见《李佐贤年谱》道光二十五年条）。

[7]凤城：相传秦穆公之女弄玉，吹箫引凤，凤凰降于京

城,故曰“丹凤城”。后多指京都为凤城。

[8]差强人意:意为使人比较满意。

[9]昔微之句:唐代诗人元稹、白居易诗歌唱和的典故。元稹,字微之。白居易,字乐天。二人为好友,相识三十余载,结下了深厚的友谊。元稹曾作诗《以州宅夸于乐天》,赞美自己在越州的州宅。

五、行略　挽联

诰封恭人先室张恭人行略[1]

呜呼!恭人,余家中之内助,亦闺里之良朋也。一朝永诀,余独何心能效太上之忘情耶?溯恭人结缡[2]以来,三十五载,其言行实有异于寻常巾帼者。每一追忆,泪涔涔下,故欲为记载,而搁笔者屡屡。今葬有日矣,顾忍听其湮没不彰乎!爰拉[3]泪质陈,以备家乘[4],不仅写余伤情已也。

恭人姓张氏,名衍蕙,号畹芳,海丰[5]望族。曾祖讳键,乾隆癸酉拔贡,安徽合肥知县,赠荣禄大夫、湖广总督;祖讳映斗,乾隆丁酉举人,福建知州,借补马港通判,赠光禄大夫、刑部右侍郎,加二级;父讳洵,道光壬午进士,翰林院庶吉士,浙江玉环厅同知;母杨宜人。

恭人生而明慧,幼娴姆教[6],为父母所钟爱,光禄公尤爱之甚。年二十二岁来归,事堂上克尽妇职。时家道中落,凡针纫操作之事多半亲执。先慈衣履非恭人手制者不适也;尤能曲体[7]亲心，凡堂上所喜而力能为者，恒身任不敢惮[8]劳。或严慈有拂意事，每侍侧婉言劝慰，俟颜色霁和乃退，故两大人虽家训严肃，有过必惩，独恭人逮事十年未遭呵责。先慈每语人曰："是善事我，勿疑我偏爱也。"待严慈相继弃世，恭人佐余治丧葬，备尽哀礼；岁时修祀事，手撷蘋蘩[9]，未尝不丰洁也。余弱冠力学，每易视举业，恭人曰："吾闻'满招损，谦受益'，君意气未能下人，毋乃非受益之道乎？"余闻之悚然。戊子余乡试领首荐[10]，恭人慰喜之余，仍不忘劝勉之意。迨三踬春闱[11]，恭人转多方慰藉，盖恐余之郁郁怀抱也。乙未余入词馆[12]，后家贫固缺资斧[13]，而长安居更不易，宅舍、车马、饮食、衣服及琐屑家务事纷如猬集，恭人则权轻重缓急，支持摒挡[14]，悉为经理，有条不紊。余与诸同年友，每月为诗酒之会，恭人皆亲制肴核。食虽蔬笋，无不精也；器虽瓦缶，无不洁也；室虽湫隘[15]，无或秽污不治也。令人入吾门几忘吾之贫窭者，而不知牵萝补屋，恭人之筹画周而心力殚矣。

当是时，有友谓余曰："海南战船，例十二岁一修。修则糜帑[16]十余万，需部费议定报销方准，否则必驳。今届期矣，彼此相待，特无人为之关说耳。彼处守土者，君好友也，倘赐一函通其意，当以三竿为谢。"余念此事非义，婉言辞之。入绐恭人，佯为意不决者，盖欲试恭人识力何如也。恭人曰："于决事也何有方？今国用支绌之时，既食天禄，纵不能裨益国计，顾忍冒销国帑乎！且人贵安贫，财有定数，何必为非义之取乎！"余笑曰："然，前言戏之耳。卿见及此，益征吾两人有同心也。”恭人之明大体,遇事能断,类如此。

及余守闽汀,随余任七载,其节俭一如昔时。不以禄入稍丰偶形侈泰,且念宦海茫茫,风波靡定,时为余吟“早买渔簑未老归”之句。人多疑余年未及艾[17],何遽解组,而不知亦赖恭人之恬淡有以赞成之也。岁辛卯[18]男贻良生,甲辰[19]男贻隽生,恭人虽珍爱备至,而训诫綦[20]严,言动偶愆[21],辄责惩不少贷,尝谓:“少成若天性,习惯如自然。幼失教诲,冀其成立难矣。吾不效禽犊之爱也。”训女则针黹[22]之外尤谕以礼义,故吾女出阁后,事舅姑[23]深得欢心。长男贻良授室,其训儿妇犹女,而爱之亦不异己出。乙卯[24]、丙辰[25]贻良联捷乡会闱,观政刑曹[26]。恭人虽喜,而尤深警惕,每诫之曰:“讼狱需得民情,刑罚需重民命,傥失出入,所关非细,切不可掉以轻心。汝何日改官,吾悬虑方释也。”此其事亲、相夫、教子诸大端也。

余一嫂两姊,恭人处姊妹娣姒间,怡怡和乐,从无疾言遽色,不但不闻诟谇也。适范氏姊归宁时,尤多甥辈,衣冠袜履,每代为手制。在远时,犹时以什物馈遗,慰问相继。适张氏堂妹,吾啸谷叔所出也。叔殁于秀水任所,妹幼无依,迎至汀署,恭人教养备至,不啻母之于女者。嫁时,衣饰妆奁纤悉毕举。观者叹恭人之贤,而恭人不自以为德也。恭人乐善好施,出于天性。遇人疾痛索药饵者,必速与之,或因急难贫乏告贷者,必量力资助。尝曰:“天生财物,原以给用,特用之贵,得其当耳。视太轻则为暴殄[27],视太重则为吝啬。俭以持己可也,

岂可俭以待人乎!”犹忆昔年舣舟建康城下,有男妇牵稚幼乞食岸上者,恭人坐蓬窗闻之曰:“是不类乞丐,何其哭声凄楚乃尔耶。”遣价讯之,则绍兴人,投亲赴闽游幕者,途被胠箧,丧其资斧,游离至此。问:“至闽所需几何?”曰:“非制蚨[28]三千不可。”即命仆如数与之,其人叩谢去,亦不问其姓名也。恭人之好行其德,此一征也。御下有恩纪,凡婢媪辈饥寒疾苦,体恤周至,故殁之日,婢仆皆哭失声。尤有知人之明,无论贵贱,觌面即识其善恶。尝谓:“眸子邪正,人之诚伪分焉。”虽未能毫发不爽,亦往往十得八九云。凡此皆恭人之行事,彰彰可见者。

至其技艺,犹不尽于是也。恭人幼读书习字,兼学吟咏,于归后专习操作,此业遂废。然性耽翰墨,愿学之心未忘也。迨余入都,渐有余暇,仍时临帖。喜欧柳书,故出笔清拔无俗态。间为余抄书作消遣,尤爱写兰。春明[29]赁舍狭隘,余仅于居室旁置一书案,肄习馆课,恭人亦时就案染毫。余赠内有“学画商量争试墨,看花笑语共凭阑”之句,盖纪实也。初学无师承,每就余商榷,久之露叶风花随意点染,墨气之浅深,笔法之顿宕,动合古人,虽善画者叹为无以过。曾择惬心者汇为一册,一时同人多有题咏。今遗墨尚存,时一展阅,能无人琴[30]之感耶?鄙性于书画有嗜痂之癖。古人名迹或借观或购存,恭人亦有同好。濡染既久,往往评论真赝,谈言多中。音律、围棋,皆余所好,恭人亦能粗解。至针绣女红,超出侪辈,犹其余事,不足为恭人多也。

恭人幼即多病，喘嗽时作，在都时屡患危症，幸吴竹如[31]、郑小山两方伯同官比部[32]，俱善岐黄[33]，与余皆同年友，代为诊治，去危就安。赴闽后，受暑湿寒热往来，痰嗽尤甚，其地乏良医，病有加无已，自是强半在药炉间矣。迨余辞官归里三载，家居病势差减。嗣因贻良登仕版[34]就养都门，方冀调理痊可，乃己未[35]秋冬，旧疾愈甚，庚申[36]春初，更添肿胀之症，遂至不起。回忆恭人躬行勤俭，数十年如一日，虽病中犹时以持家为念，屡劝其节劳静养，弗遑恤也，讵意积劳既久，遂致沉疴，竟难酬偕老之愿耶。

犹记余昔年偶患采薪[37]，恭人必多调护。赴闽时受暑，遘疟疾甚剧，恭人侍疾，衣不解带者月余，药碗茶铛皆亲料理。夜半捧药跪中霤[38]，焚香祷天，愿以身代。私语贻良曰："汝父傥有不测，余必相随地下，决不独生也。"呜呼！斯言犹在耳也。乃今余起居无恙，而恭人已长逝矣。追维往事，能不悲哉？

余官庶常[39]编修时，两遇覃恩[40]，貤赠祖父母及外祖父母。迨咸丰元年在汀守任内，复遇覃恩，恭人始膺封典。

生于嘉庆十年乙丑十月初十日辰时，卒于咸丰十年庚申正月十三日寅时，得年五十有六。子二：长贻良，丙辰进士，内阁中书改刑部员外郎，娶海丰乙酉副贡、户部郎中王名毓宝公女；次贻隽，聘海丰庚子副贡、直隶候补知县张名衍寿公女。女二：长适[41]盐山己丑进士、礼部侍郎孙名葆元公次男，荫生刑部员外郎尚绂；次九岁殇。

今择于十一年仲春安葬利津城西凤凰嘴祖茔之次，为书行略如此。

注释：

[1]恭人：明清四品以上的官员之母与妻封恭人。行略：亦称“行述”。记述死者生平行事的文章。《齐鲁文化大辞典》词目艺术类称：“张衍蕙，清女画家，号畹芳，海丰（今无棣）人，利津李竹朋（佐贤）妻，工画兰，能诗。”

[2]结缡：古代嫁女的一种仪式。女子临嫁前，母为之系结佩巾，以示至男家后应尽力操持家务。缡，佩在胸前之巾。一说为覆头的绛巾，犹如“蒙头红”。

[3]拉：擦、拭。

[4]家乘：家谱。

[5]海丰：今山东无棣。

[6]幼娴姆教：娴，文雅；姆教，女师的教诲。

[7]曲体：委屈自己而奉承别人。

[8]惮：害怕、畏惧。

[9]蘋蘩：蘋，水草；蘩，白蒿，可食，古代用以祭品。《左传·隐公三年》：“苟有明信，涧、溪、沼、沚之毛，蘋、蘩、薀藻之菜……可荐于鬼神，可羞于王公。”

[10]戊子句：谓道光八年（1828），李佐贤乡试中第一名举人。

[11]三踬春闱：李佐贤曾三次参加会试不第。踬，跌倒，

指困顿;春闱,指明、清两代春季在京城举行的会试。

[12]乙未句:谓道光十五年(1835),李佐贤考取进士。词馆,指翰林院。

[13]资斧:通称行旅之费用为资斧。

[14]摒挡:收拾、料理。

[15]湫隘:低矮狭小。湫,低下;隘,小、窄。

[16]縻帑:耗其钱财。縻,通"靡",浪费;帑,库藏的金帛。

[17]艾:指五十岁。《礼记·曲礼上》:"五十曰艾","人生十年曰幼,学。……五十曰艾,服官政"。

[18]辛卯:指道光十一年(1831)。

[19]甲辰:指道光二十四年(1844)。

[20]綦:甚、极。

[21]偶愆:偶,偶然;愆,罪过、过失。

[22]针黹:针线。

[23]舅姑:指丈夫的父母。

[24]乙卯:咸丰五年(1855),李佐贤长子贻良乡试中举。

[25]丙辰:咸丰六年(1856),李佐贤长子贻良中进士。

[26]观政刑曹:谓从政刑部。

[27]暴殄:任意浪费、糟蹋。

[28]制蚨:制钱。明、清以后所制的钱,因形式、文字、重量、成色都有定制,故名"制钱"。蚨,青蚨,传说中的虫名,生子必依草叶,取其子,母即飞来,以母血和子血涂钱,先用母钱

或先用子钱，传说均复飞回，后用作钱的代称。

[29]春明：见本章《致何子贞世兄》注[2]。

[30]人琴：《世说新语·伤逝》："王子猷（徽之）、子敬（献之）俱病笃，而子敬先亡。子猷……来奔丧……便径入坐灵床上，取子敬琴弹，弦既不调，掷地云：'子敬！子敬！人琴俱亡。'"后来以人琴为悼念友人之词。

[31]吴竹如（1793～1873）：名廷栋，字彦甫，号竹如，安徽霍山人。道光五年乙酉（1825）拔贡，后官至刑部右侍郎。服官四十年，清操绝俗，告归后日食不给，处之晏然，有《拙修集》。

[32]比部：明、清以比部为刑部司官的通称。

[33]岐黄：岐伯及黄帝，相传为医家之祖。此代指医术。

[34]登仕版：意谓做了官。仕版，官的名册。

[35]己未：咸丰九年（1859）。

[36]庚申：咸丰十年（1860）。

[37]采薪：生病的婉辞。

[38]中霤：宅神，也指土神。

[39]庶常：清代于翰林院设庶常馆。

[40]覃恩：广布恩泽。古代多用于称呼帝王对臣民的封赏、赦免等。

[41]适：女子出嫁。《孔雀东南飞》："贫贱有此女，始适还家门。"

挽文文端[1]师相

公为余会试座师[2],自余出守,已睽违十余年。

计三载入赞黄扉,任重国钧,四海心倾贤宰相;
逾十年重来绛帐,歌闻梁木,两楹泪洒老门生。

注释:

[1]文文端:名文庆,号孔修,文端为谥号(详见《李佐贤生平述略》“退居林下,潜心治学”注[8])。

[2]座师:明清科举中举人、进士者,称主考官或总裁为“座师”。

挽业师范苏山[1]姊丈

耳提面命,奉吾师数载传经,何期杖曳闻歌、山颓梁坏;
目击心伤,哀我甥早年失怙,徒向斧封饮泣、风惨云愁。

注释:

[1]范苏山:范承俊(详见《李佐贤生平述略》“科举仕途,步履坎坷”注[1])。

挽吴子苾[1]同年

言与行可师可法，况复勋猷可纪、著作可传，似兹功业文章，洵有荣名称没世；

我共君同郡同科，更兼金石同盟、琴书同好，追忆风流儒雅，空余老泪哭知交。

注释：

[1]吴子苾：吴式芬（详见《李佐贤年谱》道光十七年条）。

挽陈石生司马

绍兴人，官武定司马，有诗集。

此地飞凫，渤海清风留治谱；

何方跨鹤，鉴湖明月吊诗魂。

挽隋赤亭[1]同年

绩著黄堂，官声清似西江水；

经传绛帐，文望高于北斗星。

注释：

[1]隋赤亭（1813～1869）：名藏珠，字松心、龙渊，号赤

亭,山东广饶(今属东营区)人。道光十五年(1835)乙未科进士,曾任建昌(今江西南城)知府,善诗文,有廉名。

挽陈子嘉[1]同年

杏苑共探芳,叹驹隙如驰,顿看晨星寥落;
蓬山今返驾,怅鹤踪遽杳,何堪旧雨凄凉。

注释:

[1]陈子嘉(1805~?):名宝禾,字子嘉,道光十五年(1835)乙未科进士,浙江钱塘人,授编修,官顺天府府丞。

挽杜继园[1]表兄暨令侄芸皋

阅世总成空,功名逝水,富贵浮云,从今大梦都醒,好共阿咸归净域;

此生悲永诀,车笠同盟,金兰订谱,回忆深情如许,那禁热泪洒重泉。

注释:

[1]杜继园:杜翰(详见《李佐贤生平述略》"科举仕途,步履坎坷"注[10])。

附录

一、友朋致李佐贤

祝竹朋六旬寿诗

陈寿祺[1]

遂初天许事林泉，六十平头即地仙。
蓬岛春风盛桃李，榕城[2]乔木长风烟。
爽鸠分职看英嗣[3]，白鹿[4]传经溯昔贤[5]。
最喜梧桐雏凤降，好留汤饼祝华筵。

注释：

[1]陈寿祺(1829～1867)：字珊士、子谷，号慎三、云彬，浙江山阴(今绍兴)人，咸丰六年丙辰(1856)庶吉士，官刑部主事、刑部员外郎。撰著有《纂喜堂诗稿》。

[2]榕城：福州别称。李佐贤曾任福建汀州知府。

[3]爽鸠句：喻李佐贤长子贻良官刑部。爽鸠，古官名，掌刑狱；嗣，子孙后代。

[4]白鹿：谓白鹿书院，在江西庐山五老峰下。唐贞元中，李渤与兄涉隐居读书于此，畜一白鹿，因名。北宋咸平五

年(1002)置书院,后废。南宋朱熹重建修复,为讲学之所,系宋代四大书院之一。

[5]溯昔贤:追随圣贤。李佐贤退官后曾主讲济南书院。

李竹朋过访留饮欣然有作

张　铨[1]

正读高轩过,俄传上客来。
残年知己少,老病为君开。
松菊犹三径,乾坤此一杯。
平生贪故旧,况是谪仙才。

风雨名山业,如君复几人。
青春续琴谱,白手铸钱神。
一郡风骚主,千秋著作身。
殷勤问敝帚,未敢效西颦。

注释:

[1]张铨:与李佐贤为同乡、同科进士(详见《李佐贤年谱》同治二年条)。

感怀竹朋佐贤

宋　晋[1]

欲评书画烹茶待，偶听笙歌折柬[2]招。
泉富真堪夸陆海[3]，文雄谁得似韩潮？
近怀渐觉知音少[4]，遣兴终难积习消。
最羡鲤庭清荫好，菑畬经训是良苗[5]。

只手犹能障浊流，弹冠新见羽仪修[6]。
退居何意官偏转，就养翻如客浪游[7]。
每惜云烟共讨论[8]，却因尘土怕勾留[9]。
迎门更报归来喜，梁底巢成燕语柔[10]。

注释：

[1]宋晋(1803～1874)：字锡蕃，号雪帆，江苏溧阳人，道光二十四年甲辰(1844)进士，编修，户部左侍郎。

[2]折柬：又作“折简”，古人以竹简作书，此指书信或请柬。

[3]泉富句：诗人自注：“君藏古泉最多。”

[4]近怀句：诗人自注：“孙梧江、杜继园两同年先后化去，本年李季(寄)云前辈亦归道山。”

[5]菑畬：耕耘。田一岁曰菑，二岁曰新田，三岁曰畬。

引申作开荒、耕耘义。诗人自注:“君长郎早成进士,观政秋曹,次郎亦学业精进,将发硎矣。”

[6]弹冠句:诗人自注:“武定当河患之冲,连年城几陷,公倡议筑堤导河使曲得无恙,兼率众登陴御贼,当事上其功,赏花翎道衔。”

[7]就养句:诗人自注:“君来去无定。”

[8]每惜句:诗人自注:“有书画癖。”

[9]却因句:诗人自注:“东华尘土,最倦人意。”

[10]梁底句:诗人自注:“君箧室甚贤,有宜家之誉。”

赠竹朋

苏廷魁[1]

久忆金闺彦[2],天怀老更清。
古泉收法物,新咏得中声。
青绶[3]归何速,黄河患未平。
铁门关外望,饥溺若为情。

注释:

[1]苏廷魁(1800～1878):字德甫,一字庚堂,广东高要人。道光十五年乙未(1835)进士,授编修,官河东河道总督。

[2]金闺彦:金闺,金马门之别名。金马门乃官属宫廷之代称,后也用作咏士人入仕的典故。清许缵曾《睢阳行》:

“睢阳学士金闺彦，夜深常侍明光殿。”彦，指有才学的人。

[3]青绶：佩系官印的青色丝带。喻官职。

赠竹朋

彭蕴章[1]

重游苍玉洞，两度听新吟[2]。
清绝诗中意，超然弦外音。
拼闲应亦偶[3]，变俗不由今。
翰墨兼风雅，欧虞作者林[4]。

忆昔长安住，门前辙迹稀。
偶然相过访，默尔各忘机。
榕峤[5]一麾到，柯亭三载违。
文人争慕李，况我别依依。

注释：

[1]彭蕴章：与李佐贤为同科进士（详见《李佐贤年谱》道光二十七年条）。

[2]两度句：诗人自注：“去年承示《种梅》诸作。”

[3]拼闲句：谓拼与闲是相对的，要劳逸结合。

[4]翰墨句：喻李佐贤爱好书法，有深厚的功力。欧虞：指唐代书法家欧阳询、虞世南。

[5]榕峤：指福建汀州。李佐贤于道光二十六年(1846)任汀州知府。福建多榕树，山岭纵横。

赠竹朋

王作霖[1]

我昔游渤海[2]，侧耳公循声。
荏苒十四年，寤寐犹心倾。
昨公莅济南，讲院[3]权文衡。
小阮寓湖干[4]，时聆玉屑清。
暇日出贱照[5]，蒙公椽笔横。
长歌压卷首，奇句使人惊。
自谦一何甚[6]，誉我复至情。
与公订神交，借以慰平生。
公如天上鹤，小憩倦飞鸣。
我如山中云，出入两相轻。
闲云与野鹤，何日欢逢迎。

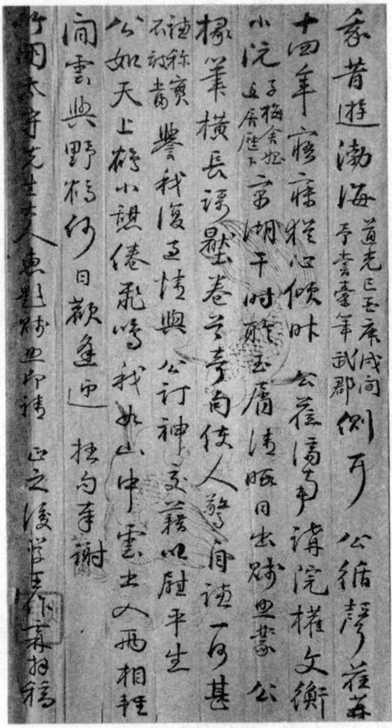

王作霖《遣怀》手迹

注释：

[1]王作霖：江苏长洲(今苏州)人，一说天津人，官县丞。

[2]我昔句：作者自注："道光己酉、庚戌(1849～1850)间，予尝橐笔武郡。"

[3]讲院:李佐贤于咸丰十年(1860)至同治二年(1863)主讲济南书院。

[4]小阮句:作者自注:“子梅舍侄适居历下。”小阮:晋阮籍、阮咸叔侄都是当时名士,同列“竹林七贤”,时咸为小阮。后因以小阮为侄的通称。王作霖舍侄王子梅(1807~1876),名鹄,原名鸿,咸丰六年(1856)补聊城县丞,与李佐贤、何绍基有文字之交,曾住大明湖畔。

[5]贱照:贱,谦称;照,人物的画像。

[6]自谦句:作者自注:“谦称实不敢当。”

前题调寄金缕曲

徐缙文[1]

半载滕阳住[2]。记春风、初来座上,情同旧雨[3]。月夕花晨欣聚首,聆尽清谈妙绪。几不辨、谁为宾主。寻菊西园人共淡,论交情怕惹黄花妒。相见也,恨迟暮。　君原天上谪仙侣[4]。羡殷殷、评诗读画,洽闻博古。自分疏慵惭画史,说甚雷门布鼓[5]。何幸得青眸一顾。此去任城多胜迹[6],向青莲[7]、楼上瞻云树。应携得,惊人句。

注释:

[1]徐缙文(生卒年月不详):字星衢,号松皋,山东滕县(今滕州)人。曾任光禄司署正。

[2]半载句:谓道光十九年(1839),李佐贤应聘滕县彭明府课读时(教授应试科举的制艺文章)。唐人称县令为“明府”,明、清时仍有沿用。

[3]旧雨:代称老朋友、故交。

[4]谪仙侣:谪居世间的仙人。古人往往称誉才行高迈、超凡脱俗者为“谪仙”,言此为人间所无。

[5]雷门布鼓:雷门,会稽城门名。《汉书·王尊传》:“尊曰:‘毋持布鼓过雷门。’”颜师古注:“雷门,会稽城门也,有大鼓。越击此鼓,声闻洛阳。故(王)尊引之也。布鼓,谓以布为鼓,故无声。”王尊此语意谓不自量,妄炫其能。

[6]此去句:任城,今山东济宁,有故迹太白楼。李白于开元二十四年(736)携家眷来任城寓居并云游东鲁,前后达二十三年之久,留下了大批脍炙人口的诗篇。

[7]青莲:李白雅号青莲居士省称。

赠友人李竹朋

鲍瑞骏[1]

曾将天籁证诗禅,意在松风水月边。
更拟性情花隐逸,早投簪笏佛因缘[2]。
青山小帧收行箧,黄叶高吟入画船。
觅句余闲订金石[3],洪家《泉志》[4]有新编。

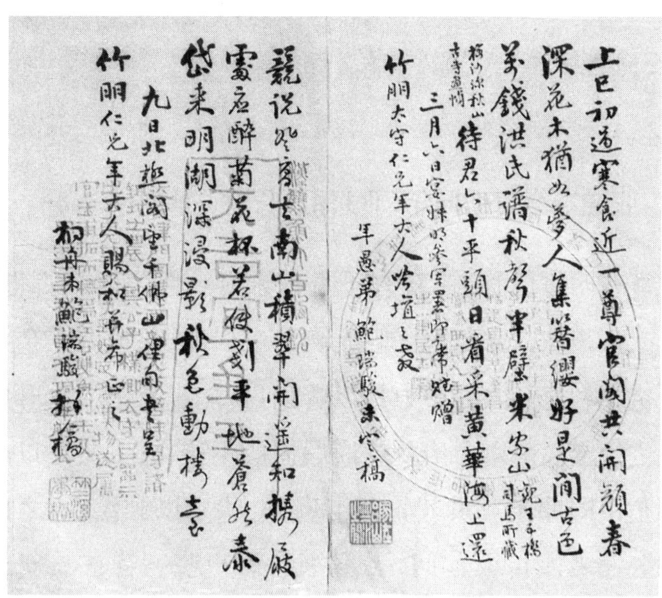

鲍瑞骏赠诗李佐贤手迹

注释：

［1］鲍瑞骏：号桐舟，生卒年月不详，安徽歙县人，举人，曾官知县。为鲍康族弟，善诗文，与李佐贤文墨之交，曾为《古泉汇》题词。

［2］早投句：意谓淡泊仕途，辞官归隐。簪笏，指臣僚奏事时执笏簪笔。簪，古代朝见，插笔于冠，以备记事；笏，古代朝见时所执的手板，有事则书于上，以备遗忘。

［3］觅句句：意谓爱好诗作和金石考订。觅句，指诗人苦吟。唐杜甫《又示宗武》："觅句新知律，摊书解满床。"

[4]洪家《泉志》：洪遵（1120～1174），字景严，宋饶州鄱阳（今江西波阳）人，著《泉志》十五卷。

张铨题李竹朋同年《古泉汇》长歌 用禁体避金旁字

富有四海已称首，富有千古古未有。儒生囊括百世王，敻[1]哉汀州贫太守。太守眼光直出三代前，总揽四千余年天子所执之利权。太守心力足以资论讨，能辨七十二家升中[2]而王之国宝。陶虞[3]冶夏炼商煅周所不待言，太昊[4]以来之泉刀布币罔弗条。贯其轮郭与肉好，状之以画绘，寿之以梨枣[5]。使之流传天地间，无不家喻而户晓。昔在长安十二秋，海王村里苦搜求。今日卖骏马，明日质貂裘。博古斋中洛阳贾，坐获重价如山邱。归来捡点尚缺某朝与某帝，求之不得攒眉愁。天外得之出意表，摹挲大笑轻王侯。藏之每嫌箱箧隘，夜吐精芒发光怪。依样写出三万六千篇，满纸动色若与鬼神会。千府百库取诸腹笥而有余，吐纳于其胸中而曾不芥蒂[6]。太守博物才，图说先草创。大儿笺注工，快剑利矛森相向。小儿笔有神，双管齐下难名状。奚奴、书婢濡染磨荡，吮毫填墨，穷形尽象，一家材艺世无双。太守掀髯一神王，刊布人寰我所独，著作名山岂多让。开卷富莫当，掩卷贫如洗。画饼充饥饥难充，望梅止渴渴不止。方今戎马遍四郊，千村万落生荆杞。大兵所过皆荒年，民生凋敝伊胡底[7]。欲尊之为神，寒不可以衣人，饿不可以食人。欲亲之为兄，呼将呼伯总不应，绝交之书太无情。侧闻三秦滇黔方出师，飞刍挽粟[8]大农日夜愁度支。何不捆载此书，稽首献丹墀[9]，俾[10]得权其宜古宜今之法而用之。

注释：

[1]敻：长远。

[2]七十二家：据说孔子有弟子三千，精者七十二人。升中：古帝王祭天上告成功。郑玄云："升，上也；中，犹成也。"

[3]虞：朝代名，上古时代所建诸侯国。

[4]太昊：又作"太皞"，传说古帝名，即伏羲氏。风姓，继燧人氏为帝，又为神名。《礼记·月令》："孟春之月……其帝太皞，其神句芒。"唐孔颖达疏："谓自古以来，木德之君，其帝太皞也。"

[5]梨枣：旧时多用梨木、枣木刻版印书，故以梨枣为书版的代称。

[6]芥蒂：细小的梗塞物。多比喻心中的嫌隙或不快。

[7]伊胡底：伊于胡底。谓到什么地步为止。

[8]飞刍挽粟：谓用车船急运粮草。刍，草料。

[9]丹墀：古代宫殿前的石阶。

[10]俾：使、从、教。

钟淦[1]题词《古泉汇》

九天阊阖[2]排帝都，茫茫人海谁通儒？
吾乡赞皇李学士[3]，一时隆望名寰区。
玉堂上仙蕊榜首[4]，临汀[5]五马飞轻凫。
文章经济所植厚，凤毛先誉继大苏。
识荆辇下拜山斗，陈遵介绍言不诬[6]。
入座春风荷嘘拂，葑菲[7]自弃羞故吾。
束修未奉先生馔，昼寝深惭弟子愚[8]。
别来天末感离索，挑灯快读藏泉图。
自古泉法恒河数，一一考究详锱铢。
大布安阳辨鱼鲁[9]，山中金爪[10]误可吁。
沂州银刀即齐化[11]，太公杏九真牵拘[12]。
周室圜法宝三六[13]，以次铢两与荚榆[14]。
正品伪品及外域，不遗山陬并海隅。
藏古更具论古识，岂忽亥豕昧焉乌[15]。
积累富非和峤[16]侣，赏鉴讹嗤顾烜[17]徒。
元圃旧弆[18]出所有，无非木难[19]同珊瑚。
当年刘宠[20]精入选，廉泉饮水篇金无[21]。
同时参军诗俊逸，幸得邂逅来天衢[22]。
诸公大雅博古学，岂第玩物为嬉娱。

形上悟道形下器，此谱述古情何殊。
示我大发季札[23]叹，急请前席拜氍毹[24]。
廿年痂嗜享敝帚[25]，觍颜献丑愧小巫。
风尘潦倒燕市月，几辈交游终不渝。
荷公忘年许追侍，评诗瀹[26]茗时征呼。
蒙公乘暇与讨论，高斋昼晌同捶摹[27]。
遗我此册楷模具，什袭[28]岂仅双南珠。
他年载酒问奇字，公门济济容滥竽。
感恩更有征西老[29]，同公青眼恕拙迂。
相见平泉[30]乞问讯，诗成寄上应胡卢[31]。

注释：

[1]钟淦：字丽泉，生卒年月不详，山东诸城人，晚清钱币学家（详见《李佐贤年谱》咸丰八年条）。

[2]阊阖：传说中的天门，喻皇家宫殿气势恢弘。

[3]赞皇李学士：赞皇，县名，属河北省。李佐贤祖籍直隶（今河北省）。赞皇李氏为旺族，历史上人才辈出。此赞誉李佐贤。

[4]玉堂句：喻李佐贤德行高迈。玉堂，宫殿美称，唐宋之后专指翰林院。上仙，道家分天上仙人为九个等级，第一等为上仙，比喻李佐贤学识高，有才华。蕊榜，旧为进士榜。

[5]临汀：即福建汀州，唐天宝年间曾名临汀。

[6]作者自注："淦闻陈寿卿太史推许龙门，至都幸慰仰

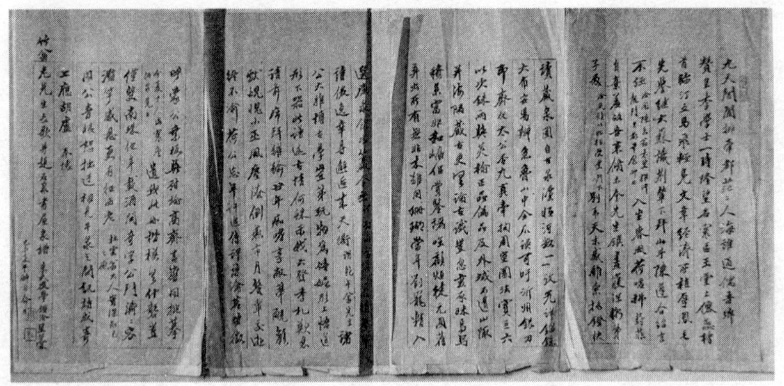

钟淦题词《古泉汇》手迹

至。"陈寿卿,名介祺,字寿卿,号簠斋,山东潍县人,晚清金石学家,与李佐贤是儿女亲家、金石知交(详见《李佐贤年谱》同治九年条)。

[7]葑菲:蔓菁与萝卜一类的菜。《诗经·邶风·谷风》:"采葑采菲,无以下体。"下体,指根茎。原意指采者不应因其根茎不良而连叶也抛弃,后用作有一德可取的谦词。

[8]作者自注:"淦夙愿以帖括受业于门下。"束修:古代学生奉赠给老师的礼物,后多指致教师的酬金。

[9]此句谓辨别古泉币的真赝错讹。大布,钱币名;鱼鲁,谓文字因形近而传写、刊刻的讹误。

[10]山中金爪:实指安邑化一金、安邑化二金。其币文大篆"安邑金化"形似山中金爪(见《古泉汇》元集卷一)。

[11]齐化:钱币名,如齐法化、齐之法化,战国中期制币。"齐"即齐都临淄。

[12]太公句：意谓鉴定此币很费周折。太公，姜太公吕望，齐国始祖，此引申为齐国(地)。杏九，谓《古泉汇》收录之九字刀，币文为“齐吕陵昌左邑之法化”。其“法”字形“㕭”似“杏”字，故诗曰“杏九”(非钱币名)。此币为本“诗”作者钟丽泉(淦)所藏(**详见《古泉汇》亨集卷一**)。后来的钱币学家鉴定为伪品。

[13]圜法宝三六：圜法，流通财币的办法。《汉书·食货志下》：“太公为周立九府圜法。”颜师古注：“圜谓均而通也。”宝三、六，古币名。

[14]荚榆：钱币名，亦称“榆荚钱”。

[15]亥豕焉乌：字形近似，因指字形近似造成的错误；昧：昏暗，引申为不明。

[16]和峤：字长舆，晋汝南西平(今河南西平)人，官颍川太守，为政清简，但为人吝啬。

[17]顾烜：字信威，南朝梁吴郡(今江苏苏州)人，著有《钱谱》，著名钱币学家。

[18]弆：收藏、保藏。

[19]木难：宝珠名。《方韵》云：木难，珠名，其色黄，生东夷。

[20]刘宠，字祖荣，东汉牟平人，《后汉书·刘宠传》载：“刘宠为会稽太守，简除烦苛，禁察非法，郡中大化，征为将作大匠。山阴县有五六老叟，龙眉皓发，自若邪山谷间出，人赍百钱以送宠。宠劳之……为之选一大钱受之。”故称为“一钱

太守”。后用“一钱太守”作为廉吏的代称。

[21]作者自注:“谓刘燕翁年丈。”刘燕翁即刘喜海,《古泉汇》曾选刘氏泉拓多枚(详见《李佐贤年谱》道光二十一年条)。廉泉句:喻清廉、互惠淳朴之风。《南史·胡谐之传》记南朝宋时,梁州范柏年谒见宋明帝,明帝说到广州的贪泉,就问柏年:“卿州复有此水否?”柏年曰:“梁州惟有文川、武乡、廉泉、让水。”又问:“卿宅在何处?”曰:“臣所在廉、让之间。”后因以“廉泉”比喻乡里风土的醇美。籯,筐笼一类的盛物竹器。《汉书·韦贤传》:“遗子黄金满籯,不如一经。”

[22]作者自注:“谓鲍子年先生。”(详见《李佐贤年谱》咸丰六年条)参军:官名,明清、称经历为参军。东汉末有参军之名,即参谋军务,简称“参军”,位任颇重。晋以后,军府和王国始置为官员,沿至隋、唐,兼为郡官。此为郡官之沿称。天衢:喻京城。

[23]季札:吴季札,春秋时吴公子。吴王寿梦之季子,寿梦欲传以位,辞不受,封于延陵,改称“延陵季子”。鲁襄公二十九年,受聘鲁、齐、郑、卫、晋等国,当时以多闻著称。

[24]氍毹:毛织地毯。古乐府《陇西行》:“请客北堂上,坐客毡氍毹。”

[25]敝帚:代指自己的文章,谦意。

[26]瀹:煮。

[27]作者自注:“今夏于人海藏庐拓泉竟日。”“人海藏庐”谓李佐贤在京住所。

[28]什袭:把物品重重叠叠地包裹起来。引申为郑重保藏的意思。

[29]作者自注:“杜筠翁先生实深知己感。”杜筠翁即杜筠巢,名杜翻(1808~1886),字汉升,山东滨州人,杜受田之子,杜翰之弟。道光十五年(1835)进士,由翰林院编修擢兵部右侍郎,再迁户部右侍郎,咸丰九年(1859)以在籍侍郎、钦差大臣身份督办山东团练。因督办不利,1861年被僧格林沁参奏去职。李佐贤与杜翻为表兄弟,来往甚密,与钟淦亦为知交。

[30]平泉:指平泉庄,唐李德裕别墅,在洛阳。喻指李佐贤隐居生活。

[31]胡卢:笑。

鲍康题词《古泉汇》

同癖易缔交,不以秦越限。
御李[1]虽已迟,窗烛欣快翦。
珍奇互饷遗,所得良不浅[2]。
阮囊余自哂[3],羡君泉万选。
海内几同心,一一荷青眼。
吴、刘嗟宿草,陈、吕渺云巘[4]。
灵光幸有君,壮岁跻通显[5]。
视草玉署寒[6],作霖[7]名郡典。

问年未五十，遽尔轻轩冕。
独于金石亲，晨夕一编展。
奇文补籀斯，古香剔苔藓。
浑忘夏日长，相对吟髭捻。
寿世岂在多，片长亦宜勉[8]。
悠悠千岁名，努力事删撰[9]。

注释：

[1]御李：东汉李膺有重名，荀爽往见，为李膺驾车，引以为荣，并谓人曰："今日乃得御李君矣！"后因以"御李"为敬慕名人或得名人青睐之词。

[2]珍奇句：自注"蒙惠孝建四铢诸奇品"。

[3]阮囊句：谓自嘲不富有。晋阮孚持一皂囊游会稽。客问："囊中何物？"曰："但有一钱守囊，恐其羞涩。"后人谓自身无钱财曰"阮囊羞涩"。"嗤"，同"嗤"。

[4]吴、刘句：自注"吴，我鸥方伯；刘，青园观察，燕庭方伯；陈，寿卿前辈；吕，尧仙中丞"。宿草，指墓地景物，《礼记·檀弓上》："曾子曰：'朋友之墓，有宿草而不哭焉。'"渺云巘，山之极顶，意谓高远。

[5]通显：谓官位高、名声大。

[6]视草：古时词臣奉旨修正诏谕称视草。玉署：玉堂署的简称，后专指翰林院。

[7]作霖：下雨。《尚书·说命上》："若岁大旱，用汝作霖

雨。”李佐贤守汀州，绅耆百姓送匾曰：“仰北海清风，片心似水；沛南汀化雨，众口成碑。”

[8]片长句：喻人活在世上的意义不仅是寿命长短，应珍惜每一时刻有所作为。片，单、薄，引申为小、短、片时、片刻；长，长久。

[9]删撰：删改撰述。

鲍康序《古泉汇》

李竹朋先生为余序《泉选》，亦索余序其书，余经年未敢下笔。以泉之为用，先生已备言之，历代谱家皆备言之，余复何言近代谱家之得失，余为刘丈燕庭序《泉苑》，亦备言之，今更何言？顾余荷先生下交，且先生之书又不可无余一言，无已姑就余所见诸家之泉其详略有不同等者述之，以塞责可乎？夫泉谱不备不足传，不精不可传，备且精而无新奇可喜之品为诸谱所未载，亦不得以传。余虽长贫贱，而诸名流之谬相引重，匪朝夕矣。戴醇士大司马、吴子苾阁学、吴我鸥观察仅以神交；叶东卿世丈、陈寿卿前辈富于金石，于泉也不尚专门；李古农前辈、陈式甫明府、吴霖宇给谏、何镜海内兄所获皆少于余。古农善疑，所收惟齐刀为胜，式甫、霖宇购泉均非余选定不可，式甫但取备格，不贪多，霖宇为先生高足，因余赠以丰货泉，遂订交，选泉必取其精。镜海与余则时相夸妒，旁观咸捧腹。独刘子敬姻丈藏泉最富，与翁丈宜泉称石友。余尝怂恿其著谱至引后世，谁知梓定吾文者为劝，惜乎不果，念之怅然。集大成者厥惟刘丈燕庭，余获遍观之，其所得之奇，不下数十品，而宦蜀所收南宋铁泉出奇制胜，至三百种，尤昔人所未见未闻，有《古泉苑》一百卷藏诸家。吕尧仙中丞稍次之，曾寄示孝建四铢五十四种，使人拍案称快。最后始因霖宇获交于先生，盖耳先生名者十余稔矣。先生一见，即引为入室，每过从辄出所藏相示，其精且多，与燕庭丈相埒。而详人所略莫过于列国币小刀，各多至三四百种。视燕庭丈之铲币百余种，洵足为向来谱家补憾。尝与先生遍举诸谱所载刀币，悉寥寥，独先生之方足币、尖足币、磬折刀背文纪数皆有，自一至十及廿、卅诸字，不特人所未备，亦多人所未知。尖首刀文字亦夥，兹数者多历年所，铜质久朽，不及早裒集以广其传，恐更百十年必无有知前代制作如是其详至者，不大可惜乎！初思与先生共辑一谱，以诸家之泉，余两人曾遍拓之，又各有创获，合之可四五千品，折衷众说，汇为巨观，惟其愿太奢，惧不克副，莫若先其所易就。先生独得之秘，自来略焉。弗详之刀币，寿之枣梨，俾无负数十年搜抉之苦心，而亦实足为后来者扩充眼界。既备复精，视刘之铁泉、吕之孝建又同一新奇，可喜于诸谱外自树一帜，兼以见一刀一币之细，掉以轻心，即无由周知。其故推之，入而读书，出而涉世，一端稍稍忽略，必终其身茫茫然。斯即小可以观大矣，世之读先生谱者当不河汉斯言。咸丰八年秋歙鲍康序。

鲍康再序《古泉汇》

余既为竹翁序《泉汇》矣，念同好零落殆尽，惟吾两人得聚首京师，无数日不相见，见辄谈泉以为乐。适有友携泉至都者，余为竹翁作缘购百数十品，由是古泉之兴日以炽。竹翁尝笑谓余曰："吾辈皆百年过半之人，偶得一小如榆荚之泉，传观叹赏，诧为得未曾有，旁观必有大笑为痴绝者，此中真乐，洵不足外人道也。"余以竹翁所藏刀币甲于同人，劝其先著一谱，竹翁曰："善矣！然犹有憾也。以吾两人生古泉极盛之时，又遍识海内藏泉家，凡奇异之品得一一拓而存之，繁富夥够，莫可殚究时哉，弗可失？不早为订一全谱，数十年后，日就散佚，未必有集大成如今日之盛者。近代刊行之谱，惟初氏《吉金所见录》为最多，他如翁氏之《汇考》，刘氏之《泉苑》，惜乎皆未成编。而初氏所辑，幼时叹为巨观者，实只千数百品。今吾两家之泉拓殆过之三倍，盍同著一谱，以永其传乎。"余闻而欣然。顾日驰逐软红尘中，百务纷乘，弗遑从事，不得不以此事推袁。竹翁亦遂奋然洒翰，每脱一稿，先以相示，余有所正，即时改定，参互考证不惮至再至三，荟萃众说，折衷一是，不诡异，不苟同，稍有可疑者辄置弗录，并选鄙藏数百种，益以诸家墨本，得泉凡五千有奇，洋洋乎大观哉！后来者不可知，而空前一语，信足以当之矣。虽余也抗尘走俗，而得暇辄与竹翁罗列泉币，断其时代之先后，证其笔画之异同，辨析其轮郭面背之各从其制，往往剖及毫厘，至忘晷刻。尤喜窃名卷里，附骥以传，其欣幸有不可殚述者，遂濡笔而为后序。咸丰九年秋歙鲍康又序。

鲍康跋《古泉汇》

与竹朋先生别四载矣。今年五月忽得先生书，云泉谱已告成，为狂喜者数日。念我朝泉谱惟翁氏宜泉、刘氏燕庭集其大成。翁氏竭数十年心力，考证至精，闻其见一泉幕即能知其面文，几于十不爽一。其于北宋泉一点一画罔不析及毫厘。顾其谱，未曾绘图，复仅有稿本展转钞写，实乃未成之书。刘氏之谱一百卷，图备矣，而注释尚略，且皆未克梓行。故余之劝先生著谱也甚力。亦当代惟先生有此清暇，兼有此识力也。然书成甫数卷，先生即以事归里，不获时时献疑，念之辄怅惘。又虑时事变迁，或竟不克如愿，仍蹈翁、刘之辙，终无以为历来谱家补憾，讵非恨事哉。今幸有志竟成，余虽不得与校字之役，而私心忻慰。知世之读斯谱者，必皆如余前序所云："后来者不可知，而空前一语，洵足以当之矣。"独可惜翁、刘诸君竟无由一见也。同治二年六月鲍康又识。

鲍康再为胡石查题《泉汇》

癸酉六月，石查以李竹朋《泉汇》属题，无复可说，姑寥寥志数语。甲戌冬日，陈寿卿欲重订《泉汇》，复以手评本寄余，多所定正，竹朋不能悉从，又因而辩论之，颇足资考校，复以朱墨分写于册中。乙亥正月，以示石查，石查亦欣然照写一过，仍属余题。石查工书，是册所写尤足珍，他日必有为萧翼[1]之赚者。至寿卿所评，时有创解，然只合两存其说，仁者见仁，知者见知，不能起古人而质之也，石查当以莞尔。

注释：

[1]萧翼：唐代人，梁元帝萧绎曾孙，负才气，多权谋。太宗时为监察御史，曾奉敕取王羲之《兰亭序》真迹于越僧辨才。

鲍康序《续泉汇》

竹朋刊成《泉汇》之次年，余即出守夔州。甫二载，以宦兴索漠，遽解组，旋京都。时竹朋尚里居，都中同癖日以少，仅胡石查、王廉生两农部，孙春山驾部，吴清卿太史时一过从，略谈金石而已。潘伯寅少农鉴别独精，收藏宏富，虽不甚藏泉，顾促余著谱甚力。余念无以出《泉汇》之右，未敢下笔。伯寅复促余刻《泉说》，爰增订为百六十余则，伯寅复属徐小勿写以精楷。余因检旧稿，凡稍涉泉币者，辑为诗文各一卷，亦附梓于后，冀博同好诸君一笑，不必尽与《泉汇》合，所谓此亦一是非也。惟余新获之泉及诸家拓本，又有在《泉汇》之外者，遂致书竹朋盍作补遗。竹朋亦以近得甚多，并陈寿卿太史之泉范为前谱所未载者凡八十余种，尤不可不汇为巨观。书来，欲吾两人同辑。余则仍乞竹朋一手属稿，庶无两歧，余但任校刊之役，石查、廉生、余戚陈寅生暨恩绶侄皆赞其成，有论断与余不合者亦邮函商改，计增益八百余品，可谓富矣。然造物无尽藏，异日土中所出，嗜古家所收，正恐不知凡几，孰能一一而尽载之？所望于后之同志者随时补编，俾日新而月异则幸甚。同治癸酉七月歙鲍康序。

鲍康又序《续泉汇》

竹朋以《续泉汇》十二卷寄余属刊，泉与范凡五百余品。余老懒，置案头经岁矣，初不欲增益一字。比去年冬，手写样

竹朋以續泉匯十二卷寄余屬刊泉與范凡
五百餘品余老嬾置案頭經歲矣初不欲增
益一字比去年冬手寫樣本乃不能無所定
正有異說亦附載之適余為錫男刻詩集成
內見何鏡海以舊藏刀布六百餘種遠道貽余
方足尖足布[illegible]種余分餉同人錫尚選存三百餘
筆畫參差幾無一相肖補之殆不勝其補錫
壽山乃就京為選百餘品並拓其自藏者卅
餘品屬入補遺爰重訂為十六卷圖泉亦補入
鄙藏數千計得九百八十餘品合之前譜近六
千品矣惟明刀尖首刀可補入者尚不足指僂異
日光緒紀元乙亥八月方告成藉以償夙諾余友
尚有寄示拓本為是編所未備者頗以未覩原
泉不敢遽入庶不失信以傳信之意方今地不愛
寶泉幣愈出亦愈奇他年再續三續正方興而
未已也康又序

鲍康又序《续泉汇》手迹

本乃不能无所定正，有异说亦附载之。适余为外舅刻诗集成，内兄何镜海以旧藏刀布六百余远道贻余，方足、尖足布两种。余分饷同人外，尚选存三百余笔画参差、几无一相肖补之，殆不胜其补。孙春山乃锐意为选百余品，并拓其自藏者卅余品，属入补遗。爰重订为十六卷，圜泉亦补入鄙藏数十计，得九百八十余品，合之前谱，近六千品矣。惟明刀、尖首刀可补入者，尚不乏姑候异日。光绪纪元乙亥八月方告成，借以偿夙诺。余友尚有寄示拓本，为是编所未备者，顾以未睹原泉，不敢遽入，庶不失信以传信之意。方今地不爱宝，泉币愈出亦愈奇，他年再续、三续，正方兴而未已也。康又序。

鲍康为石查跋《续泉汇》

王廉生属跋《续泉汇》，率书数语应之，石查亦以是编属题，无复可说也。惟石查所藏泉册，无不索余一言，亦不可却。念是编代竹朋所刊版，宜寄竹朋。余以绵纸精装廿余部，入《观古阁丛刻》，分饷同人。别以粉纸如前编式，亦装廿余部，入原函，俾成完璧。顾世之讲经济学问者，每笑余疲神惫精，刻成皆无裨心身之作。然性之所近，不贤识小，且老来借以送日月，不犹贤于博奕乎！凡我同癖者，当首肯是言。

鲍康题李竹朋书《金刚经》[1]卷子

枚卿比部[2]以尊甫[3]竹朋先生手书《金刚经》卷属题[4]，

谓两世称莫逆,非得余一言不可。余与竹朋相识近廿载,为文章道义之交,泉币之好尤同癖;枚卿与余侄勖[5]同登进士第,又与余曾同官薇省[6],余侄恩绶亦为先后辈,情谊至渥,故余虽恶札,不宜拂其请。竹朋居京师时,曾晨夕过从,中间虽小别,亦获时一握手。竹朋由名翰林司文柄[7]出守汀州,未五十遽挂冠。同时阁中前辈陈寿卿太史以华胄跻清选,未四十亦归里不复出。顾余独驰逐软红尘中不得少休。尝戏语竹朋曰:"吾三人最相得,又同嗜古,异日傥能步后尘,必当葺三高祠。"竹朋为大笑。同治己巳,余年六十,始奉守夔之命。夔郡[8]繁富世称最。余视事甫二载即解组归。闻者皆诧,唯竹朋知余之克践夙诺也。是时竹朋已里居,乃书问往还,日以密。余复偕竹朋辑《续泉汇》将告成,适得展是卷,酷暑中读一过,觉烦暍[9]为之顿消。竹朋书名重一时,有目者共赏,不待赘言。独念枚卿之精装世守,且必索余与寿卿为书后,尤与余三高之戏谑合,爰欣然濡墨书数语归之。

注释:

[1]《金刚经》:佛经名。《金刚般若经》或《金刚般若波罗蜜经》之略称。一卷。同治十年(1871),李佐贤率次子贻隽作登泰山访碑之游,至经石峪《金刚经》刻石处,仔细辨认,录其文,发现尚存九百零一字,一改前说。

[2]枚卿比部:李佐贤之长子,名贻良,字继朋,号枚卿,官刑部郎中。明、清以比部为刑部司官的通称。

[3]尊甫:对他人父亲的敬称。

[4]属题:属,委托;题,写于正文前的评语(品评)。

[5]勖:勉励。

[6]薇省:紫薇省的简称,唐中书省曰“紫薇省”,此为清内阁中书别称。

[7]文柄:考选文士的职权。李佐贤曾任会试同考官、乡试副主考官、国史馆总纂,故有“文柄”的称誉。

[8]夔郡:夔州,今重庆市奉节县。

[9]暍:暑热。

鲍康题竹朋书《争坐位帖》[1]卷子

枚卿复以竹朋先生手书《争坐位帖》卷子述其弟伟卿茂才之意,亦索余一言,顾两家交谊,具见余所题《金刚经》卷中,无复可说。惟念枚卿兄弟重其尊人手书,必乞与先生称莫逆者书后以为世宝。乃余所藏先世墨迹往往零落失次,对之殊恧[2]然惭。矧枚卿兄弟皆好古能文,世其家学,尤近代士夫家所罕有。余虽老,犹得于卷尾结一重文字缘,是可喜也。

注释:

[1]《争坐位帖》:法帖名。唐颜真卿与郭英乂书稿。唐广德二年(764),郭子仪自泾阳入朝,百官迎于开远门,代宗至安福寺待之。时鱼朝恩声势甚盛,虽官仅为监门将军,而座

次在尚书之上，故真卿作书以讥英乂，书凡七纸，后人因称《争坐位帖》。真卿书多楷体，此书行草，被宋米芾推为颜书第一。

[2]恧：惭愧。

吴云[1]致李佐贤

（一）

李竹朋太守佐贤：

别久思深，常切驰仰。每于贵亲家簠斋太史书中备问尊况，兼读鸿著，想见道德文章日益增胜，幸甚！幸甚！往者曾以拙辑彝器图释及吉金拓本各种，托簠斋转达，聊申向往之忱，未足解其劳结。客腊由舍亲郑盦司农[2]寄到手翰，并蒙惠颁全集九种[3]，洎古器诸拓本。郇云[4]一朵，忽从天际飞来。展诵之余，慰与抃[5]会。大著诗古文词，不瞡瞡[6]于摹古，而气苍格老，仍复法度井然。此由识解既超，又深之以阅历故。讲学不近于腐，论事必衷之理，语在彀中，音流弦外。当今作者，非公其谁。《古泉汇》早经卒读，网罗宏富，考证精审，合古今来泉志、泉谱所未有，而独创巨观，此必传之书，可以预决。《书画鉴影》评骘[7]允当，阐发绘事之蕴，尤非深于六法者不办，足与《襄阳书史》[8]、《华亭画禅》[9]并重艺苑。弟束发受书即癖耆书画，四十年来收藏宋元已来明贤遗迹，惬心者现在箧衍尚有数十百种。只以书画一门，非彝器可比。彝器有款识，拓本可以传观，审其詺篆，可得十之七八，其劣者则一望即知伪造。惟书画竟非目击不可,故不敢以所藏诸迹妄陈左右。现将《朱子易系辞》草稿六十行及《魏文靖文向帖》两件先模入石,夏间必可寄鉴。比来尊体想早康复,不审眠食何似?伏维[10]珍重。弟去冬常患咳嗽,交春愈甚。近日天气暖和,精神稍振,嗽亦渐已,然药炉终不能一日离也。兹因敝世好蔡乂臣观察入都之便,寄上金石拓本及墨刻各种,详开另纸,统望察收鉴正。来书不署月日,不知何日所发,以后书尾乞署月日。执事就养郎署[11],极家庭之乐,羡羡!记识荆[12]之初,在苏州顾湘舟辟疆园中。今湘舟与黄秋士诸君皆归道山,亦无后起之人,回首前尘,已阅卅载,恍如隔世。海内金石旧交,簠斋外绝少其人,尚望不遗在远,时惠德音,以慰饥渴。鲍子年兄想常叙晤,乞道念忱。盂鼎已到京师否?此八喜斋中第一玮[13]宝也。

注释:

[1]吴云(1811～1883):浙江吴兴人,金石学家、钱币学家(详见《李佐贤年谱》同治十二年条)。吴云与李佐贤金石之交,吴云致函李竹朋(佐贤),载《两罍轩尺牍》,共三通。

[2]郑盦:潘祖荫,字东镛,号郑盦、伯寅(详见《李佐贤年谱》同治十二年条)。司农:清代称户部尚书为“司农”。

[3]全集九种:谓《观古阁丛刻九种》,中载《续泉说》。

[4]郇云:又称“郇笺”,指他人书信敬称。唐韦陟,袭封郇国公,书信于五彩笺,签字若五朵云,时人号“五云体”,后

因谓书札为“朵云”。

[5]抃:拍手、鼓掌。形容非常高兴。

[6]睍睍:拘泥浅陋貌。

[7]评骘:评论、评价。

[8]《襄阳书史》:见《李佐贤年谱》注[100]。

[9]《华亭画禅》:见《李佐贤年谱》注[101]。

[10]伏维:下对上的称词,常用于奏疏信函中。

[11]郎署:官署名。明、清称京曹(清代在朝廷各部衙门内任职的属官、同官以下者,泛称京曹)为“郎署”。

[12]识荆:用作久闻其名而初识面的敬辞。

[13]玮:玉名,又美好意。

(二)

去年夏、秋两次惠寄手书,俱于十一月二十三同日领到。流光如驶,转眴岁律已更,将交杏花时节[1]。遥想林泉颐养,动定攸宜,幸甚!幸甚!弟跧伏蜗庐,无善可述。今年元旦后,南中奇冷,为近十年所未有。瑟缩拥炉,笔墨皆废。甚念吾老友交春以来眠食何似?旧恙能否霍然?药石培补,老年必不可少,然以血肉之品为宜。按摩固好,恐未能遽有效验。弟曾行之不久即辍,盖不能耐烦也。兹因小婿朱平华孝廉(名镜清)计偕之便,带上拙辑《焦山志》一部八册,伏求鉴定。尊刻《吾庐笔谈》及《续泉汇》[2]均以先睹为快。

注释：

[1]此函写于光绪二年二、三月间。

[2]《吾庐笔谈》、《续泉汇》均刊刻于光绪元年。

（三）

前奉四月廿日手翰，发函申纸，语重情长[1]，浣薇[2]三复，感幸交至。

比来清恙想早就痊，步履如何？手指已屈申如意否？至以为念。弟交夏以后[3]，孱躯尚无不适，惟精神终不振作，终岁杜门，除三四亲戚至友外，概不接见人事，久废已成习惯。簠斋老而愈健，去夏得女，今春得男，半载之中，适符一索再索之占，此福寿之征也，可喜可羡。承索两罍[4]拓本，兹特精拓一分奉寄。此器铭在腹中，绝不易拓，故友朋见索未能遍应，非吝也。外又寄上近刻《魏鹤山手札》全分，与前月奉寄之《朱子易系辞注稿》，可作延津之配，均乞鉴收。簠斋收藏之富，敻绝今古，赏鉴亦高出一时，惜刻书过求精致，未免蹈因噎废食之弊。弟移书规之，并愿相助为理，盖其欲汇《三代彝器款识》精刻一书，此已操必传之券。嘉道以来，地不爱宝，所出先秦古器独簠斋搜罗墨拓为至多，倘得及时付梓，略仿薛、阮[5]二书之例，删烦就简，疑者阙之，不加穿凿。此书一出，与薛、阮二家鼎峙不朽，乃因体例未定又复高阁，殊可惜也。

吴中旧雨无一存者。湘舟去世尚在庚申以前，其后嗣零落，目前止有一侄而已。三十年故交诚如来谕，簠斋外，惟我二人，而又年老多病，远隔数千里，此生未必有相见之期，只有凭管城君互通尺素，以当晤觌。近日轮船有专递书信局，都中往还不过十三四日必达。以后寄书统由枚卿世讲转呈，惠函径寄苏城金太史场吴公馆，无有不到也。

注释：

[1]发函句：意谓来信语重情长，流溢于字里行间。

[2]浣薇：指书信，典出唐冯贽《云仙杂记·大雅之文》。柳宗元得韩愈所寄诗，先以蔷薇露洗手，焚玉蕤香后发读，曰："大雅之文，应当如是。"后多用于尺牍用语。

[3]此函写于光绪二年(1876)入夏时。

[4]罍：古代酒器，形似壶，刻有云雷纹。吴云所居曰"两罍轩"。

[5]薛、阮：薛，薛尚功，宋钱塘(今浙江杭州)人，字用敏。绍兴年间官至佥书定江军节度判官厅事。善古篆，尤好钟鼎。著有《历代钟鼎彝器款识》二十卷、《钟鼎篆韵》七卷；阮，阮元(1764～1849)，字伯元，号云台，江苏扬州人，乾隆五十四年(1789)进士，授编修，官至体仁阁大学士，好收藏金石、古钱，编撰有《山左金石志》、《布币图释》、《积古斋钟鼎彝器款识》、《经籍籑诂》、《皇清经解》。

陈介祺[1]致佐贤次子伟卿(味琴)[2]

味琴世讲苫次[3]：

昨日专使远来赴告，惊闻尊大人于月廿四日未时仙逝，不胜悲骇，世交至戚[4]，尤觉情伤。以吾味琴之至孝，必诚必信，自可无悔。尊大人寿臻古稀，毫无遗憾。尤企苫次勿过哀毁，勉襄大事是所祷切。令兄枚卿亲家未遂，捧檄[5]冒暑星奔，逞增驰京。使还，先此奉唁，容再专身前来。余托令兄书勋代达，即问孝履，惟乞节哀以礼。未能握手一哭，无任怅叹，

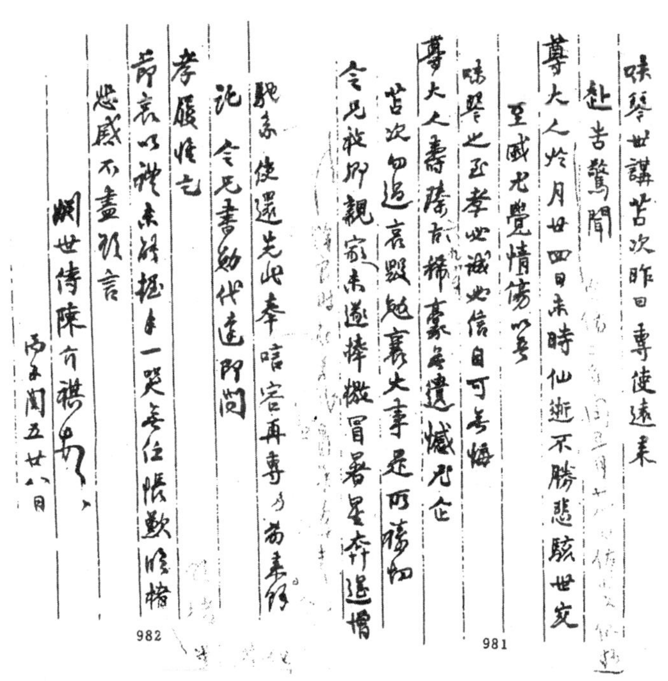

味琴世講苫次昨日專使遠来
赴告驚聞
尊大人於月廿四日未時仙逝不勝悲駭世交
至戚尤覺情傷以吾
味琴之至孝必誠必信自可無悔
尊大人壽臻古稀毫無遺憾尤企
苫次勿過哀毀勉襄大事是所禱切
令兄枚卿親家未遂捧檄冒暑星奔逞增
馳京使還先此奉唁容再專身前來
訖令兄書勛代達即問
孝履惟乞
節哀以禮未能握手一哭無任悵歎
忠感不盡欲言
姻世侍陳介祺頓首
丙子閏五廿八日

陈介祺致李佐贤次子伟卿手迹

临楮[6]悲感,不尽欲言。

姻世侍陈介祺顿首

丙子闰五廿八日

注释:

[1]陈介祺:见《李佐贤年谱》同治九年条。

[2]味琴:李佐贤之次子,名贻隽,字肖朋,号味琴,又号伟卿。父患病期间代父与陈介祺(姻叔)致函问候。

[3]苫次:旧指居亲丧的地方。也用作居亲丧的代称。苫,用茅草编成的覆盖物,此指古人居丧时睡的草垫。

[4]至戚:李佐贤与陈介祺为孙女、孙子姻亲家。

[5]捧檄:谓奉命就任。

[6]楮:纸。

哭李竹朋三首

鲍　康

三高君最长[1],五十遽挂冠[2]。
京华偶相遇,有若平生欢。
轩车时过从,剧谈忘夜阑。
廿年称莫逆,挚谊逾金兰。
泉币更同嗜,惠我皆琅玕[3]。
摹拓日开箧,考定宵濡翰。

相期在千古，努力垂不刊。
续编代剞劂[4]，差幸夙诺完。
拙稿亦三续，书来亟索观。
刻成君不见，展卷涕丸澜。

自君归田来，益觉百事足。
仙俪本刘樊[5]，佳儿尽兰玉。
著作富枣梨，收藏溢箱簏。
金石娱古怀，书画散清馥。
砚谱订新编，泉汇成巨录。
三绝夙擅场，余情到丝竹。
蔗境晚弥甘，海内数君独。
惠我盈案书，添香快披读。
走曾有戏言，欲向阎罗渎。
他生何所求，求似君之福。

良会嗟易散，小别将十霜。
书问日以密，讵怅天一方。
突传君病废，中夜常傍徨。
那期成永诀，遽恸人琴亡。
知君有来处，骑鹤云水乡。
俯视应大笑，尘世何扰攘。
七旬无一憾，归证宁不臧[6]？

独我失同癖,编订谁与商?

衰年闻噩耗,梁木增悲伤[7]。

短歌聊代哭,凄绝不成章。

注释:

[1]三高句:三高指古代三位高士范蠡、张翰、陆龟蒙,三人均是在官场急流勇退、隐居山林的名士。此为李佐贤、陈介祺、鲍康三人互为敬慕的戏言,可详见鲍康《题李竹朋书〈金刚经〉卷子》。

[2]五十句:谓五十岁时即匆忙辞官。

[3]琅玕:似珠玉的美石。

[4]剞劂:雕版刊印。

[5]仙俪句:喻指李佐贤夫妇二人文化修养高深。刘樊,指三国东吴刘纲及其夫人樊氏,典出《神仙传·樊夫人》。刘纲,字伯鸾,官上虞县令,潜心习道,常与其妻樊氏比试道术。

[6]宁:难道,岂能;不臧:不善,不良。《诗经·邶风·雄雉》:"不忮不求,何用不臧?"此句意谓李佐贤一生无所贪求,心地善良,胸怀坦荡,寿终七旬,心安理得,无一遗憾。

[7]梁木句:孔子把自己的死比作栋梁的损坏,《礼记·檀弓上》载孔子歌曰:"泰山其颓乎?梁木其坏乎?哲人其萎乎?"后喻指对贤人之死的哀悼之辞。

二、李氏文存选刊

渠展[1]怀古

李　芈[2]

济水赴海流，急如离弦矢。
强哉齐桓公，富国从此始。
我来引领望，霁色沧溟里。
一登黄芦台[3]，一想齐管子。
管子不复见，渠展犹在耳。
忆昔图伯时，烟火几千里。
府海饶鱼盐，美利谁与比。
试出铁门关[4]，漉沙留旧址。
表海称雄风，雄风今已矣。
可惜天下才，遗业仅如此。

注释：

[1]渠展：古代齐国地名，《管子》曰："齐有渠展之盐。"今利津县境北部为旧址。

[2]李芈：李佐贤之祖父（详见《李佐贤生平述略》"出身于文苑世家"）。

[3]黄芦台：利津县古地名，今利津县盐窝镇黄路台村一带。

[4]铁门关：在利津北部前关村附近，金至清代为重要海关码头。

清明游武侯祠并至白帝城

李　崋

清明佳节事遨头[1]，蜀国风光一望收。
南北巫峰千万叠，去来巴水古今流。
武侯祠外余残垒，白帝城边半故丘。
满目萧条人迹少，轻花落麦遍青畴。

注释：

[1]遨头：宋代四川成都正月至四月浣花，太守出游，官民同乐，谓之“遨头”。

穆陵关[1]

李　巍[2]

霸业今何在？雄封万古存。
遗风谁问讯？落日又黄昏。
曲径连云没，飞泉带石奔。
几家烟村外，荒落不成村。

注释：

[1]穆陵关：故址在今山东省临朐县东南大岘山上，地势险要，为春秋齐国南境重要关隘。

[2]李巍：李佐贤之叔祖父，廪贡，官台州知州、扬州同知。

东津晓渡

李含章[1]

烟水何苍茫，东津问古渡。
曦驭升扶桑，舟子已无数。
舣岸呼行人，沙滩惊眠鹭。
双桨带云飞，划破船头雾。
帆从画里悬，人向镜中顾。
聒耳欸乃声，不辨来与去。
谁是乘槎客？借问天上路。

注释：

[1]李含章（生卒年月不详）：字荆庭，号介亭，嘉庆四年（1799）应顺天乡试中举，候选知县，善诗文。李佐贤之七世祖（旁支）。

示幼子佐贤

李文桂[1]

尔今为少君矣。向余游滇七年,尔兄弟皆未随往。尔尚幼,今来晋康[2],尔兄家居事祖母,尔则为随任之少君矣。夫少君有利焉,有害焉?利可喜也,害可惧也。其利维何?年华方富与既壮心纷者异,用度从容与家计不足者异,延访明师与苦心孤诣矻矻穷年者异,应读应诵及时购书与穷乡僻壤无见无闻者又异。于此而贯穿经史,理路既彻,心境自澄,心境既澄,天宇皆朗,出其意绪,发为词章。深人无浅语,雅士无俗韵,随题成文,各抒胸臆。云鹤有奇翼,早已非檐雀梁燕所能望见,仿佛古所称豪杰之士非此也耶,此人生之大利。惟少君为易易,能如是少君真无负矣。然而收其利者恒少,而罹其害者竟比比也。无他,饱暖生事,利欲薰心也。且夫人情患在推事,而少君患在喜事;人情患在无才,而少君则患在有才。有所长而乐炫其长,炫其长而并饰其短,且本无长而以性之偏为己之长,动而不能静,顺而不可逆。合署内外上下,遂相与窥意旨而曲为趋承,积久成习,积习成性,骄盈之气不期而起,邪僻之念触绪而生。世禄之家鲜克由礼,而荏苒半生,日月逝矣,时不再至,官不久居,茫茫终身,悔焉何及!况喜事者必不甘无事,恃才者必乐于逞才,天资虽美,岂能无阅历而泛应各当?是非不明,颠倒错乱,加之以贪利萦私愤事败家,害有不胜言者，呜呼，伤哉！此幸为少君不能承受其福，而误入于下下之一途也。虽然其弊皆由于干预外事。余尝论少君之道曰：“少应酬而自重其身，真要言也。”昔从尔祖之任京源，彼时侍从八十余人。咸知官只一子，主家计者在是。由是加意逢迎者纷至沓来，余惧焉。一日呼诸侍从示之曰：“余山左之一秀才耳，于尔等无与。尔楚北一仆从耳，于余何与？李县主不任京山，尔等亦不相识，何况少君尔。既投名于县主，尔有功，县主赏之；尔有过，县主罚之。少君无与也，而格外周旋，意必有错误。冀少君之先容而文其非也，是先以不肖之心进也，且意少君可以谄求而情通也，是又以不肖视少君也，是皆非也，此后慎勿复然，然则必责。”由是侍从默默，而逢迎顿止，此余之可法于尔者。尔自七岁受书，潜心知学，尔祖尝悦而称之。余自滇旋，犹屡以为言，喜其无玩愒之习也。今列成人，且随任境地迁而气习因之。敬胜吉而怠则凶，圣狂只分一念。幸值其利慎，勿忘其害也。书此示愓，庶几孜孜勿懈初志，以成祖志焉，是余所望也夫。

注释：

［1］李文桂：李佐贤之父（详见《李佐贤生平述略》“出身于文苑世家”）。

［2］晋康：晋康郡，东晋永和七年（351）置，治所在元溪县（今广东德庆东）。

独闲斋记

李文桂

余劳劳四十余年矣，性不敏，不能潜志诗书，然林泉幽闲之趣嗜之颇笃，有所遇，辄流连不能自释，惜家计牵萦，安得如其愿哉？嘉庆辛酉，家居年余，舍旁书室数间，旧额“独闲”二字，既新之，思其义，若有会焉。“闲”之为言安其身也，而“闲”以“独”名则亦存乎其人之自领耳。夫天壤无闲境，斯世无闲人，心役乎物，何地非城市嚣尘。不然举世匆匆而我否，终身匆匆而偶否，此其境亦多矣，陶渊明所以有“心远地偏”之句也。余适无事而又有此室。所玩惟琴书图画，所养惟花草虫鱼，酬应不繁则神闲，希冀不生则心闲，声色货利不见不闻则耳目闲，而梦寐亦闲，是于寰宇中摘此一席之地，于百年中又摘此须臾之时。入吾室不必尽知其闲，居吾室不必尽同其闲。而吾胸次间独具一悠然自适之致，斯真独闲也。闲则逸心，逸曰休，惟作德者能之，古人所以重安命之学也。余用是自勉焉。故记。

思茅建书院记

李文桂

思茅为越裳氏地，古有入贡置南针于车以旋里者，因名其地曰“车里”。处滇极南，中原文教未之通也。后汉蜀相武侯遣将略其地而未收其地，宋时命将略其地而未收其民。我朝文德覃敷，无远弗届，四夷来附，争先恐后，车里九龙江十三土司遂为藩篱。先是置军民同知驻优乐，领之人民稀少，汉夷错处，大率武略多而文事少。雍正七年，鄂文端公节制滇黔，威德兼施，裁优乐而置普郡。郡南一百二十里置思茅一厅，以优乐之所属属焉。备武修文，夷民安堵，商贾云集，席为世居，农耕士读，风俗称善。自是而后百余年，胶庠林立，贡士孝廉接踵起焉。然皆附于郡学，惜渐摩之，无其地也，历任觅置书舍一区为培养之地。去城南五里，膏火无资，寒士苦之，几于弛废。甲戌春仲，下车阅而伤之，有移建之思，边务未宁有待也。秋九月，为绅士陈司训大章言之，司训归告其叔武庠名士和者，其叔毅然自任，以为吾乡文明当自此开，机不可失，倡为捐资集腋之举。谋诸封孝廉奏凯、赵生良相、钱生如川，欲购城外东南隅倚邦土官公寓改而修之，而土官曹氏世德闻之喜，捐助其地而不受其值。由是陈生等饬工度材，立大门三楹、讲堂三楹、堂前东舍一区书室南北六间、西舍一区书室南北八间，又以黉宫未立无以行春秋之礼也。堂后立正殿三楹，设至圣先师位，附以四配，为春秋报本演礼之所；殿旁置东西厢各三间，为山长所托处。小春月日兴工，越明年乙亥月日工竣，而书院成是役也。地基籍于土官曹氏，而谋成之功则陈生为最，而封孝廉与赵生、钱生佐之者也。虽然此大略也，文明既启，礼乐将兴，月异日新，人才辈出，将必有借是而振起者。讲学校,设祀典,美于前者,彰于后,方兴未艾。予亲老家远,将为归计,有志惜未逮也。爰书此以俟后之君子。嘉庆二十年乙亥月日借调他郎通判署思茅同知事渤海李文桂记。

与竹朋弟话旧

李上贤[1]

北马南帆阅历频,湖山佳处却抽身。
嵇康性懒难为客,阮籍囊空不救贫。
说剑几曾逢侠士,联吟何必定诗人。
一枝柔橹归来好,风月无边是旧邻。

注释:

[1]李上贤:李佐贤族兄(详见《李佐贤生平述略》“出身于文苑世家”)。

论　诗

李上贤

得句长吟倦即休,诗情不动莫强搜。
时人怪底无真赏,错把天机当应酬。

摘咏《聊斋》故事诗成又题

李丰照[1]

去留行止总难图，预怯春城唱鹧鸪。
有簿堪稽聊点鬼，无经可讲爱听狐。
后身醒却前身梦，沽酒还提戒酒壶。
志怪搜奇书再读，一丸寒月上吟须。

注释：

[1]李丰照：字炳南，李佐贤族兄，道光乙酉(1825)优贡，官直隶曲周县知县。

品　泉

李贻良[1]

小窗明净绿云边，焚罢名香细品泉。
别寓赏心钟鼎外，犹堪想像夏商前。
方圆制古传形巧，篆隶文奇结体妍。
有癖何妨阿堵物，笑他跨鹤诩腰缠。

注释：

[1]李贻良：李佐贤长子，字继朋，号枚卿(详见《李佐贤

生平述略》“出身于文苑世家”)。

十三叠韵考古

李贻隽[1]

敦盘错杂古香天,闭户勤搜款识编。
奇字走毫摹晋镈,雄文压卷有齐砖。
几篇悦目秦权考,千古折衷汉石笺。
更有泉刀思九府,赎金想像夏虞前。

注释:

[1]李贻隽:李佐贤次子,字肖朋,号伟卿(详见《李佐贤生平述略》“出身于文苑世家”)。

三、李氏著述载目及馆藏

李源

《易经简明集解》(三卷)。清乾隆六十年刻本,《山东通志·艺文志》载目,山东省图书馆藏。

《四书考疑》(一卷)。清刻本,《山东通志·艺文志》载目,山东省博物馆藏。

《字核》(不分卷)。清稿本,山东省图书馆藏。

《历代纪元》(一卷)。清抄本,清道光元年其孙(李)端照羊城刻本,《山东通志·艺文志》载目,山东省图书馆藏。

《寓拙轩稿》(一册)。清道光重刻本,《山东通志·艺文志》仅著录“见《武定诗续钞》”,青岛图书馆藏。

李文桂

《坦室遗文》(一卷)、《坦室杂著》(一卷)。清同治十三年刻本,孙殿起编《贩书偶记》、《山东通志·艺文志》载目,山东省博物馆、青岛图书馆、山东省图书馆藏。

李佐贤

《金石丛目录》(二册)。燕京大学图书馆藏孙汝梅、缪荃孙旧藏抄本,又载容媛编《金石书录目》(商务印书馆 1936 年排印本)。

《石泉书屋金石题跋》(一卷)。《房山山房丛书》本、清抄本。《中国丛书综录》、《金石书录目》载目,国家图书馆藏八册本,北京大学图书馆藏六册本。

《石泉书屋藏器目》(一卷)。《灵鹣阁丛书》本、《丛书集成初编》本,《中国丛书综录》、《山东通志·艺文志》载目,山东大学图书馆、山东省图书馆藏。

《古泉汇》(六十四卷,续十四卷,补遗二卷)。清同治三年李氏石泉书屋刻本(陈介祺批校并跋,李佐贤批校),《中国丛书综录》、《山东通志·文艺志》、《金石书录目》载目,山东省博物馆、山东大学图书馆、山东省图书馆藏。

《续泉汇》(十四卷,补遗二卷)。李佐贤、鲍康撰,清同治李氏石泉书屋刻本、清光绪元年刻本,《金石书录目》、《山东通志·艺文志》载目,山东省博物馆、山东大学图书馆藏。

竹朋所藏《古泉汇》墨本(墨拓本),山东大学图书馆藏。

竹朋所藏古泉币,辽宁省博物馆藏。

《续泉说》(一卷)。《观古阁丛刻》本、民国二十年石印本、《吾庐笔谈》本,《中国丛书综录》、《贩书偶记》、《金石书录目》载目,山东省博物馆藏。

李竹朋《续泉说》(一卷),附《续丛编》一卷(鲍康撰),清同治十三年歙县鲍氏刻本、民国二十二年石印本,山东省博物馆、山东大学图书馆、四川省博物馆藏。

《得壶山房印寄》(不分卷)。清钤印本,王献唐题跋,《金石书录目》、《双行精舍书跋辑存》(王献唐撰,山东省博物馆编)载目,国家图书馆、北京大学图书馆、山东省博物馆藏。

《书画鉴影》(二十四卷)。手稿本、《石泉书屋全集》本、清同治十年刻本,《贩书偶记》、《山东通志·艺文志》、《中国丛书综录》载目,山东省图书馆藏,部分手稿存利津县文物管理所。

《吾庐笔谈》(八卷)。清光绪元年刻本、《石泉书屋全集》本,《中国丛书综目》、《山东通志·艺文志》载目,山东大学图书馆藏。

《选青阁古泉存》(不分卷)。王锡棨辑(鲍康、李佐贤、陈介祺等题跋),山东省博物馆藏。

《石泉书屋类稿》(八卷)。《山东通志·艺文志》、《中国丛书综目》载目,山东省博物馆、山东省图书馆藏。

《武定诗续钞》(二十四卷)。清同治六年利津李氏刻本,《贩书偶记》、《山东通志·艺文志》、《西谛书目》载目,山东省博物馆、山东省图书馆、青岛图书馆藏。

《石泉书屋全集》(十五种,一百六十五卷)。李文桂、李佐贤撰,清咸丰至光绪间利津李氏刻本,《中国丛书综录》、《山东通志·艺文志》载目,山东省博物馆、山东省图书馆藏。

《簠斋摘录利津李氏集金文目》(一卷,五册)。吴重憙辑,陈介祺校注并跋。《中国丛书综录》载目。国家图书馆藏。

《李佐贤藏泉拓本》(七册)。鲍康题,国家图书馆藏。

《潍县陈氏宝簠斋藏日照许氏、东武李氏、利津李氏集金文册目释》(一卷)。陈氏家抄本,为对许瀚、李璋煜、李佐贤藏器拓本作的考释,黑龙江大学图书馆藏。

李贻隽

《齐燕联唱》(八册)。抄本,青岛图书馆藏。

四、清代为利津李氏撰文题诗作赋之名人(选录)

《县志李神仙传》　朱沧起(太史)

《赠李真仙诗》　王铎(大学士)

《李梦九(锡龄)公元配李太孺人七秩寿序》　刘纶(文渊阁大学士)

《祝西山(李犨)李公暨宜人六十双寿诗》 陈官俊(大学士)

《前题》 周之琦(湖北巡抚)

《赠莲峰书画》 祁韵士(户部郎中)

《贺李太孺人七十荣寿》 龚大万(编修、内阁中书)

《湖北京山县知县莲峰行述》 杜堮(太傅大学士)

《赠莲峰书画》 龙廷槐(编修,检察御使)

《京山县知县李君传》 初彭龄(兵部尚书)

《送镜秋云南》 王厚庆(浙江候补道)

《赠鲁村书画》 廖金城(工部尚书)

《镜秋李君家传》 杜堮(太傅大学士)

《祝竹朋六秩寿序》 翁同龢(修撰、协办大学士、户部尚书)

《赠竹朋诗》 宋晋(侍郎)

《赠竹朋诗》 李恩庆(两淮盐运使)

《赠竹朋诗》 苏廷魁(河道总督)

《赠竹朋诗》 彭蕴章(大学士)

《〈古泉汇〉序》 鲍康(夔州知府、钱币学家)

《题畹芳画扇》、《赠李竹朋篆书中堂》 何绍基(四川学政、书法家、金石学家)

《〈古泉汇〉题赠》 鲍瑞骏(知县)

《〈古泉汇〉题赠》 张铨(常州知府、诗人)

《〈古泉汇〉题赠》 周士澄(知府、钱币学家)

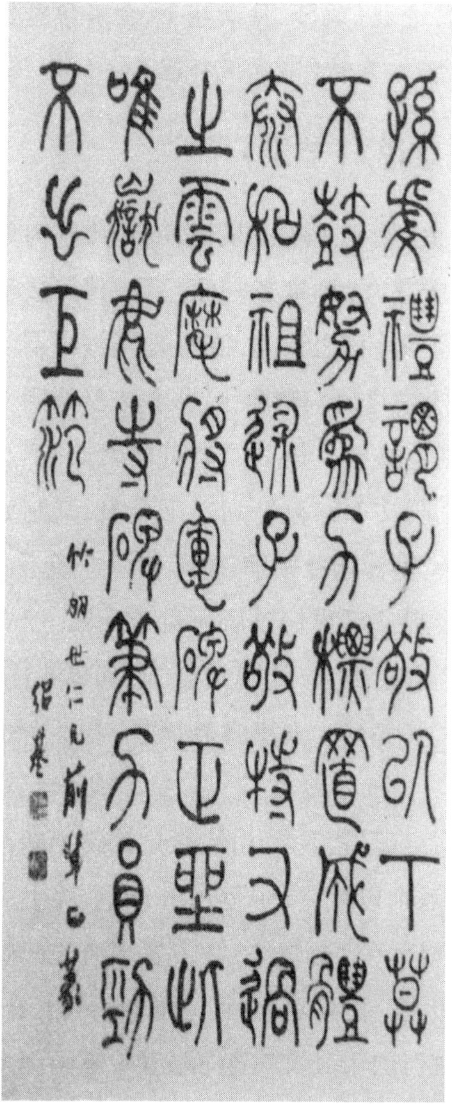

何绍基书赠李佐贤

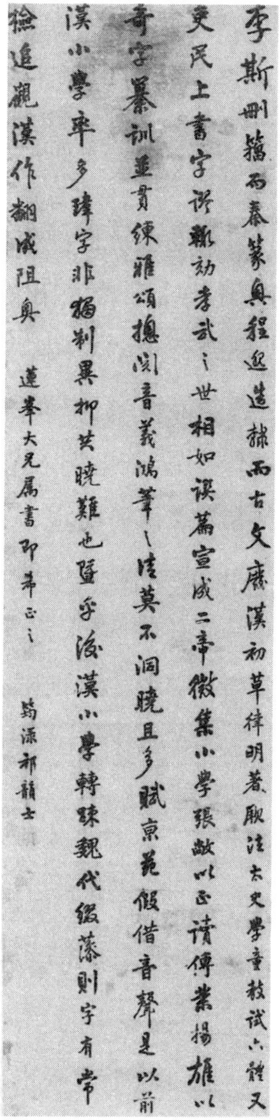

祁韵士书赠李㮾

《〈古泉汇〉题赠》　钟丽泉(户部主事、钱币学家)

《批校〈古泉汇〉》　陈介祺(编修、侍读学士、金石学家)

《石泉书屋馆课诗序》　朱琦(浙江候补道)

五、鲍康《观古阁泉说》(节录)

泉范著录自《曝书亭集》始。予所见泉范,以刘燕庭为最多,凡二十余枚。阳文者居其九,每泉必一面一背,其铸法不外模蜡合土。翁氏《古泉汇考》言之綦详,独冯氏《金索》谓陰文者乃能铸泉,阳文者乃小洗之属。戴醇士、张叔未又谓阴文者不可用,若镕铜入范,则范必销。至云二者可以聚讼,不知皆古人鼓铸所需也。尝见阴文五铢范平列二十余泉,其制如板,下足旁柄,询之肆人云:铜汁遇冷则缩,初无镕合之理。数铸后范必热,以水沃之,冷则又可更铸。虽所见止面文,度亦必有背文者。大抵阳文范不过数泉,且模蜡合土,其势劳;阴文范多至数十,一铸遂成,其势易。人事日趋简易,有不舍难就易者乎?(范说一)

古铸泉必以铜为范,而燕庭之宝六化范、余之四铢半两范则以石,寿卿之大泉五十范则以铁,秦中近出五铢范,穿上一横者及契刀、大布诸范则以泥范,至纷矣,好古者多有之。顾有范之泉,如半两、五铢、大泉、货泉之类,其笔画皆不甚悬殊,以一范可铸千万泉也。独列国币其文多至百余种,笔画肥瘦参差,无一相肖。若一币必有一范,当必有千百范,何近代藏泉家无一列国币范也?秦半两亦参差不类,若一泉一范,当有百余范,何近代亦无秦半两范耶?他如明字刀、尖头刀亦然。以意揆之,疑当时初无一定之范,工人于铸泉时就沙土以意刻字,旋刻旋铸亦旋弃,故参差不齐,沙土不能经久,致后世无传焉,不然何纷纭其若是。(范说二)

所见阴文泉范有铜、有铁、有石,其制率如板,多者数十泉,少亦不下十余泉,字皆反文,以铸就则正也。阳文铜范,其制率如盘,少或二泉,多或六泉,皆一面一背,惟半两背平无郭,不用背范。有多至八九泉者,字皆正文,以尚须模蜡合土故也。新莽泉制最精,其范多用阳文,不惮模蜡合土之劳。阴文大泉范仅一见。道光壬寅、癸卯间,长安掘得五铢泥范甚多,残缺无复全者,皆正文凸起,无背文,泥质弗坚,字画不免剥蚀。泉之穿上辄作一横文,复得小五铢泥范一角,亦正文凸起,穿上作横文,应系一朝之制。考五铢自汉迄隋,形制非一。除角钱四出、梁五铢、隋白钱外,余皆难辨为某朝物,独穿上傍好一横文者,秦中多有,近时泥范亦皆如此。并见一二有款识者,确非伪造,亦阳文而反书之,其纪年乃“元康”、“神爵”诸字,然则此种五铢为汉宣帝时物。虽书缺无征,未始非考古之一助矣。(范说三)

布泉二种,有悬针、玉箸之殊。旧说以悬针属新莽,玉箸属周,而盛氏《泉史》持驳甚力,余则谓旧说是也。莽泉萃于秦。余寓秦最久,见悬针布泉时与莽货泉、大泉同出土,且“布”字视货布同,“泉”字视六泉、货泉同。“泉”字中竖画断而不连,莽后无此式,一也。货泉每作重好郭,此莽之创制,是泉亦然。玉箸泉从无一作重好郭者，二也。货泉傍好多作半星或决文，是泉则穿上两决文，穿下两决文，穿上半星者綦多，六朝泉未闻有是，三也。二泉不特篆法迥殊，轮郭亦异，断非一朝之制，且宋董逌谱云："自梁武以来已有之。"其古可知，四也。旧谱或列不知年代品，余按，是泉《班志》虽无明文，而制作既精，流传亦夥，其为用品无疑。

秦中伪泉率以旧泉磨而改刻。有薛氏父子皆工镌字，每磨厚泉，令稍夷，钉之几上，以利刃依方就圆刻之，无斧凿痕，而时作青红色，殊有佳致。每得一泉，必仿作一伪者售之，而私其真者。尝见至和重宝、重和通宝大泉，色泽甚古，访之乃以崇宁重宝所改，竭十日之力而后成，几与旧泉无二。既而又取五铢货泉、大泉五十之坚厚者，于泉幕添刻吉语，两字则有"延年"、"上林"之属，四字则有"与天无极"、"富贵未央"、"长生未央"、"长乐未央"、"君宜侯王"、"宜官大吉"、"宜子保孙"、"五男二女"之属，七字则有"惟王子孙永保民"、"王宜民宜子保孙"之属，八字则有"承天之祐，子孙之福"、"与天无极，长乐未央"、"宜尔子孙，子孙永福"之属。货布之幕亦作种种花纹及"长命富贵"、"天下太平"诸吉语。唐宋泉幕则刻为人物、名马，大率工致可喜，埋土中数年，而后出之。面文既真，添刻亦巧，复蚀以土绣，大可乱真。惟缔视之，神味或不足，字体或太工，笔法不必相称，色泽不免稍滞，能明晰不能模糊，能精整不能为姿态，执是数者稍足以别之。

磬折小刀旧呼“莒刀”。翁宜泉曾见新出土者，知古人皆于刀柄近刃处以绳缚之，十刀为一束。土花上绳索痕宛在，斯亦考古者之轶闻。

东周泉惟刘青园与余有之，字画如出一模。圆孔幕平，不能断其时代。余友费君云：“十六国时有筑东周城铸钱者，疑为斯时。”然询其见于何书，则亦不能确指。其制作绝类半两，似非汉以后物也。

唐以前泉多有传形，所谓如纸背传模者是也。独《癖谈》云：“他泉可传形，大泉五十不可传形，传形则为十五，断为周景王所铸。”然则半两传形，岂一两有半乎？五铢传形，岂一铢有五乎？况直百、太平百金、孝建皆有传形，当作何解？《癖谈》一书不失渊雅，惟好奇太甚，至云货布、货泉人皆倒读，宜读为布货、泉货，永通万国宜读为万国永通，斯真一家之言也。

戴文节《泉话》云：“人各有一绝，莽为泉绝，盖新莽之刀布诸品无一不精。”余谓新莽事事法古，我辈好古者无妨瓣香祝之，闻者皆大笑。

五铢有仅存边郭二分许，字画仅余十分之三者，中作大圜孔，名“綖环泉”。余得甚多，无一平正，率作凹状，以翦边五铢合之，适成一泉，疑此与翦边五铢本一泉。昔人以圜凿椎而为两，故翦边五铢近边字画皆不全，而此泉仅存近边之字画，其孔圜而凹者，则圜凿猛椎之故也。

北宋泉无地无之，每种隶书、正书、行书笔画多不同，宜泉析及毫厘，或隶与正书配，或隶与行草配，分为若干种，断为各冶之别。自云于北宋泉竭十余年心力，考核最详。尝闻刘青园云，曾以北宋泉幕无文者覆几上，属断其面文，十能得其八九，可谓精矣。

燕庭官秦时，得篆书义通大泉，制作色泽并佳，与青园所藏骀虞峙钱，余均疑为六朝时物，谱家所未见也。

余尝得庆元通宝大钱，重五两，幕穿上一"敕"字甚大，穿下"五十料"三字，穿左右"庆元元年夏，改铸此号钱"十字。自来泉幕无纪年，及多至十四字者，以示同人，无不啧啧羡。

西夏梵字钱文不可识，秦中时有之，余得数种，细审其穿下及穿左两字点画并同，疑即"元宝"二字，其穿上、穿右两字必系年号也。

藕心非泉也。秦中出土小铜器，有形方长三寸余、宽四分许，厚如之，中空如篇，面作八分书，"千金氏"三字阳文甚工，背或缺寸许。余曾见一枚中藏一藕心，牝牡相衔，如钥与匙者，然或云此为藕心之郭，余疑与藕心合而为一物，究不知作何用，旧谱盖强名泉。

（选自《古泉汇》。全文另载《观古阁丛刻九种》，文字有出入）

六、民国《泉币》杂志有关《古泉汇》题诗

题靖恂先生[1]重装《古泉汇》

陈　郁

可惜丛残拨烬余，未随烈焰剩完书[2]。
盈虚子母兴亡鉴[3]，重检芸笺戒蠹鱼[4]。

交子开先济有无[5]，风行今昔势悬殊。
若参九府论圜法，一炬曾遗迹未迁[6]。

注释：

［1］靖恂先生、诗作者陈郁生平不详。

［2］可惜二句：谓1932年日本侵略军进攻上海，及上海沦陷时，遭到了日军的疯狂炮击和轰炸，生命财产受到了严重损失，大量的书籍化为灰烬，而《古泉汇》幸存了下来。

［3］盈虚句：意谓钱币的流通是关系国家兴亡的大事。盈虚：满与空；子母：本钱与利息。鉴：镜、借鉴、教训、见证。

［4］重检句：意谓再次检查藏书以防虫蛀。芸笺：图书；蠹鱼：蛀虫，书中蠹鱼(虫)。联上句，语意双关。

［5］交子句：意谓钱币的出现是为方便贸易，互通有无。交子，宋代发行的纸币，亦为钱币的代称。

［6］若参二句：意谓《古泉汇》劫后形迹无损，仍不失研究钱币学的重要典籍。九府圜法：太公(吕望)为周立九府圜法

（钱币铸造、流通的法规）。未迁：谓没失原貌。

前题即用陈君原韵

梁　津[1]

《泉汇》[2]五千五百余，四千年后一全书[3]。
只今鲍李[4]精灵在，留为吾人辨鲁鱼[5]。

百劫虫沙[6]万迹无，吾泉犹见事偏殊。
参稽更有劫余谱[7]，劫后摩挲莫笑迂。

注释：

[1]梁津：生平不详。

[2]《泉汇》：即《古泉汇》，收载古钱币5003品，合《续泉汇》近6000品。

[3]四千句：意谓自出现钱币以来，《古泉汇》与前谱相比，是记载最全的谱录。

[4]鲍李：鲍，鲍康（见《李佐贤年谱》咸丰六年条）；李，李佐贤。

[5]鲁鱼：谓文字因形近而传写造成刊刻的讹误。此为辨别古钱真赝、错讹。

[6]虫沙：比喻战死的士兵或遇难的群众。

[7]参稽句：谓劫后余生，为《古泉汇》幸存而欣慰。稽：查考、考证。谱：指钱谱《古泉汇》。

附语：

此诗选录于《泉币》第13期。《泉币》为双月刊。1940年5月，中国钱币学社由当时的钱币学界知名人士发起，本着“原以我等身居非地，骨鲠在喉，聊事雕虫，借消积磊”（罗伯昭《泉币》第32期《胜利号献词》）为宗旨，在上海创办。他们在日伪占领时期，克服各种困难，坚持办刊长达五年之久，难能可贵。1945年抗战胜利，《泉币》停刊，共刊行32期。至今事隔已70余年，仍不失其重要的资料价值。1987年，上海书店出版社根据《泉币》原杂志影印了合订本。

两人诗作作于1942年。前二首，开篇，诗人有感劫后烬余，《古泉汇》得以幸存，表述了对《古泉汇》的珍爱，对日寇侵略罪行的愤懑；进而阐明了货币关系国家兴亡、百姓生活的重要作用。后二首，即用陈君原韵。两人诗作珠联璧合，称誉《古泉汇》博大精深，是研究钱币学的重要典籍。

参考文献

〔清〕李佐贤:《石泉书屋制艺》,清咸丰八年刻本。

〔清〕李佐贤《石泉书屋馆课诗》,清咸丰八年刻本。

〔清〕李佐贤:《古泉汇》,清同治三年刻本。

〔清〕李佐贤:《石泉书屋诗钞》,清同治四年刻本。

〔清〕李佐贤:《武定诗续钞》,清同治六年刻本。

〔清〕李佐贤:《石泉书屋律赋》,清同治六年刻本。

〔清〕李佐贤《石泉书屋类稿》,清同治十年刻本。

〔清〕李佐贤:《书画鉴影》,清同治十年刻本。

〔清〕李佐贤:《石泉书屋尺牍》,清同治十年刻本。

〔清〕李佐贤:《石泉书屋制艺补钞》,清同治十一年刻本。

〔清〕李佐贤辑:《坦室遗文》,清同治十三年刻本。

〔清〕李佐贤辑:《坦室杂著》,清同治十三年刻本。

〔清〕李佐贤、鲍康:《续泉汇》, 清光绪元年刻本。

〔清〕李佐贤:《吾庐笔谈》,清光绪元年刻本。

〔清〕李佐贤总纂:《李氏族谱》,清光绪元年本。

〔清〕许瀚:《许瀚日记》,河北教育出版社 2001 年版。

袁行云:《许瀚年谱》,齐鲁书社 1983 年版。

王绍曾主编:《山东文献书目》,齐鲁书社 1993 年版。

〔清〕陈介祺:《秦前文字之语》(陈继揆整理),齐鲁书社 1991 年版。

〔清〕陈介祺:《簠斋尺牍》,民国影印本。

〔清〕陈介祺:《十钟山房印举》,中国书店 1985 年版。

〔清〕陈介祺:《批校古泉汇附续泉汇》,书目文献出版社 1994 年版。

梁启超著,夏晓虹点校:《清代学术概论》,中国人民大学出版社 2004 年版。

朱彭寿编著,朱鳌、宋苓珠整理:《清代人物大事纪年》,文苑出版社 2005 年版。

赵永纪主编:《清代学术辞典》,学苑出版社 2005 年版。

〔清〕何绍基著,龙震球、何书置校点:《何绍基诗文集》,岳麓书社 1992 年版。

中国钱币大辞典编纂委员会编:《中国钱币大辞典·泉人著述》,中华书局 2007 年版。

江庆柏编著:《清代人物生卒年表》,人民文学出版社 2005 年版。

王献唐:《五镫精舍印话》,齐鲁书社 1985 年版。

《鲍康行述》,国家图书馆复印本。

马飞海、王贵忱主编:《中国钱币文献丛书 观古阁丛刻九种》,上海古籍出版社 1992 年版。

〔清〕鲍康:《鲍臆园手札》,清刻本。

〔清〕吴云:《两罍轩尺牍》,台湾文海出版社 1964 年版。

支伟成:《清代朴学大师列传》,岳麓书社 1986 年版。

山东省钱币学会编:《齐币图释》,齐鲁书社 1996 年版。

吕宗力主编:《中国历代官制大辞典》,北京出版社 1995 年版。

冯其庸、叶君远:《陈梅村年谱》,文化艺术出版社 2007 年版。

丁福保编:《古钱大辞典》,中华书局 1982 年版。

朱剑心:《金石学》,文物出版社 1981 年版。

马衡:《凡将斋金石丛稿》,中华书局 1977 年版。

吴民贵:《晚清人物与金石书画》,上海社会科学院出版社 2006 年版。

陆明君:《簠斋研究》,荣宝斋出版社 2005 年版。

丁宝潭、于长銮主编:《金石学家吴式芬》,中国文史出版社 2005 年版。

王振民主编:《潍坊文化三百年》,文化艺术出版社 2006 年版。

汪学群编:《清代学问的门径》,中华书局 2009 年版。

韩天衡编著:《中国印学年表》,上海书画出版社 1987 年版。

马飞海、王贵忱主编:《中国钱币文献丛书》,上海古籍出版社1992年版。

《利津县志》,清光绪九年刻本。

《泉币》杂志合订本(1940～1945),上海书店出版社1987年版。

关汉亨:《李佐贤和他的〈古泉汇〉、〈续泉汇〉》,载《中国钱币》2012年第3期。

唐桂艳:《利津李佐贤刻书考》,载《滨州学院学报》2014年第2期。

后　记

此书的编著,对我来说是一际遇,或者说是缘分。

1984年,我调到了利津县文物管理所工作。这个单位很小,馆藏也不丰富,但不乏有价值的文物。它不仅承载了一个地域的历史文化,也具有广泛的社会意义。当时,出于个人爱好和业务工作的需要,选择了晚清邑人古钱币学家李佐贤作专题研究。

经过一两年的准备,写出了几篇短文,概括地评介了李佐贤在钱币学、金石学等领域里的著述成就,产生过比较好的历史文化效应,于是萌生了编写其专著的想法。后来,由于资料不足,自身专业知识所限,可直接借鉴的研究成果缺少等原因,没有动笔。倏忽三四年过去了。正值进退迟疑不决之时,没想到五十多年前的一位老同学于长銮,似乎心有灵犀,给我寄来了《金石学家吴式芬》一书,我眼前突然一亮。吴式芬,山东无棣人,晚清金石学家,尤以收藏研究“封泥”著称。吴式芬与李佐贤是同科进士、同好、知交。于长銮同学虽然比我小了几岁，也已是年近七旬的老者了，他晚年有志撰写如此专著，给了我很大的启发和鼓舞；之后，又有幸拜读了陆明君先生的大作——《簠斋研究》。陈介祺，号簠斋，山东潍坊人，晚清著名金石学家、大收藏家。他所收藏的毛公鼎价值连城，闻名于世。陈介祺与李佐贤、吴式芬为儿、孙（女）姻亲家，治学各有千秋。他们对金石学、钱币学的研究，甚至影响了一个时代的学术成就。于长銮、陆明君两先生的专著，具有很高的学术价值，其勤奋、严谨的治学态度尤令人钦佩。这不禁增强了我弘扬历史文化的责任感，以及完成《李佐贤生平著述考》编著的信心。

大凡做一番事业，都离不开各方的支持和帮助。利津县文物管理所（今利津县博物馆）全力为我提供了李佐贤的专著和手稿等参考资料。这些资料来之不易，李佐贤去世不数年，其遗存几乎全部流散了出去。本邑黄顺青老先生，热心乡土文化，十分敬重先贤的德行和才华。有不少文物是他年复一年，几经周折，从民间搜集来的。北京王瑞明先生代我从各地购买了难以寻求的书籍，在国家图书馆复印了不易查询的李佐贤的专著和有关资料。我与王先生为忘年交，他祖籍利津，虽一天也没在老家待过，但很重乡情，多年来一直倾心于李佐贤、吴式芬、陈介祺的研究。如果没有他的帮助，此书的编写是很难完成的。利津新华书店经理石振江同志热心文化事业，该单位张宇晴女士为我打印了全部书稿，历三年之久，几经修改,反复录入,她不辞辛苦,无不精心细微。青岛大学谭国信先生为本书绘制李佐贤画像。于汝仁先生为本书绘制李佐贤故居效果图。孟繁俭先生不厌其烦地帮助搜集资料,并与王小津担当了摄影、插图设计。杨秋泽先生、石新立先生以及老同事刘春泉、李建华、曲德胜同志帮助审阅了书稿,提出了宝贵的修改意见。山东省钱币学会对本书的编写给予了全面的指导与支持。齐鲁钱币博物馆馆长贺传芬女士、潍坊市博物馆研究馆员孙敬明先生、利津县委宣传部张吉山同志,热情地为本书作序。山东省直机关工委书记卢得志同志一直关心我对山左乡贤的研究,及至书成,全力协助出版工作。东营市文化产业协会秘书长李曙光同王晓慧、闫晓飞筹划了出版事宜。夫人李淑云晚年体弱多病,依然帮助整理了书稿,希望能早一天完成编著。经过几年的编写,《李佐贤生平著述考》终于面世了。在此书出版之际,对帮助支持过我的单位和个人,一一表示衷心的感谢。

王增山

二〇一四年五月十日